李丽娜 / 著

全球化背景下的
文化焦虑与探寻

The Anxiety and Pursuit of Cultural Identity
in the Era of Globalization

社会科学文献出版社
SOCIAL SCIENCES ACADEMIC PRESS (CHINA)

目 录

前言　中国文化建设面临的机遇与挑战 ……………………… 1
 一　中国社会主义文化建设的国际环境 …………………… 1
 二　中国社会主义文化建设的国内环境 …………………… 8
 三　中国社会主义文化建设面临的挑战 …………………… 11
 四　应对全球化过程中的社会主义文化重建 ……………… 17

第一篇　当代社会的文化追寻

第一章　执政党的价值追求与社会和谐 …………………… 23
 一　正视社会矛盾是构建和谐社会的前提 ………………… 23
 二　共同富裕是构建社会主义和谐社会的经济目标 ……… 26
 三　保障人民的自由与政治权利是
   构建和谐社会的政治要求 ……………………………… 28

1

四　加强执政党自身建设是构建和谐社会的关键……… 31

第二章　马克思主义大众化的社会土壤……… 34
　　——以马克思主义在中国的早期传播为例
　　一　坚定的信仰者和实践者是马克思主义
　　　　大众化的传播主体……… 34
　　二　切实关注广大人民群众的利益是马克思
　　　　主义大众化的社会基础……… 36
　　三　自由探讨是马克思主义大众化的政治前提……… 38

第三章　构建和谐社会过程中的文化整合……… 40
　　一　构建和谐社会，是对马克思主义"以人为本"
　　　　文化理念的继承和发展……… 40
　　二　构建和谐社会，是对中国传统文化合理价值的吸收……… 43
　　三　构建和谐社会，还需要批判性地吸取
　　　　现代社会的主流价值……… 45

第四章　科学发展的目标、道路和手段……… 48
　　一　科学发展的目标是和谐不是对抗……… 48
　　二　科学发展的道路是现代化不是西化……… 51
　　三　科学发展的手段是改革不是革命……… 54

第五章　"构建和谐社会"的国际意义……… 58
　　一　"构建和谐社会"表达了中国与世界
　　　　各国合作发展的良好意愿……… 58
　　二　"构建和谐社会"表明了中国迈向开放
　　　　社会的坚定信心……… 60

三 "构建和谐社会"塑造了中国"负责任大国"的
　　国际形象 …………………………………………… 63
四 "构建和谐社会"有助于增加世界各国
　　对中国文化的理解和认同 ………………………… 65

第六章 对立统一与社会和谐 ……………………………… 68
　　　　——从矛盾斗争的视角看和谐社会的构建
一 重新解读"斗争哲学" ……………………………… 68
二 资本主义的发展从未停止过斗争 ………………… 71
三 社会主义实践背离对立统一规律的教训 ………… 73
四 把握对立统一规律，构建社会主义和谐社会 …… 75

第二篇　中国式的文化智慧

第七章 毛泽东的民族价值观及其当代意义 …………… 83
一 毛泽东民族价值观的内涵 ………………………… 83
二 毛泽东民族价值观的当代意义 …………………… 90

第八章 "一国两制"在中国外交中的重要意义 ………… 94
一 "一国两制"为在新的国际形势下诠释
　　国家主权提供了理论根据 ………………………… 94
二 "一国两制"是对两种制度和平共处的积极探索 …… 97
三 "一国两制"对于解决其他国际争端具有示范意义 …… 99

第九章 民主政治建设与文化观念的培养 ……………… 103
一 妥协是民主政治形成的基本前提 ………………… 103
二 遵守规则是民主政治运行的根本保证 …………… 105
三 宽容精神是民主政治进步的必要条件 …………… 106

第十章 国际环境对中国民主化进程的影响 …… 109
　　一　中国自改革开放以来的民主进程 …… 109
　　二　西方国家影响中国民主化进程的方式 …… 114
　　三　中国的民主观念与西方的差异 …… 116
　　四　中国政治民主的未来走势 …… 118

第三篇　政治文化的国际碰撞

第十一章　城市国际化进程中的文化精神塑造 …… 123

第十二章　全球化条件下的中国文化安全 …… 129
　　一　全球化与文化安全焦虑 …… 129
　　二　全球化条件下的中国文化发展 …… 132

第十三章　美国的民主战略及其应对方式 …… 138
　　一　美国民主战略的理论假设 …… 138
　　二　美国民主战略的现实影响 …… 142
　　三　中国应对美国民主战略的方式 …… 145

第十四章　基督教在高校渗透的原因与对策 …… 148
　　一　基督教在我国高校渗透的主要原因 …… 148
　　二　高校应对基督教渗透的基本方式 …… 153

第十五章　浅谈政治娱乐化及其对中国的影响 …… 158
　　一　政治娱乐化的起源 …… 158
　　二　政治娱乐化在中国的具体表现 …… 161
　　三　政治娱乐化对中国社会发展的影响 …… 164

第十六章 朝鲜考察观感 ·················· 168

第四篇　中国社会的文化生存感受

第十七章 从多个角度看社会信仰 ·················· 187
  一　"月映万川"——中国人对宗教的理解 ·················· 187
  二　兼容并蓄并持续创造——中国人对神的态度 ·················· 188
  三　中国人对鬼神的看法 ·················· 190
  四　中国信神的人们 ·················· 193
  五　中国人的道德信仰 ·················· 196
  六　中国人的祖先崇拜 ·················· 198
  七　中国人的迷信与信仰 ·················· 201

第十八章 国人的面子与生存状态 ·················· 203
  一　抗拒诱惑 ·················· 203
  二　穷人与富人 ·················· 204
  三　城里人与狗 ·················· 206
  四　胡同里的梦 ·················· 207
  五　脸面与幸福感 ·················· 208
  六　平凡的坚持 ·················· 210
  七　让自己成为快乐之源 ·················· 212
  八　人生的痛苦 ·················· 213
  九　妥协的价值 ·················· 214
  十　编书的故事 ·················· 215
  十一　对"造假"的反思 ·················· 217
  十二　体验人生 ·················· 218
  十三　"只争朝夕"的反思 ·················· 220
  十四　西部生存 ·················· 221

第十九章　中国与国际社会的互动方式 ……………………224
　　一　享受融合的世界 ……………………………………224
　　二　向世界展示我们的善意 ……………………………227
　　三　话语方式与国家形象塑造 …………………………230
　　四　我们应该如何回应西方 ……………………………233
　　五　关于未来的好日子 …………………………………234
　　六　打造实力的方式 ……………………………………236
　　七　从"问题商品"现象看如何应对公共外交危机 …238
　　八　感受瑞典 ……………………………………………242
　　九　教堂与西方文化 ……………………………………243
　　十　如此的国际研讨会 …………………………………244
　　十一　学习英语的必要性与方法 ………………………245
　　十二　生命的脆弱与顽强 ………………………………245
　　十三　布什如何消耗了美国的软实力 …………………247
　　十四　选择性错误的代价 ………………………………249
　　十五　如此"爱国"并不可取 …………………………250
　　十六　中国人要学会在挨骂中成长 ……………………252

参考文献 ………………………………………………………255

后　记 …………………………………………………………257

前言　中国文化建设面临的机遇与挑战

改革开放30多年以来，中国的经济发展日新月异。但是，与经济发展的速度相比，文化建设总体上呈现滞后的状况。伴随着经济全球化，西方文化的影响不断加强，在文化层面上，中国出现了多元的信仰、价值和行为规范，由此引发的问题不仅会影响中国经济的发展，而且将直接威胁中国社会的政治稳定，甚至是我党的执政地位。因此，我们必须从战略的高度认识文化发展的重要性，看到它对于国家核心价值观的形成和维持、国家的凝聚与团结、国家的存在与发展的重要作用，从战略的高度分析中国目前在文化重建方面面临的机遇与挑战。

一　中国社会主义文化建设的国际环境

中国社会主义文化的建设是在对外开放的条件下进行的，因此，国际环境对中国文化的发展极为重要。从目前的国际形势看，中国文化的发展存在着两方面的条件。

（一）从积极的方面看，有以下几个方面的因素值得我们关注

第一，经济全球化为不同文化模式的发展提供了空间。冷战结束后，发达国家一直在世界范围内推销市场经济和民主制度，也有很多国家完全按照西方国家的模式去重建。但是，冷战结束后的历史已经使发

展中国家逐步认识清楚了以下几个方面的问题。

其一，任何国家的经济不可能保持持续高速的发展。就市场经济而言，它的发展是具有周期性的。因此，经济发展的高潮与低潮交替存在，是市场经济运行过程中的常态。而且，在经济全球化时代，各国之间经济联系的加强，国内外对经济产生重大影响的事件都有可能对一个国家的经济产生冲击，甚至中断其经济发展的势头。"二战"后发达国家所经历的经济危机，以及南美、东南亚国家和地区的经济动荡，都可以使人们清晰地认识到市场经济运行的规律。因此，在经济文化层面，持续地鼓动人们的经济期待和消费欲望，对发展中国家来说是非常危险的事情。其二，并非所有的发展中国家都可以成为世界经济发展的受益者。"二战"结束以来，世界经济有了长足的发展，但是，在世界经济的发展中受益的，主要还是那些发达国家。战后的民族独立国家，也有很多采取亲西方政策的，但是，大多数国家在不同的经济危机中成为替罪羊。而对发达国家而言，在发展中国家中鼓吹市场经济，成为他们在国际社会攫取经济利益的最方便的工具。以20世纪90年代爆发的金融危机为例，受害最深的是东南亚国家还有俄罗斯，他们都是按照国际货币基金组织或美国经济专家的指导进行经济调整的，最终都成为受害者。市场经济的运行，无情地造就了成功者与失败者，而且，绝大多数国家将付出代价而得不到所期待的回报。这也是需要我们提高警觉的。其三，发达国家经济援助背后的政治动机。发达国家在引导发展中国家走向市场的时候，常常摆出一副真诚热情的样子，但是，一旦发展中国家在这一过程中获得一定的利益，他们就会在适当的时机在政治上提出各种条件和要求。最终，引导发展中国家在基本制度、政治立场或国家主权方面做出让步，从而实现他们控制发展中国家的目的。

第二，在全球化过程中，维护文化多样性已经成为世界各国的共识。今天，西方要将价值观向全世界扩散，而非西方国家一方面要实现现代化，一方面又要保持自己的文化特色，保留自己的政治体制和政治传统，因此，文化冲突在所难免。而且，现代化在为人们提供一定的物质水平的同时，也造成了一定的精神上的缺失。美国的东亚问题专家斯卡拉皮诺曾经指出："在未来几十年中，对价值体系的求索将成为人们的一个中心要求。当前，意识形态在各地衰落，务实主义受到称颂，功利导向的政策导致对物质的追求，经济处于优先的地位。这些都是可以理解的……然而，经济成功之后又是什么呢？我们已经看到宗教在政治生活中的复苏。我们亦不时听到那些唤起种族和民族感情的大声疾呼。这些力量所表现出来的外在形式是多种多样的，但是从根本上讲，它们都代表了一种在一个失范和混乱的世界上急于找到归宿的渴望。"不论在世界的哪个角落，各国的知识分子都在思考着同一个问题：如何为自己和社会找回失落的精神寄托？

　　欧洲的不少有见识的政治家和学者对以个别强国为主导的国际垄断资本主义的生产关系在全球范围内的扩张和个别超级大国强行推行其文化和价值观念极为不满。因此，维护世界文化的多样性已经成为世界各国的共识。在人类近6000年的历史中，出现过26个文明形态。现在，全世界约有63种宗教，192个国家，6700多种语言。世界上各种不同的文明和优秀的文化，其中包括优秀的战略文化思想，是全人类所共有的财富，各民族在相互借鉴中追求共同繁荣。因此，维护文明多样性、反对文化霸权已成为大多数国家的共识。

　　第三，发展中国家的文化觉醒。虽然西方国家极力向非西方国家进行文化渗透，但是，越来越多的发展中国家已经认识到，西方发达国家的现代化道路，是在独特的环境条件下形成的，在他们的文化环境下具有适用性，但是，未必适合世界上所有的国家。任何民族的文化能够延续并成为人类继续进步的影响，都因为它的独特性，而不是与其他民族文化的相似性。很多发展中国家已经认识到，在落后国家推动市场经济，一方面会不断扩大社会的贫富差距，形成社会的两极分化；另一方面，会持续提升国民对生活水平改善的期待，从而使发展中国家的政府承受很重的经济增长压力，一旦某阶段的经济增长无法满足人们的期待，社会的不满情绪就会不断增长，甚至会影响社会政治的稳定。因此，一些发展中国家已经开始探索新的发展理念。例如，亚洲小国不丹的国王旺楚克就提出"国民幸福指数"的概念，他认为政府施政应该关注幸福，并应以实现幸福为目标。他提出，人生基本的问题是如何在物质生活和精神生活之间保持平衡。在这种执政理念的指导下，不丹创造性地提出了由政府善治、经济增长、文化发展和环境保护四级组成的国民幸福总值指标。追求 GNH 最大化是不丹政府至高无上的发展目标。实践的结果是在人均 GDP 仅为 700 多美元的不丹，人民生活得很幸福。如今，关于幸福感的测量，已经成为人们在 GDP 之外，考察一个国家综合实力的重要指标。

第四，国际社会中左翼政党的崛起，为中国社会主义主体文化建设提供了有利的国际环境。20 世纪在人类历史上留下的最浓重的一笔，就是社会主义运动的兴起与衰落。社会主义伴随着苏联的成立而走向高潮，而又伴随着苏联的解体进入低潮。作为一个社会主义大国，如何建设有中国特色的社会主义文化，坚持马列主义、毛泽东思想、邓小平理论在意识形态领域的指导地位，对我们来说是一个严峻的挑战。然而，自由资本主义的市场经济原则，已经在全球范围内产生和加剧了这样一个基本的经济现象：富国、富人越来越富，穷国、穷人越来越穷。正因为如此，世界社会主义和左翼思潮在全球范围内开始有所复兴。从发达国家"第三条道路"的兴起，从东欧剧变到左翼政党在东欧重新得到执政权，从俄罗斯由休克疗法回归到国有化的过程，从南美主要大国左翼政党得到广大市民阶层的支持等方面，我们都可以看到，社会主义仍然在文化上具有强大的生命力。

（二）从消极的方面看，主要是西方国家在世界范围内积极地推销其文化价值观念，对中国的文化建设形成一定的不利影响

第一，从经济层面上看，西方国家宣扬自由市场经济和私有化。冷战结束后，在经济领域中，市场经济已经成为世界上大多数国家的经济运行方式。西方国家的战略利益、企业的现实利益，成为西方国家在经济转型国家及发展中国家推动自由市场经济的主要动力。而西方国家在经济上的成功及西方媒体的大力宣传，使很多发展中国家对市场经济模式产生了一种盲目信仰。

　　第二，在政治上宣传西方的民主政治。由于历史文化的差异性，世界上不同地区国家的政治体制是有所区别的。而西方国家借助其经济优势地位，在发展中国家推行其民主价值观也成为一种重要的文化输出。其一，鼓吹民主选举。虽然美国自身的选举也会出现各种问题，但是，他们的注意力却更多地集中在发展中国家或转型国家的选举问题上。如果候选人能够获得西方国家的青睐，他们就可以顺利当选，执政出现问题也可以得到发达国家的原谅。而一旦与西方国家的意愿不符，势必以选举舞弊等理由对其进行攻击，并调动各种资源对其进行打压，一直到让西方满意为止。从乌克兰到格鲁吉亚、从伊拉克到巴勒斯坦，以美国为首的西方国家在这一问题上的立场没有发生任何改变。其二，宣传政党轮替。推行民主价值观的重要内容，就是推动那些长期一党执政的国家实现政党轮替，特别是推动那些无法让美国满意的国家实现政党轮替，这是美国在政治上经常使用的手段。在当今的国际传媒舆论斗争中，社会主义国家是西方国家官方传媒的重点宣传对象，西方传媒主要攻击、诋毁和歪曲社会主义国家的国家政体和政党制度。他们认为社会主义国家实行的是一党专政，否定执政的无产阶级政党按照阶级统治的需要设立国家权力机构、规定权力关系和公务员产生的合法性；否定国家最基本的政治制度——如我国的人民代表大会制度的民主性；否定国家政权机构的决策独立性；否定工人阶级的领导地位和人民群众的管理权等。这也是需要我们从文化上进行回应的。其三，主张透明政治。在西方国家，其政治文化理念一直对政治权力持有不信任的态度。他们坚信：权力意味着腐败，绝对的权力意味着绝对的腐败。因此，追求政治透明化，在制度设计上，尽可能对政治权力进行监督，通过各种方式阻止官员的腐败，也就成为西方的重要政治文化。而在中国，人们期待着"两袖清风""鞠躬尽瘁""铁面无私"的官员，因此，中国的政治文化,更多地将官员塑造成为道德的典范、"为民做主"的青天。因此,官员的腐败让人们沮丧。不断揭弊的过程,使人民丧失了对政治精英的信任,从而也降低了政治上的凝聚力。因此,中国历史上的朝代更替,人民生活贫困虽然是重要的导因,但是,更重要的是官员的道德水平。官员的道德水平高,能使人民期待"明君"的愿望得到满足,那么,人民就可以忍受贫困的生活;而即使生活不是十分贫困,官员的昏庸无道,同样也会成为激化社会矛盾、引发社会动荡的重要原因。因此,政治透明度,即将官员的所有问题都放到显微镜下的方式,对西方国家来说已经习以为常,而在发展中国家则成为引发民众愤怒的导火索。其四,标榜人权维护。虽然发达国家在历史上,曾经残酷地镇压过少数族裔。但是,在今天,在国际社会上,他们俨然成为发展中国家中少数族群权益的保护人。美国每年都会发布世界人权状况的白皮书,对世界各国的人权状况点评一番,并借此给让他们不满意的发展中国家政府施加压力。对于那些在国际社会敢于与美国抗衡的国家,美国都为其冠以专制政治的头衔,动员各种资源对其进行经济制裁和政治限制,甚至军事打击,在国际社会推行大国霸权的统治,迫使发展中国家做出顺应。同时,对于社会主义国家,美国则不断诋毁其政治制度,用专制、集权的大帽子,迫使社会主义国家在经济或政治方面做出更多的让步。而发达国家的这种"保护人权"的方式,已经成为发展中国家中的某些特殊利益群体声张利益保护的有效手段,他们借助发达国家的支持,达到言论自由、经济利益、政治权力甚至分裂国家等多方面的目的,这也成为很多发展中国家政治不稳定的重要原因。其五,宣传基督教信仰。现存的世界各大文化体系都有自己的深厚的宗教历史背景。以美国为首的西方国家,在与其他世界的交往中,以维持多元文化价值为由,向非基督教国家进行文化渗透。而作为西方文化代表的基督教,则把自己当作唯一能体现神的意旨的、具有绝对真理性的宗教,从而把吸收天下所有的非本教教徒当作它的历史使命。基督教的这种好战秉性,成为某些西方大国建立国际霸权,不断外侵的文化渊源;同时,也成为不同民族之间发生冲突和教派斗争的根源。对待社会主义国家,他们力图用基督教意识形态征服以马克思主义为指导的社会主义国家的文化。

第三,在国际关系上,否认国家主权,鼓吹普适的价值观念。国家主权是国家的根本属性,是国家独立自主处理内部事务、管理自己国家的权利。它反映了国家的基本特征,具有不可分割性和不可让与性。而以美国为首的西方国家以宣传普适价值为由,对国际社会的国家主权观进行修正。首先,通过宣扬"民主和平论",来否定各个国家选择政治、社会经济及文化制度的权利。按照西方的逻辑,民主国家都是爱好和平的,而专制国家更倾向于使用战争和暴力手段解决国际冲突,因此,为了世界的和平,在全世界范围内推动民主价值,甚至使用武力手段推翻某些专制政府就成为国际社会维护和平的必要手段。冷战结束以来,美国不断地把一些妨碍美国霸权利益的国家,都丑化为专制、好战的国家,并动用各种力量进行打压,通过幕后甚至军事干预的方式迫使一些国家采取西方的民主制度,根本不给其他国家进行制度探索的国际空间,在很大的程度上,形成了国际社会的"民主"专制。其次,通过宣扬人权的至高无上,否定各国政府在国内事务中的最高决策权力。在西方国家看来,在当今的国际社会,国际行为主体已经呈现出多元化的趋势,不仅国家是国际社会的行为主体,而且各种民间组织及个人都是国际社会的行为主体,因此,人权问题不再是主权国家的内部事务,而应该是国际社会关注的重要问题。同时,政府的存在价值就应该把维护人权作为重要目的,如果政府不能维护人权,它就可以被推翻。而对于某些侵犯人权的政府,国际社会有权进行人道主义的干预,甚至在必要的时候可以使用武力手段进行干预。这种人权至上的理论,在一定意义上,为发达国家特别是美国干涉别国内政、肆意践踏别国主权提供借口,使民族国家的政治稳定受到威胁。再次,通过全球治理的观念,否定国家在处理国际关系中的独立权利。在全球化条件下,跨国公司在世界各地的投资,促进了世界各国在经济、政治、军事及其他领域内的联系与合作。而跨国活动和跨国主体的急剧增加,超越了国家、民族传统意义上的主权和边界，而且，国际社会面临的共同的金融、能源、环境、疾病、自然灾害、国际犯罪等领域的问题，也需要国家采取与国际组织及其他国家合作的方式去处理问题。在这个过程中，一定程度的主权让渡是不可避免的。但是，我们也不能不承认，发达国家在很多问题的处理上起着主导的作用，也无法排除他们存在着利用其优势地位侵犯发展中国家主权、将其置于附属地位的动机。这也是需要发展中国家警惕的。最后，通过增强军事透明度及控制武器扩散的理由，降低各国防范和抵御侵犯的自卫权利。西方大国特别是美国，在对各国的军事实力进行评估时，对于非盟非友的国家，时常会采取一些丑化的手段，夸大这些国家的军事威胁；然后再借助国际媒体的渲染及外交途径的压力，迫使这些国家增强军事透明度；最终以控制武器扩散为理由，从各方面阻止这些国家获得先进的武器装备及技术。通过这些努力，美国可以有效地降低各国的自卫能力，从而保持美国对各地区的大国或敌对国家的军事威慑。

从以上的国际环境看，中国文化的发展是机遇与挑战并存，中国只有不断地进行文化理念的创新，才能及时、有效地应对来自西方的文化挑战。

二　中国社会主义文化建设的国内环境

胡锦涛同志在党的十七大报告中明确指出："当今时代，文化越来越成为民族凝聚力和创造力的重要源泉、越来越成为综合国力竞争的重要因素……要坚持社会主义先进文化前进方向，兴起社会主义文化建设新高潮，激发全民族文化创造活力，提高国家文化软实力……加强对外文化交流，吸收各国优秀文明成果，增强中华文化国际影响力。"因此，我们不仅要看到全球化给中国文化发展带来的挑战，也应该看到全球化为中国文化发展带来的新机遇。我们可以从以下几个方面加以理解。

（一）中国经济发展带来的文化需求增长成为中国文化建设的社会基础

一方面，中国经济实力的增长为文化的发展奠定了强大的物质基础。改革开放以来，我国国民经济取得了举世瞩目的成就，经济总量居发展中国家首位，世界排名也跃升到第四位。然而，由于发展经济的压力，我们在一定程度上忽略了社会文化的发展。而今，中国在经济发展的过程中，不仅越来越多地意识到文化发展对经济发展的重要性，而且，中国强大的经济实力也可以为文化事业的发展提供更多的物质支撑。例如，中国的各个省市，为了进一步开发旅游资源，纷纷修复了不同主题的文化遗址，并设计和兴建了许多新的文化活动场所。这对未来的文化发展必将起到巨大的推动作用。另一方面，随着广大群众富裕程度的不断提高，人们在物质需求满足后，精神文化方面的需求也会不断增加，也为文化事业的发展提供了现实的动力。目前，随着经济的发展，我国很多地区的休闲、娱乐、旅游已经成为经济发展中的支柱产业，说明大众文化消费已成为当代中国社会最重要的生活需求。我国的文化产业在借鉴、吸收和实验中获得了多层次、全方位的发展，市场经济发展正越来越强烈地介入文化生产领域，大众文化实践也加速了当代中国文化的发展进程，推进了文化向大众层面的渗透和辐射。

（二）中国构建和谐社会的政治理念为文化的发展提供了宽松的政治环境

党的十六大和十六届四中全会提出构建社会主义和谐社会，并把提高构建社会主义和谐社会的能力作为加强党的执政能力建设的重要内容，这反映了我党对执政规律、执政能力、执政方略、执政方式的新认识。随着我国政治体制改革的深化，政府的行政行为越来越走向民主化、法制化、高效率，行政过程更加公开、透明，便于监督。而这种公共事务透明度的增强，有利于改进社会信息的传播和准确性，减少腐败，提高效率，形成一个公平的社会发展环境。党的十六大提出的"一切妨碍发展的思想观念都要坚决冲破，一切束缚发展的做法和规定都要坚决改变，一切影响发展的体制弊端都要坚决革除"的方针，为文化体制改革扫清了思想障碍。

（三）对多元文化的包容，成为社会主义文化体制创新的内在动力

当代中国文化体制的文化环境是由三种基本因素构成的：中国特色的社会主义主流文化、中国传统文化和改革开放以来所形成的个性大众文化。这三种基本因素共同体现在我们的社会生活中。

中国特色的社会主义文化作为当代中国的主流文化，同社会主义基本经济制度、政治制度结合在一起，围绕建设富强民主文明的社会主义现代化国家这一宏伟目标，以经济建设为中心，坚持改革开放，坚持为人民服务、为社会主义服务。它具有时代性、开放性的特点，贯彻宽容原则，弘扬主旋律，提倡多样化，使文化园地百花齐放、百家争鸣。现代化文化的核心是人的现代化，着力于全民族思想文化素质的提高，这是建设中国特色社会主义文化的主旋律。

中国传统文化，指中国历史演变延续过程中所形成的社会文化体系。由于中国历史悠久，文化源远流长，因而这个体系很庞大，很复杂。一方面，传统文化中的许多宝贵财富，对社会生活起着巨大的积极作用，如热爱祖国、热爱民族的爱国主义精神，不畏强暴、酷爱自由、不屈于外来压力的崇高民族精神，艰苦朴素、自强不息的传统美德等，这些都是我们值得自豪的宝贵财富。在建设社会主义现代化的今天，这些思想、精神和品格很好地构成了当代潜在的文化氛围，散发着超时代的、经久不衰的魅力。另一方面，传统文化中也确实存在许多消极因素，与当代文化变革发生着种种冲突，如盲从守旧、拘泥传统、压抑个性等，这需要我们进行自觉的克服与批判。

根据我国文化事业发展的需要和文化体制改革的实践经验，中国文

化体制改革的目标是：在所有制形式上，鼓励发展多种所有制形式的文化事业和企业，逐步形成国家保证重点，国家、集体、个人共同参与的多种经济成分、多层次、多体制办文化的格局，由此形成多种不同的经营方式和流通渠道，以适应艺术生产力的发展，满足不同层次群众对文化生活和审美的需求。文化体制改革旨在推动文化产业更加面向市场，建立一套适应社会主义市场经济的管理体制与运行机制，充分发挥市场在资源配置中的基础性作用。而这一切，都与我国的政治、经济和文化环境息息相关。总之，文化体制改革要以发展为主题，以体制机制创新为重点，以增强活力、壮大实力、提高竞争力、繁荣社会主义文化、满足人民群众日益增长的精神文化需求为根本目的。

三 中国社会主义文化建设面临的挑战

（一）用马克思主义理论解释清楚中国的经济改革实践是文化建设中的重大课题

在中国的改革开放初期，我们曾单纯地把市场经济当作一种经济改革的手段。而如今看来，市场经济的运行模式是与西方的价值体系紧密联系的。改革开放以来，我们在经济改革方面的力度在不断扩大，最终，中国通过建立市场经济体制而逐步克服了计划经济体制带来的影响。但是，市场经济体制与一系列的文化观念相对应。如保护私有财产的观念，按照马克思主义的基本观点，私有制是万恶之源，社会主义的建立与存在，就是以铲除私有制为目标的。如果社会主义不是抑制私有财产，而是保护私有财产，势必对社会主义的文化理念形成冲击。而与私有制相适应的是竞争的文化观念。马克思曾经分析资本主义的恶性竞争带来的社会问题，竞争的结果必然带来社会的两极分化，这不仅是马克思主义者所承认的，也是西方资产阶级所承认的，而马克思主义的创立，就是为了解救被无情的竞争所抛弃的无产阶级。如今，在中国现实的经济发展中，伴随着企业的市场化过程，越来越多的人被无情地从有保障的体制里抛弃，成为竞争过程的牺牲者。社会主义所允诺的带给人们的经济上的平等，事实上越来越少。就社会保障所提供的对弱势群体的救助而言，不仅在量上表现为杯水车薪，无法满足庞大的人口的需要，在质上也无法与发达国家所提供的社会保障相比。在这里所形成的困难是，我们如果认为自己不是社会主义，那么，中国共产党作为执政党也就失去了存在的合法性；如果我们认为自己是社会主义，那么，现在所做的事情，似乎又与社会主义的核心价值相违悖。因此，从理论上对这些问题做出合理的解释，关乎社会主义主流文化的确立。

（二）能否在经济改革的过程中推动社会主义政治文化的创新，也是我们今天面临的问题

由于西方在政治价值观上的宣传力度不断加强，以及中国在市场经济运行过程中所存在的官员腐败问题难以克服，致使国民特别是青年学生对西方的政治制度抱有不切实际的幻想，对西方的政治价值具有较高的认同度。在一些调查中，青年学生对西方的政治价值表现出了很高的认同度。第一，他们对三权分立的制度比较欣赏。很多学生认为："西方的民主政体中的三权分立制度值得我国借鉴。因为三权分立可以使国家权力不集中在一个人手里，可以使权力得到制衡，起到相互监督的作用，从而避免产生腐败；也可以使各政党在监督其他政党的同时，严于律己，使之良性循环。"第二，学生认为政党轮换的制度是一种比较好的制度。有的同学说："我认为两党制或多党制相对更优越一些，几党之间互相交替，轮流执政，对腐败可以有一定的抵制，同时对各个政党的自身进步也有利。发达资本主义国家的两党或多党执政的制度值得中国借鉴。多党制有利于政治民主化进程，有利于选出最让人民满意的政府，有利于政府的自我监督管理。"他们认为，一党制在特定时期是比较稳定的政治体制，但从国家的长远

发展考虑，多党执政是最佳的选择，甚至是必需的。第三，选举制度。他们认为："美国的选举制度也值得借鉴，这种方式更加透明、公正，并不以每人的经历、学历、财富为基础，而是看他的施政纲领是否能让国民满意。"还有的同学说："通过全体选民的公开投票，可以使当选政党得到大家的信任与支持。"第四，司法制度。有的同学认为美国的司法独立是最值得我们学习的东西，一方面司法的独立抑制了当权者不断膨胀的欲望，有效地保障了被统治阶级的利益，促进政府的清正廉洁。另一方面有助于平息社会矛盾，最近几年中国"上访"现象不断，也间接反映了司法制度的无能。在我们的问卷调查中，学生们更多认同在中国社会中，消除腐败的有效方法依次为法律监督、民主选举、舆论监督。

当然，也有学生并不喜欢美国的制度，他们认为，美国的制度也有弊端，例如恶性竞争、互相拆台等。还有同学说："中国是社会主义国家，国家制度与西方不同。同时，中国还是世界上人口最多的国家，民族众多，地域差异大，这就导致很多所谓的'民主'在中国并不适用。中国的历史文化有其巨大的独特性，中国是文明古国中现存的唯一国家，也是由封建社会直接跨越到社会主义社会的唯一的国家，更是现存的唯一的社会主义强国，因此，我们需要的不是学习，而是创造。国外经验好，但是拿到中国用不合适。"持这种观点的人，在学生中占的比例很小。

由此我们可以认识到，中国之所以能够保持社会的稳定，很大程度上是由于经济的高速发展转移了民众的政治需求，暂时缓解了认同危机。但这不等于说民众对政治改革漠不关心。所以，中国的政治改革如果不能跟上经济发展的步伐，那么，经济发展速度的降低势必引发政治危机。更何况，以美国为首的部分国家仍以"冷战思维"看待当今世界，仍没有放弃对中国"和平演变"的企图，中国在任何问题的失误都可能成为他们推动和平演变的契机。因此，在社会主义政治价值建设方面面临的挑战也是巨大的。

(三) 市场经济发展过程中的道德滑坡问题，也是我们需要面对的严峻挑战

从国内来看，中国正处在社会转型和改革攻坚的关键时期。经济成分、社会组织结构、就业方式、利益主体、分配方式、思想观念日趋多元化，使得人们的思想观念发生了深刻变化。中国的传统价值观念是集体本位的，为大家牺牲小家，为集体和他人牺牲个人是我们进行道德判断或道德选择的主要标准。但是，受西方个人本位的价值体系的影响，中国人的价值观念及价值判断的标准、价值选择的方式正在发生重大变化。由于少数党员干部放松了对世界观的学习和改造，迷失了方向，权钱交易、权色交易、拜金主义、享乐主义、唯利是图、见利忘义、贪污腐败、形式主义、官僚主义严重影响了我们党的形象，同时也毒化了社会环境，以至于作为社会未来精英的大学生的道德价值观，也因此出现了显著的变化。

第一，学生的价值选择经历着从理想到现实的转变。这种转变表现在两个方面：一方面，社会本位为个人本位所取代。在与社会的关系问题上，有79%的受访者认为在个人与社会的关系中，应该"先谋求自我发展，再考虑造福社会"；在处理国家、集体和个人三者之间的利益关系上，有62%的受访者选择公私兼顾。另一方面，他人本位被自我本位所取代。在与他人的关系问题上，42%的受访者同意"没有不变的朋友和敌人，只有不变的利益"。在问卷中有这样一道题："山东农民孟昭良蹬三轮车风餐露宿40天，行程3000余里，将高位截瘫妇女田某送回张家界老家，对此你认为这种做法是否值得学习"，35%的人认为是"为人民服务和雷锋精神的真实写照，值得学习"，而59%的人认为不值得效仿。

第二，学生的关注点经历着从外向内的转变。我们的调查反映出，个人的健康、家庭、事业及能力的发展，已经成为当代大学生的关注热点。

在价值理想方面，学生更多地关注自身的感受，而不是社会的标准。例如，在"现代生活的幸福条件"一题中，学生的选择依次是身体健康、婚姻美满、精神生活丰富。

在价值目标上，"事业有成"成为首要的选择，而"有道德"则成为次要的选择。需要关注的是，在受访者中，14%的人把"最想成为的人"定位为普通人。这就是说，虽然今天的大学教育越来越普及，但将来的大学生可能将不再属于社会精英群体，而是更接近普通劳动者。现在的学生在价值目标上与未来的社会角色存在着落差。

在职业选择上，在回答"在就业问题上，你的原则是什么"的问题时，有71%的人选择"有利于自己能力的发挥"或"工作环境要适合自己的兴趣和特长"；有18%的人选择了"挣钱多"；只有8%的人选择了"有利于获得权力和资源"。

在价值评价上，在"一个人是否成功"的问题上，选择把对社会的贡献作为成功标准的占受访者的33%，而将与个人有关的社会声誉、物质财富、社会地位、权力等作为成功标准的超过了受访者的47%。

概括而言，如今大学生的道德价值观，正在实现从关注理想向关注现实的方向转变。理想主义的目标无法成为鼓励他们进取的动力，而是要靠现实利益的驱动。他们宁肯放弃宏大的目标，只着眼于当下具体的人生目标；在具有可能性的事情与现实的选择中，他们更愿意选择具有可操作性的现实。他们考虑更多的是与自身物质条件改善有关的选项。从个人与他人的关系上看，他们更关注个体生存状态，而不是对他人的义务。从个人与社会的关系上，他们更关注自身在社会中应该得到的权利，而不是应该承担的社会责任。因此，在道德上如何引导社会回归以集体主义为核心的价值观，也是我们需要面对的挑战。

（四）如何在与发达国家的合作中，坚持中国自己的行为原则也是我们要面临的挑战

第一，全球化过程中的主权让渡。如今，中国已经成为很多国际组织的重要成员，而且由于中国的经济发展，中国在世界经济发展中所占

的份额也越来越大。因此，承担国际义务是中国无法回避的国际责任。随着越来越多的跨国公司来中国投资，中国与世界的互动特别是与发达国家之间的互动日益深入，不同国家利益之间的矛盾冲突也会日渐增多。在这种条件下，西方借助国际规则对中国施加压力的空间越来越大。因此，为获得国际生存空间而让渡一部分经济主权，成为中国无法回避的选择。但是，如何从理论上，给这种让步提供一种合理的解释，也是我们需要面对的难题。例如，西方国家在进行国际市场的开放过程中，其自由主义的市场经济核心，就是为不同的经济主体提供自由竞争的土壤和环境。因此，政策与文化价值并不存在内在的冲突。而社会主义国家，特别是弱势的社会主义国家，必须服从资本主义全球化的运行规则，从制度和理论上，我们无法理清社会主义比资本主义的优越之处。另外，按照马克思主义的分析方法，世界无产阶级作为受压迫者应该有更多的共同利益。而在现实中，无论是中国的政府还是普通劳动者都更欢迎美国的跨国公司而不是反对跨国公司的投资，在这种意义上，社会主义国家的政府与劳动者和资本主义国家的劳动者的利益是对立的，而对立意义上的不同阶级，却欣然地结成经济伙伴。因此，如何正视中国面临的现实，并从理论上提供合理的解释，是中国目前亟待解决的问题。

第二，中国对于第三世界国家的国际主义义务。在国际社会，中国一直把维护国家主权作为重要的国际行为规则，在和平共处五项原则下，尊重国家主权及领土完整、互不侵犯、互不干涉内政也是新中国成立后中国的国际交往原则。而今，在我国的对外交往中，因受到西方的压力，我国要不断在对外政策方面做出调整，例如在朝鲜的核设施问题、苏丹的达尔富尔及其他非洲问题上，以美国为首的西方国家，都力图给中国施加压力，让中国按照他们的方式对世界施加影响。作为利益相关者，中国势必要在一些问题上对美国作出让步。例如，涉及一些友好国家的内乱问题，究竟是持原有的"互相尊重主权和领土完整、互不侵犯、互不干涉内政"的对外关系原则，还是认同美国的国际干预原则，也是我们需要在文化上进行梳理的。

四 应对全球化过程中的社会主义文化重建

（一）主流文化的重建

坚持和发展马克思主义，是繁荣发展中国先进文化的关键，也是文化建设的根本。只有加强和巩固马克思主义在我国意识形态领域的指导地位，才能真正做到在国内外各种思想、理论、思潮的相互激荡中不迷失方向，在与世界不同文化的交融与碰撞中学习、借鉴、扬弃、升华，丰富和发展我国的社会主义战略文化。我们只有坚持公有制为主体、多种所有制经济共同发展的基本经济制度，才能从根本上保证我国战略文化建设的正确方向，才能在与世界文化的交流与对话中，牢牢掌握主动权，为借鉴世界各类文明、抵御西方腐朽文化提供理论支撑。

（二）中国传统文化的继承

其一，中国传统文化的重新定位。中国的现代化过程始终伴随着对传统文化的批判，而在全球化过程中，文化身份的认同的需要，使我们逐步意识到继承、保护和弘扬民族传统文化，对一个国家的发展是非常重要的。因此，全面认识民族传统文化，剥离其封建糟粕，挖掘继承其积极因素，并赋予其符合时代精神的新内涵，是很多学者都在力图做的。其二，中国传统文化资源的保护。不同国家和民族之间的互相交流和学习，更多的是在文化层面展开的。这也促使我们在重点文物保护、文化典籍整理保护、中华缮本再造、非物质文化遗产保护等方面投入更多的精力，组织开展中华传统文化整理工程，大力做好普及教育和弘扬推广工作；努力挖掘、弘扬中华民族传统节庆文化，丰富传统节日的文化内涵，开展多姿多彩的群众性文化活动；充分发挥物质和非物质文化遗产在传承文化和提高民族素质等方面的积极作用。其三，中国传统文化的教育。现今，很多学者都意识到国学教育对中华民族文化延续的重要意义，因此，他们都极力主张从小学开始，对后代进行系统的国学教育。而从目前大学生的反应看，他们也认为缺乏传统文化的素养是他们的一大缺陷，也希望有机会能够弥补这一方面的缺憾。近两年在媒体上出现的"易中天热"和"于丹热"，都说明了人们回归传统文化的渴求。作家冯骥才曾经指出，中国是一个文化大国，我们要有意识地加强民族文化教育，最基本的就是乡土教育、民俗教育、文化传承教育、文化经典教育。这些教育对树立中华民族的文化自信具有重要的作用，有了这个基础，我们就不怕任何外来文化的渗透。

（三）加强文化的创新

多种文化的交流与碰撞为新的文化的创生提供了机会。江泽民同志明确提出："创新是一个民族的灵魂，是一个国家兴旺发达的不竭动力。""创新能力是一个直接关系到中华民族文化兴衰存亡的关键性国家文化安全指标，创新能力便构成了国家文化安全全部内容的核心。全面推进国家文化创新能力系统的建设，是构筑中国文化安全发展战略的根本保证。"因此，我们一方面要以宽广的眼界关注全球化进程，并在发展轨迹中汲取人类文明的一切伟大成果，为我国优秀文化注入现代化"灵光"，并转化为中华民族文化的创新力；另一方面，要站在时代和全球化高度，制定科学的文化发展原则，自觉融入全球化进程，促进民族文化发展。在文化创新的过程中，我们既不能对外来文化盲目屈从，也不能用意识形态的纯洁性、封锁边界以及经济孤立等办法避开文化全球化的过程，而是要以更加开放的心态和博大的胸怀，勇于和善于吸收世界各国优秀的文化成果，加强文化的理论创新和思维创新，在世界文化多样性发展的进程中不断增强中华文化的生命力、创造力。

（四）注重中国现代文化的传播

目前，世界范围内的文化竞争与冲突总体上处于"西攻东守""西强东弱"的态势。西方的传播技术优势，为西方文化在世界范围内的广泛传播提供了物质条件。随着互联网和计算机技术的飞速发展，社会信息化对人类社会生活各方面产生了巨大的影响，给整个人类社会的进步和发展带来了新的机遇和挑战。现代网络技术日新月异地发展，网上信息丰富多彩，人们通过上网获取或传播大量信息，各种思想、文化相互交流、碰撞，打破了地域和意识形态的界限，拓宽了视野，更新了观念，思想观念和信息趋向多元化。网络的信息容量大，传播速度快，具有高度的开放性和交互性，已经日益成为文化活动和思想传播的重要载体，这给中国的文化建设带来了巨大的挑战。因此，我们必须调整自身的文化理念。

中国融入世界的过程，不仅要让自己对世界有全面的了解，同时也需要让世界更好地理解自己，最重要的是要让世界了解中国目前的文化价值符号及其内在的意义。从这样一个动机出发，我们也曾通过在世界上办孔子学院的方式，让世界了解中国文化。但是，世界各国需要了解的不仅是中国的古代文化，更需要了解的是现代中国文化。因此，对外传播应该重点宣传今天的中国是什么样，它与古代文化的区别是什么；同时，我们也需要让各国了解中国人对很多世界热点问题的看法。如对"人权高于主权"这一带有霸权意味的主张，必须予以反击；对自由、民主、人权等观念，则更需进行自主性理解。事实上，全球化绝不意味着资本主义化，文化全球化也绝不意味着西方化，而是不同国家对文化价值观念，按照自己的理解加以重塑的过程。要坚持文化发展的自主性，按照中国特色社会主义文化要求，对世界流行文化做出自己的理性判断和阐释，赋予文化全球化新的理念。

总之，在经济发展的过程中，不断进行文化价值的重建，是社会主义建设事业发展的需要。在经济全球化的过程中，文化之间的碰撞与影响是必然的，面临的挑战也是非常现实的。但是，文化发展的机遇也是存在的，关键在于我们是否可以把握一些机会，将不利因素转化为有利因素，从而促进社会主义文化事业的发展。

第一篇
当代社会的文化追寻

第一章　执政党的价值追求与社会和谐

当"构建和谐社会"成为社会主流追求的时候，人们都在为党和国家有这样的追求而欣慰。如果从字面上解释，我们可以把和谐理解为每个人都有饭吃，每个人都有自由表达意愿的权利。当然，作为执政党在未来相当长一段时间的政治路线，它的内涵要丰富得多。而说到和谐社会理念的渊源，有人把它理解为回归传统的政治表述，而笔者认为这种理解并不准确。当今世界，风云变幻，20世纪80年代末90年代初，东欧国家的共产党在很短的时间内蜕变；曾几何时，拉美国家的左翼政党，在强大的国际压力下奋力抗争，一个又一个地取得了执政权。在这种政党起伏的变化中，我们需要找一种经验与线索，即什么样的政党是可以坐稳执政党的位置，而什么样的政党将被历史所抛弃。执政党有明确的价值追求，并根据自己的价值追求确定各种政策，妥善处理各种不同的社会矛盾及危机，才可能使自己成为受人民欢迎的政党。因此，构建和谐社会，其实也是对执政理念的重新界定。

一　正视社会矛盾是构建和谐社会的前提

根据马克思主义的观点，人类社会的发展，在不同的历史时期，总会面对不同的矛盾。"时时有矛盾、处处有矛盾"是人类生活的常态。因此，不同时期的人必须针对所处时代提出的历史问题，提出自己的解决方案。

在人类社会的发展中，不同历史阶段的人，所面临的问题也是不同的，因此，摆脱现实痛苦也就成了不同时代的人的追求目标。对奴隶而言，不再被当作商品一样随意买卖，可能是他们的梦想；对农民而言，能有一块属于自己的土地，结束与土地所有者之间的依附关系也是一件很幸福的事情；对于工人，不要像机器一样无休止地劳动，能够支配自己的闲暇时间大概也是一种幸福；对世界上的失业人口来说，得到一份可以糊口的工作，相信也是一个值得追求的目标。因此，对任何历史发展阶段来说，不和谐或不平衡是社会的常态，人类大概无法从一种制度中使所有的愿望都得到满足。没有哪个时代可以彻底解决人类面临的所有问题。因此，完全的和谐社会在理论上可以勾画，但是，在实践上是不可能的。从这种意义上讲，承认社会矛盾的客观存在，是缓和社会矛盾并加以解决的前提。

但是，正如毛泽东在《关于正确处理人民内部矛盾的问题》一文中所指出的："对于许多人说来，承认这一规律（对立统一规律）是一回事，应用这个规律去观察问题和处理问题又是一回事。许多人不敢公开承认我国人民内部还存在着矛盾，正是这些矛盾推动着我们的社会向前发展。许多人不承认社会主义社会还有矛盾，因而使得他们在社会矛盾面前缩手缩脚，处于被动地位；不懂得在不断地正确处理和解决矛盾的过程中，将会使社会主义社会内部的统一和团结日益巩固。这样，就有必要在我国人民中，首先在干部中，进行解释，引导人们认识社会主义社会中的矛盾，并且懂得采取正确的方法处理这种矛盾。"[①] 毛泽东的这些论述是非常精辟的，但是，他并没有很好地贯彻这些理念。一方面夸大了敌我矛盾，甚至把人民内部矛盾当作敌我矛盾处理，以至于在"文革"期间在党内揪走资派等，造成了十年浩劫的悲剧；另一方面，又掩盖人民内部的矛盾，如果有谁指出社会主义有其他的矛盾存在，就

---

① 毛泽东：《关于正确处理人民内部矛盾的问题》，《毛泽东选集》第5卷，人民出版社，1977，第372页。

会被当作阶级异己分子，被扣上给社会主义抹黑的罪名。

在构建和谐社会的过程中，以胡锦涛总书记为核心的党中央是具有面对现实矛盾的勇气的。党的十六届六中全会关于构建社会主义和谐社会的《决定》指出：目前在我国存在不少影响社会和谐的矛盾和问题，主要是城乡、区域、经济社会发展很不平衡，人口资源环境压力加大；就业、社会保障、收入分配、教育、医疗、住房、安全生产、社会治安等方面关系群众切身利益的问题比较突出；体制机制尚不完善，民主法制还不健全；一些社会成员诚信缺失、道德失范，一些领导干部的素质、能力和作风与新形势新任务的要求还不适应；一些领域的腐败现象仍然比较严重；敌对势力的渗透破坏活动危及国家安全和社会稳定等。因此，构建和谐社会，就是积极面对日益激化的社会矛盾，并从不同的方面入手加以解决。这应该是构建和谐社会思想提出的初衷。

但是，在现实生活中，让人们勇敢地正视并解决矛盾还是比较困难的。因此，还依然有人用对待以往政治运动的方式对待和谐社会的构建。无论是城市还是农村，无论是企业还是事业，谈到和谐的目标，人们都会定出很多具体的条件，通过评比，选出和谐的标兵或者优秀员工。例如，针对社会治安不好的地区，治安状况好就可以达到和谐；而针对受噪音干扰的社区，安静的社区可谓和谐；针对经济状况不好的单位，良好的经营状况也可以叫作和谐。因此，当一些单位尽力争取用自己的优势掩饰自身存在的问题时，常常做和谐社会的表面文章，而忽略了自己应该正视及解决的问题，在文过饰非的应付中失去了解决矛盾的最佳时机。如果说在"文革"时期，我们因为政治环境的恶劣，粉饰太平还算情有可原的话，在今天，我们在构建和谐社会过程中，不是在现实中逐步改变不完善之处，而是回避社会存在的各种矛盾，把现实社会粉饰为理想社会，这是极端危险的，也是与中央的精神相违背的。因此，和谐社会理论的提出，就是正视社会矛盾的存在，坚决维护群众利益。胡锦涛总书记多次强调，群众利益无小事。各级党委、政府和纪检监察机关应当把解决损害群众利益的突出问题作为党风廉政建设的工作重点，严肃查处征收征用土地、城镇房屋拆迁、企业重组改制和破产、教育医疗收费、环境保护、拖欠农民工工资、安全生产等方面存在的损害群众利益的突出问题。要切实解决上学难、上学贵、看病难、看病贵等问题。对损害群众利益的突出问题，要抓住不放，一抓到底，要有针对性地全面加强行风建设，深入开展专项治理，不断深化相关体制机制改革，做出适当的政策调整和利益分配调整，建立健全巩固成果的长效机制。

和谐社会的建设，是一个循序渐进的过程，是社会不断兴利除弊的过程。它无法通过社会运动的方式来实现。在社会中，人们不应该评比哪个单位和谐，而是应该针对不同地方的特殊情况，找到各自存在的问题并加以解决，这才是建设和谐社会应有的态度。在世界各国执政党地位的变迁中，我们可以体会到：一个可以不断使社会获得发展动力的政党是有生命力的，而无法解决社会矛盾、推动社会进步的政党是短命的。古语说民情似水，可以载舟，也可以覆舟，这是历史发展的经验。在中国共产党不断发展壮大的过程中，正视社会矛盾，代表人民群众的共同利益，是中国共产党获得并保持执政地位的重要条件。

二 共同富裕是构建社会主义和谐社会的经济目标

从社会变迁中，我们可以看到，社会主义运动及社会主义的制度之所以在20世纪成为历史现实，其中最重要的原因是资本主义的发展积累了尖锐的社会矛盾，使各国的人民及政治家做出一种探索，用社会主义取代资本主义。当然，苏东模式的社会主义，在其发展的过程中，由于采取了平均主义的"大锅饭"，在一定意义上使社会丧失了进取的动力，经过几十年与资本主义的较量，最终以解体而告终。

任何政党都具有自己的价值目标，以中国人民最大利益为根本出发点的中国共产党人，始终把全心全意为人民服务作为一切行动的出发点和归宿,作为实现自身价值的最基本的内容和行为准则。在发展社会主义市场经济的背景下,我们党所进行的经济体制改革,其出发点和归宿完全是从广大人民群众根本利益出发的。但是,在现实中,我们看到一些党员干部,过于看重经济指标,而把普通民众的利益与要求,看作可以忽略不计的因素。甚至一些掌权者,把人民赋予的权力当作获得个人利益的工具,利用职权谋私利。当群众对一些政策提出不同意见时,一些党员干部居然用"愿意干就干,不愿意干就滚蛋"来回应,俨然把国家和人民的事当作自家的私事。

据国家发改委公布的数据,2005年底我国城镇的登记失业人员为839万人,登记失业率为4.2%,加上下岗职工尚未就业者460万人,2005年底城镇的实际失业人员为1299万人,实际失业率为6.5%。这个失业率,已经超过了国际公认的失业率安全线6%,而且略高于2005年全世界的平均失业率(6.3%)。还需要指出的是,上述失业统计数据是不够完全的,表现在:①对下岗职工的统计,只包括了国有企业、集体企业的下岗职工,未包括私营企业、外资企业及其他企业的下岗职工;②对因种种原因而停业、待业的个体工商户,也未进行统计。如果加上这些漏计的人员,我国城镇的失业人数将会更多,失业率也会更高。据理论界人士的一般估计,我国城镇的实际失业率大致在8%左右,形势是相当严峻的。

中国社会科学院2006年12月25日公布的2007年社会蓝皮书指出,医疗、就业和贫富分化是中国最突出的三大社会问题。调查显示,内地20%的高收入人口与最低收入者的实际收入差距已达18倍左右。民众对社会的总体评价只有70分,处于低水平。社会蓝皮书主编李培林直言,与改革开放初期相比,目前发展和改革成果惠及民众的普遍性"小得多"。2012年3月至7月,社科院在全国28个省市访问7000多户居民。在调查的17个社会问题中,排在第一至第三位的社会问题依次为"看病难看病贵""就业失业问题""收入差距过大、贫富分化问题",其余如贪腐、养老和学费亦是民众关心的事项。

如果从理论的渊源看，社会主义运动根源于资本主义的内在矛盾。资本主义使个人摆脱了封建专制等级制度的束缚而获得了"政治解放"，获得了某种形式的"自由""平等"和"民主"权利。但资本主义并未实现"社会解放""人的解放""人类解放"，它不但没有消灭阶级、私有制、剥削、旧式分工和三大差别，反而使这种两极分化和不平等更为加剧，这便使社会主义运动中对公平正义的价值追求成为历史的必然。中国的社会主义由于缺乏资本主义发展的环节，在经济上存在着先天不足的问题，通过适度允许资本主义的发展，来加速社会经济发展，这是无可非议的。但是，我们不应该忘记的是，共产党的价值目标是与其他资产阶级政党不同的，它应该关注社会中大多数人民的利益和社会弱势群体的利益，而不是少数特殊利益集团的利益。因此，正如邓小平所强调的："社会主义的本质，是解放生产力，发展生产力，消灭剥削，消除两极分化，最终达到共同富裕。"这不仅是对社会主义本质的深刻揭示，而且是对公平正义价值在社会主义本质中所处的特殊地位的特别强调。实现社会的公平，是社会主义本质的内在要求，是社会主义价值理想的核心内容，是共产党人孜孜以求、艰苦奋斗、努力争取的社会价值理想。如果我们不能坚持共同富裕的社会主义理念，任由社会贫富差距继续扩大，就可能导致人民对党和政府的不满，社会主义和谐社会的构建势必成为一句空话。

三 保障人民的自由与政治权利是构建和谐社会的政治要求

在19世纪中期到20世纪的无产阶级革命时代，资产阶级政府利用自由、平等、博爱等口号凝聚人心，弥合阶级之间的裂痕。无产阶级的领袖们认为，资产阶级的民主是虚伪的，在阶级社会中，如果不推翻阶级压迫，就无法实现真正的自由与民主。因此，为了使人们能够认清社会主义条件下的政治平等和自由与资本主义的区别，列宁对此进行了进一步的规定："总的说来，资产阶级的民主和议会制同苏维埃的或无产阶级的民主之间的差别在于：前者是把重心放在冠冕堂皇地宣布各种自由和权利上，而实际上却不让大多数居民即工人和农民稍微充分地享受这些自由和权利，相反的，无产阶级的或苏维埃的民主则不是把重心放在宣布全体人民的权利和自由上，而是实际保证那些曾受资本压迫和剥削的劳动群众能实际参与国家管理，实际使用最好的集会场所、最好的印刷所和最大的纸库（储备）来教育那些被资本主义弄得愚昧无知的人们，实际保证这些群众有真正的（实际的）可能来逐渐摆脱宗教偏见等的压迫。苏维埃政权应坚定不移地继续进行一项最重要的工作，即在实际上使被剥削劳动者能够真正享受文化、文明和民主的福利。"① 为了实现政治上的民主，列宁认为："对一切公职人员毫无例外地实行全面选举制并可以随时撤换，把他们的薪金减低到普通'工人工资'的水平，所有这些简单的和'不言而喻'的民主措施完全可以把工人和大多数农民的利益结合起来，同时也就会成为从资本主义过渡到社会主义的桥梁。这些措施关系到社会的国家改造，即纯政治的改造，但是这些措施只有同正在实行或正在准备实行的'剥夺者'的措施联系起来，也就是同变生产资料资本主义私有制为公有制的措施联系起来，才会显示出全部意义。"②

列宁还认为，政治自由还应该包括享受法律的保护、言论的自由、迁移和从业的完全自由、接受义务教育的权利、信仰自由等③。从列宁上面的论述中，我们可以看到，他把民主当作社会主义的本质特征。然而，令人奇怪的是，第二次世界大战结束后，苏联社会主义阵营已经成为"极权"的代名词，当我们再讨论民主问题时，则失去了坦然面对民主问题的勇气，而是把它当作资本主义的专利，当作资本主义与社会

---

① 列宁：《俄共（布）党纲草案》，《列宁选集》第3卷，人民出版社，1972，第745页。
② 列宁：《国家与革命》（1917年11月30日），《列宁选集》第3卷，人民出版社，1972，第208页。
③ 列宁：《给农村贫民》（1903年3月），《列宁选集》第1卷，人民出版社，1972，第421~426页。

主义进行意识形态斗争的武器。这对于所有的社会主义国家而言，不能不说是一个巨大的缺失。

毛泽东在《关于正确处理人民内部矛盾的问题》中指出："我们的宪法规定：中华人民共和国公民有言论、出版、集会、结社、游行、示威、宗教信仰等等自由。我们的宪法又规定：国家机关实行民主集中制，国家机关必须依靠人民群众，国家机关工作人员必须为人民服务。我们的这个社会主义的民主是任何资产阶级国家所不可能有的最广大的民主。"然而，新中国成立后的几场巨大的政治运动，不仅极大地破坏了社会主义民主的土壤，也使中国因为丧失了理性的民主而陷入了巨大的政治悲剧中。但是，毛泽东在理论上对于民主的论述在今天仍然具有重要的指导意义。他指出："我们主张有领导的自由，主张集中指导下的民主，这在任何意义上都不是说，人民内部的思想问题、是非辨别问题，可以用强制的方法去解决。企图用行政命令的方法，用强制的方法解决思想问题、是非问题，不但没有效力，而且是有害的。我们不能用行政命令去消灭宗教，不能强制人们不信教。不能强制人们放弃唯心主义，也不能强制人们相信马克思主义。凡属于思想性质的问题，凡属于人民内部的争论问题，只能用民主的方法去解决，只能用讨论的方法、批评的方法、说服教育的方法去解决，而不能用强制、压服的方法去解决。"①

从毛泽东的论述中，我们可以看出，他把民主看作建设社会主义及解决社会矛盾的手段。今天，我们构建和谐社会，采用民主的方式去解决不同利益群体之间的矛盾，也是非常必要的。民主可以保障人民的自由与权利；民主可以使国家决策更为理性；民主可以集思广益、集中更多的智慧；民主可以使人们有途径释放心中的怨气，从而采用平和的态度去面对生活中的不如意。

---

① 毛泽东：《关于正确处理人民内部矛盾的问题》，《毛泽东选集》第5卷，人民出版社，1977，第368页。

四 加强执政党自身建设是构建和谐社会的关键

一些人在今天总结苏联解体的经验教训时，常常把戈尔巴乔夫个人的作用放大，或者把西方的和平演变阴谋当作一个相当重要的原因。其实，自古以来，任何政治统治的崩溃都来自内部的虚弱，因为内部的虚弱，才使敌人变得有力量；因为内部的虚弱，才使一些人有机可乘。

以苏联为例，苏联共产党自勃列日涅夫时期开始，特权阶层的子女，仅凭借父辈们的特权地位就能轻易进入最好的大学，毕业后也能进入最优越的部门，并很快走上显贵的权力岗位。特权甚至还可以成为畅通无阻搞腐败的护身符。为了维护既得利益，特权阶层反对任何涉及对自己特权的改革，更不可能主动地遏止蔓延全党、全社会的腐败。特权阶层严重地损害了社会主义的声誉，制造了社会鸿沟，败坏了社会风气，普通民众与特权阶层的距离越来越远。那些看得见和看不见的腐败之手，贪婪地攫取属于人民的国家财富，而苏共对特权阶层缺乏有效的遏制。在苏共垮台前不久，曾在人民中做过"苏共究竟代表谁"的调查，调查结果显示，认为苏共代表劳动人民的占7%，代表工人的占4%，代表全体党员的占11%，而代表官僚、干部、机关工作人员的却占了85%。在长期的历史发展过程中，形成了苏共的特权阶层。因此，当苏共自身腐化而变质的时候，失去人民的信任与支持也是必然的结果。

因此，我们在构建社会主义和谐社会的过程中，也必须注重执政党自身的问题所带来的社会影响，避免这些问题成为激化社会矛盾的因素。例如，目前在我国的公款消费中，有三大笔开支（即公款吃喝、公费出国旅游、公车消费的开支）已远远超出了正常、合理的范围，而包含了大量畸形的或腐败的成分。2005年，我国餐饮业零售总额为8886.8亿元[①]。商务部在新闻发布会上公布，其中的40%是"公务、

---

① 资料来源：《中国统计摘要（2006）》，中国统计出版社，2006。

商务消费"，是指企业的公款吃喝（其中包括企业招待政府官员的公款吃喝）。2005年，这两部分公款吃喝的总开支，已经占到全国餐饮业零售总额的40%，即3554.7亿元。据2006年12月6日《参考消息》转载香港《星岛周刊》的报道，近年来，我国每年"官员公费出国"的开支，已超过3000亿元。这一大笔开支，也大大超过了2005年全国的研发投资总额。2006年3月1日，《人民日报》发表了一条来自旅游部门的消息：2005年，我国出境旅游者共3100万人次，其中自费出境旅游者2511万人次。把上面两个数据相抵，就可以知道，这一年公费出境旅游者是589万人次。既然公费出境旅游人数如此庞大，每年要耗费3000多亿元的巨额公款就不足为奇了。据2006年3月12日《参考消息》转载香港《镜报月刊》的报道，2004年，我国内地共有公车400万辆，这一年公车消费的总开支达到4085亿元。

  以上三大笔畸形化的公款消费之和，为10639.7亿元。它相当于2005年GDP的4.3倍，相当于2005年国家预算内教育拨款（3951.6亿元）的2.7倍。

  列宁说："只靠共产党员的双手来建立共产主义社会，这是十分幼稚的想法。共产党员不过是人民大海中的一粟而已。""对于一个人数不多的共产党来说，对于领导一个大国向社会主义过渡的工人阶级先锋队来说，最大最严重的危险之一，就是脱离群众。"[①] 一些研究党史的专家认为，在历史的选择中，中国共产党之所以能够夺取政权，是与它始终代表人民利益分不开的。如果中国共产党蜕化为一个腐败、贪婪的政党，走到人民的对立面，必将丧失人民的拥护与支持。因此，解决社会矛盾的关键，就是广大的党员干部能够真正从党的生死存亡角度审视自身的道德境界，加强自律。只有这样，才能使我们的党真正成为人民利益的代表，也才能解决社会道德失范的问题，形成和谐的社会环境。

---

① 《列宁选集》第4卷，人民出版社，1972，第136页。

毛泽东在《关于正确处理人民内部矛盾的问题》中也指出："在一般情况下，人民内部的矛盾不是对抗性的。但是如果处理得不适当，或者失去警觉，麻痹大意，也可能发生对抗。"因此，"我们必须学会全面地看问题，不但要看到事物的正面，也要看到它的反面。在一定条件下，坏的东西可以引出好的结果，好的东西也可以引出坏的结果"①。

在构建和谐社会的过程中，一个非常重要的问题，就是加强执政党自身的建设。目前，应该肯定，我们党的绝大多数党员是好的，但是，在一些党员干部身上也存在着一些问题，如作风浮躁、急功近利、好大喜功，甚至弄虚作假。有的违反领导干部廉洁自律的规定，以权谋私；有的失职渎职，或者盲目决策，给国家财产造成重大损失；有的贪图享受，讲排场、比阔气、挥霍公款，奢侈浪费。这些问题的积累也在一点一滴地改变着党在群众中的形象。如果我们不能对此加以防范，长此以往，必将减弱人民群众对党的信任与支持。

总之，共产党人只有把自己的价值追求注入人民群众的社会实践活动中，转化为群众的价值追求，才能形成巨大的社会力量。正是基于这一点，每个共产党员和党的各级干部在践行自己的人生价值时，应该把自己深深地植根于人民群众这片广袤的土地中，不断吸取人民群众深厚沃土的营养，充实自己，完善自己，成长为能担负时代重任的社会精英。同时，又以自己的模范行动，把先锋战士内在的光热充分燃烧起来，辐射和传导到人民群众的实践活动中，让人民群众看到理想的光芒，感受到共产党人的价值力量，从而紧密地团结在党的周围，向着党领导的和谐社会目标前进。

---

① 毛泽东：《关于正确处理人民内部矛盾的问题》，《毛泽东选集》第5卷，人民出版社，1977，第397页。

第二章　马克思主义大众化的社会土壤

——以马克思主义在中国的早期传播为例

当今社会，社会改革力度的加强，使利益群体的分化不断加剧。这种状况使人们在改革开放中既体会到了经济富裕的满足，同时也体会到了价值的迷失。这对于民族创造力的发挥，对于社会的稳定发展都意味着一种危机。如何用大众化的马克思主义，使人民凝聚在主流价值的旗帜之下，是现阶段意识形态领域的关键问题。本文力图透过马克思主义在中国早期传播的研究，勾画出思想传播过程所需要的社会条件，为现代中国马克思主义的大众化提供有益的启发。

一　坚定的信仰者和实践者是马克思主义大众化的传播主体

就思想的传播过程而言，大众化的前提是精英化。也就是说，任何思想只有被社会的精英阶层所认同，并且将这种思想的传播当作自己不可推卸的责任与使命，才是它大众化的起点。自近代以来，中国的知识分子一直在不断地探索解救中国之道。中华民国建立后，虽然推翻了两千多年的封建统治，但是中华民族依然要忍受帝国主义的压迫，而且中国社会中的贫富差距依然严重。因此，中国的仁人志士依然要思考民族振兴的路径。马克思主义之所以能在中国传播，从大的环境来看，是因为适合了中国社会精英寻求中华民族救亡图存之道的需要。

从马克思主义在中国的早期传播中我们可以看到，早期的马克思主义信仰者在中国社会中充当了两个角色。一是思想传播者。从李大钊所写的《法俄革命之比较观》《庶民的胜利》《我的马克思主义观》《再论问题与主义》等文章，陈独秀所写的《20世纪俄罗斯的革命》《新青年宣言》《谈政治》《和区声白讨论无政府主义》等文章到蔡和森所写的《马克思主义学说与中国无产阶级》以及李达所写的《讨论社会主义并质梁任公》等，李大钊、陈独秀等早期的马克思主义者，积极热情地传播马克思主义，引导了很多的青年知识分子投身到信仰马克思主义的行列，这是马克思主义大众化的必要起点。

二是思想的实践者和创造者，马克思主义在中国的大众化不仅需要知识分子进行思想传播，而且需要脚踏实地的实践者。从马克思主义在中国传播的历史经验中我们可以看到，马克思主义之所以成为中国共产党的指导思想，还在于有毛泽东等一大批深刻了解中国社会实际，并能够把马克思主义理论运用到中国社会实际中来的人。从一般意义上的无产阶级推翻资产阶级的革命目标设定到在广大农村实行土地革命目标的调整；从照搬苏联的城市中心暴动的革命方式，到中国特色的农村包围城市思路的形成；从完全依靠城市工人阶级到动员广大农村地区的农民参加革命，在用马克思主义指导中国革命的过程中，中国共产党人逐步克服了教条主义照搬理论的错误，一步步引导中国革命走向成功与胜利，同时，在这一过程中，不断地实现马克思主义大众化的传播。如果在这一过程中，没有这些创造性地运用理论的先驱者，中国革命就不会成功，马克思主义也就不会成为今天的主流意识形态了。因此，马克思主义大众化，一方面必须忠实于马克思主义思想精髓的传播者；另一方面，理论的实践者又不能拘泥于某一具体论断的局限而削足适履。只有在社会实践中不断地概括发展出适应社会现实的理论，才能真正使马克思主义理论成为中国社会持久发展的思想指导。因此，当我们抱怨马克思主义在中国的大众化的效果与我们付出的努力不相符时，我们应该反思的是，当今马克思主义大众化的传播者中，还有多少真正的马克思主义者？如果马克思主义不再是众多传播者一生相随的精神信仰，那么，我们也就不必对其传播效果差而大惊小怪了。

二 切实关注广大人民群众的利益是马克思主义大众化的社会基础

20世纪20年代,为了中国社会的复兴,中国的知识分子放眼世界寻求各种方法。这种探索,最终是要解决中国社会的自身问题的。而马克思主义之所以能够被中国共产党人所接受并在中国得以传播,还在于马克思主义理论的内容与中国现实的需要相契合。

首先,关注产业工人的利益需求。在中国共产党成立时期,也是中国工业化的早期,无论是外国资本还是民族资本,对于中国工人的剥削和压榨都是非常残酷的。而中国共产党所宣传的马克思主义理论,以伸张无产阶级的利益为己任,以国际共产主义运动中所提出的一些基本理念作为目标,从增进劳动者的知识(实行强迫义务教育)、提高劳动者的地位(采用无限制的普通选举法;保障人民结社、集会、言论、出版自由权,废止治安警察条例及压迫罢工的刑律;改良司法制度,废止死刑,废止肉刑)、改造劳动者的生活(肃清军阀,没收军阀官僚的财产,将他们的田地分给贫苦农民;制定保护童工、女工的法律及一般工厂卫生工人保险法;征收累进率的所得税)[①]三个方面入手,对工人阶级进行马克思主义理论的普及,使广大工人在痛苦的深渊中看到了未来的光亮。在中国共产党的领导下,工人阶级逐步意识到,要想摆脱受剥削、受压迫的地位,必须积极地投身到反对帝国主义、封建主义和官僚资本主义的斗争中。

其次,关注农民的利益与需求。中国与西方国家不同,中国人口的大多数是农民。任何思想要在中国进行大众化的传播,若不能争取到农民,就不能算是成功的大众化。中国共产党早期的思想家们,不仅在工人阶级中宣传马克思主义,启发他们的阶级觉悟,同时,他们也认识

[①] 《山东劳动周刊宣言》,《中共党史参考资料》,人民出版社,1979。

到，只有将广大的农民动员起来，并切实解决农民的土地问题，中国的革命才能成功。彭湃的《关于海丰农民运动的一封信》（1924）、《中共中央第四次对于时局的主张》（1924），蔡和森的《今年"五一"之广东农民运动》（1925），李大钊的《土地与农民》（1925），毛泽东的《中国社会各阶级分析》以及《湖南农民运动考察报告》等重要文献都充分说明，中国早期的马克思主义传播者都充分关注到了农民问题对于中国革命的重要意义，认识到中国农民是工人阶级的天然同盟军。如果以马克思主义理论为指导的无产阶级革命，没有关注到这一群体的利益，就不可能获得成功。毛泽东在将马克思主义理论中国化的过程中，把马克思主义的阶级斗争思想落实为"打土豪、分田地"这样具体的目标，并将农民引导到推翻帝国主义、封建主义和官僚资本主义的斗争中。

最后，关注中华民族的整体利益。近代以来，中华民族一直处于帝国主义的压迫之下，因此，中华民族与帝国主义的矛盾也是中国众多矛盾中的一个。因此，在反对帝国主义压迫的旗帜下，将更多的中国人团结起来，形成抵抗外国侵略者的统一战线，是中国共产党在争取民族独立的革命中一直坚持的。

总之，从马克思主义在中国的早期传播中，我们可以看到，知识分子无论是要阐述还是传播什么思想，都必须要关注社会的需求，要关注社会最底层群众的利益和他们的感受。也就是说，要想成为大众化的思想，一定是为大众所认同的。而今，马克思主义已经成为中国主流的意识形态，但是，我们意识到的一种危险是，马克思主义正在成为大众话语体系中越来越不熟悉的东西，或者说是在形式上维护，而在实际上并不相关的东西，这才是主流意识形态的真正危险之所在。政党一定是要代表特定群体利益的，马克思主义的政党所要代表的就是广大人民群众的利益。如果在具体的实践中，共产党可以体现这种价值取向，那么，就具备了马克思主义大众化的前提。如果在现实中，并不真正地执行带有马克思主义价值特征的政策，甚至政策与价值取向完全相反，那么要想传播这种理论,并让大众接受这种理论,就是根本不可能的。

三 自由探讨是马克思主义大众化的政治前提

在思想传播的过程中,任何思想的大众化,都是在与异己力量的抗争中实现的。马克思主义在中国的早期传播,就是在与各种思想的斗争中不断被中国知识分子所认同的。具体而言,它大致经历了三次论战。

第一次是与胡适实用主义的论战。针对胡适对马克思主义的攻击,以李大钊为代表的马克思主义者,利用《新青年》杂志,同胡适展开公开论争。李大钊《再论问题与主义》一文,就是这一论战中形成的理论成果。在论战的过程中,他们广泛宣传了马克思主义和十月社会主义革命,全面地介绍了苏俄的社会制度、经济政策、农业制度、婚姻制度、平民教育、儿童教育和职工运动等各方面情况,使更多的人特别是知识分子了解到俄国社会现状,澄清了人们对苏俄的谣传和误解,对于马克思主义在中国的传播起到了重要作用。

第二次是与基尔特社会主义的论战。1920年9月,针对梁启超、张东荪鼓吹劳资合作的"基尔特社会主义",李达撰写了《讨论社会主义并质梁任公》,陈独秀撰写了《独秀复东荪先生信》《社会主义批评》等文章。通过这场争论,使早期的马克思主义知识分子们认清了张东荪改良主义的本质,坚定了他们走社会主义道路,反对走资本主义道路的主张;坚持社会革命,反对社会改良的政治立场。

第三次是与无政府主义的论战。陈独秀等同梁启超、张东荪等人的争论还未结束,又开始了另一场反对无政府主义思想的斗争。无政府主义思潮是一种小资产阶级的社会思潮,主张无政府、无国家,个人绝对自由等。当马克思主义在中国开始传播时,无政府主义者就诬蔑无产阶级专政是"建立私权,保护少数特殊幸福的机关",攻击社会主义的按劳分配原则是扶强欺弱。为捍卫马克思主义的无产阶级专政学说,陈独秀运用马克思主义基本理论,剖析了国家的阶级实质。他指出:"只有被压迫的生产的劳动阶级自己造成新的强力,自己站在国家地位,利用政治、法律等机关,把压迫的资产阶级完全征服,才可望废除财产私有制度,改变不平等的经济状况。"他在《答郑贤宗》一文中还指出:"无政府党绝对不要国家政治法律的主张,是抹杀资产阶级与非资产阶级国家的区别,为不劳动的资产阶级利用。"

从马克思主义在中国早期传播的过程看,真理是不怕辩论的。真理在辩论的过程中得到认识,人们在辩论的过程中凝聚了对真理的共识。凡是在争论中能够存留下来并得到人们认同的东西,一定是有生命力的。因此,任何国家和民族如果能够允许思想的自由讨论,其实就是为国家获得真理、坚持真理、修正错误提供了重要的政治保障。

总之,从马克思主义在中国早期传播的过程中,我们可以认识到,马克思主义的大众化传播,需要一些不是为了金钱、地位、名誉而忠实于理论本身的信仰者,也需要理论具备解释和预见社会生活的能力,还需要政府提供一种自由讨论的空间。这些都是马克思主义大众化必不可少的社会条件。

第三章　构建和谐社会过程中的文化整合

从 2004 年中共中央提出构建"和谐社会"的治国理念以来,理论界展开了热烈的讨论。构建和谐社会,将成为中国社会在相当长一段时间内关注的理论及实践的热点问题。从目前的研究中,我们可以看到,一些人对和谐社会的治国理念有一些片面的理解,或者认为构建和谐社会是对中国传统文化价值的回归,或者认为这是对马克思主义的发展。笔者认为,这些观点都有其片面之处。在今天,我们只有从文化整合的意义上理解和谐社会的构建,才能为中国社会未来的发展奠定坚实的文化基础。

一　构建和谐社会,是对马克思主义"以人为本"文化理念的继承和发展

和谐社会的理念与共产主义的理念,从终级价值上讲,有异曲同工之处。马克思恩格斯理论的价值取向,就是认为资本主义社会虽然很有效率,但是,却充满了种种不和谐,仍然是个片面的畸形发展的社会。马克思、恩格斯的革命理论,从关心社会底层的无产阶级开始,继而构建了科学的社会主义体系。

第一,他们指出了资本主义私有制是人民受剥削、社会不和谐的根源。马克思、恩格斯十分同情社会底层的劳苦人民,他们以唯物史观和剩余价值学说为理论武器,指出了资本主义私有制导致了人的异化和社会的分化,促使了资本主义社会矛盾的激化。要铲除社会的不和谐,就

要消灭私有制。他们指出:"共产主义的特征并不是要废除一般的所有制,而是要废除资产阶级的所有制。但是,现代的资产阶级私有制是建筑在阶级对立上面,建筑在一些人对另一些人的剥削上面的生产产品占有的最后而又最完备的表现。从这个意义上说,共产党人可以用一句话把自己的理论概括起来:消灭私有制。"① 马克思、恩格斯通过剖析资本主义生产方式和交换方式,揭示了资本主义生产和剥削的秘密,指出了无产阶级与资产阶级对立的经济根源,从而找到了变革资本主义、实现社会主义,也是建立和谐社会的正确道路和依靠力量。

第二,生产力的高度发展是实现人的解放及社会和谐的前提。与空想社会主义者不同,马克思、恩格斯对未来社会理想制度的设想,不是教条式地预测未来,而是立足于社会现实,从分析现存的资本主义社会的实际入手,展望未来社会的前景,对未来社会理想制度做了科学的预测。在《反杜林论》和《社会主义从空想到科学的发展》两部著作中,他们比较全面地概括了社会主义的基本特征。在《反杜林论》中,恩格斯论述了"社会主义基本特征"。在《社会主义从空想到科学的发展》中,他保留了这些论述,并在该书的结尾做了简明的概括:"无产阶级将取得社会权力,并且利用这个权力把脱离资产阶级掌握的社会化生产资料变为公共财产。通过这个行动,无产阶级使生产资料摆脱了它迄今具有的资本属性,给它们的社会性以充分发展的自由。从此按照预定计划进行的社会生产就成为可能的了。生产的发展使不同社会阶级的继续存在成为时代的错误。随着社会生产的无政府状态的消失,国家的政治权威也将消失,人终于成为自己的社会结合的主人,从而也就成为自然界的主人,成为自己本身的主人——自由的人。"② 马克思说:"在无产阶级的占有制下,许多生产工具应当受每一个个人支配,而财产则

---

① 马克思、恩格斯:《共产党宣言》,《马克思恩格斯选集》第1卷,人民出版社,1972,第265页。
② 恩格斯:《社会主义从空想到科学的发展》,《马克思恩格斯选集》第3卷,人民出版社,1972,第443页。

受所有的个人支配。现代的普遍交往除了受全部个人支配不可能通过任何其他的途径受一个个人支配。"① 也就是说,他们认为,资本主义社会的缺陷是与它的生产方式相联系的,消灭私有制,实现生产资料的公共占有,一方面可以极大地解放生产力,使社会物质财富极大丰富,社会实行"各尽所能,按需分配",为人的彻底解放创造物质条件;另一方面,劳动者成为生产资料的所有者和主人,从而使劳动者摆脱了受剥削和奴役的社会地位。这样,才能达到和谐的共产主义社会,实现社会和谐和人的自由全面发展。

第三,"人的全面而自由的发展"是和谐社会的最高境界。马克思和恩格斯认为资本主义发展最大的问题,就是对人性的摧残。因此,在马克思、恩格斯设想的未来社会中,应该批判地继承古代优秀文化遗产和资本主义创造的文化,在科学社会主义指导下创造社会主义新文化,使文化教育达到空前繁荣,使劳动者普遍享有丰富多彩的文化生活。马克思、恩格斯在《共产党宣言》中指出:"代替那存在着阶级和阶级对立的资产阶级旧社会的,将是这样一个联合体,在那里,每个人的自由发展是一切人的自由发展的条件。"② 在马克思和恩格斯看来,新的经济制度的建立,"不仅可以使生产力发展的能量得到极大的释放,还应该对人性有一个极大的解放。在资本主义生产方式内部所造成的,它自己不再能驾驭的、大量的生产力,正在等待着为了有计划地合作而组织起来的规模来保证全体社会去占有,以便保证而且是以不断增长的规模来保证全体社会成员都有生存和自由发展其才能的手段"③。这样,公共的政治权力将失去政治意义,社会和生产将采取自由人联合体的形式组织起来。到了这种境界,人的各种能力和潜能就会

---

① 《马克思恩格斯选集》第1卷,人民出版社,1972,第75页。
② 《马克思恩格斯选集》第1卷,人民出版社,1972,第294页。
③ 恩格斯:《反杜林论》(1876年9月至1878年6月),《马克思恩格斯选集》第3卷,人民出版社,1972,第190页。

充分发挥，人的多样性需求能不断得到满足，人的社会关系能日益丰富，人与自然能和谐共生，人的自由个性能充分发展。

因此，从马克思和恩格斯的论述中我们可以看出，以人为本，为促进人的自由全面发展提供更多的机会，是社会主义追求的目标，也是今天我们建设和谐社会的本质要求。

二 构建和谐社会，是对中国传统文化合理价值的吸收

"和"是中国传统文化的核心理念，也是和谐社会所要体现的重要文化内涵。以和谐为核心内容的和合文化，贯通社会伦理道德、文化心理结构、价值观念、行为方式、思维方式、审美情感等各个方面。但是，近代以来的社会发展中，特别是"五四"运动以来的新文化运动，将中国的传统文化当作单纯的批判对象，不仅造成了现代的文化失落，而且造成了核心价值的缺失。所以，在今天中国经济转型的过程中，各种社会矛盾的激化已经成为社会稳定发展的巨大隐患，究其根源，核心价值的缺失是很重要的原因。构建和谐社会，整合传统文化价值资源，为人与社会的发展提供共同的价值标准，使社会能够在这种价值标准的指导下安定团结，已经成为迫在眉睫的重要任务。那么，中国传统文化可以为和谐社会的构建提供哪些价值资源呢？首先，在人与自然关系上，中国文化向来主张"天人合一"，追求人与自然和谐相处，而不是对立。道家主张尊重自然规律，尊重大自然，保护大自然，尤其不能破坏大自然。道家所说的"人法地，地法天，天法道，道法自然"，就是强调人类的准则在于尊重自然规律，以遵循自然规律作为人类的行为规范。建设社会主义和谐社会，从人与自然的关系上看，就是要改变一味地向自然索取、片面地征服自然所造成人与自然的紧张关系，吸收传统文化中"天人合一"观念中的正面价值，重塑天人关系，建构我们赖以生存的理想自然空间。

其次，在人际关系上，在中国历史上，曾有多种社会和谐的设想，

如儒家的"天下为公"理论、"大同之世"理论，道家的"小国寡民"和"至德之世"理论等。它们从不同侧面，为今天建设社会主义和谐社会提供了可供借鉴的思想资源。社会和谐问题说到底是人与人的关系问题，而人际关系问题正是中国传统文化要着力解决的，因而中国传统文化中这部分内容的现代价值值得深入发掘。在儒家的和谐社会观念里，人是社会生活的主体，更是社会和谐的主体，离开了人的交往关系，社会和谐就无从谈起。儒家讲人伦的和谐是依靠礼乐制度来保障。重视道德教化、纲常名教是中国传统文化的重要特征，强调道德自觉与追求理想人格是中国传统文化的基本属性，而孔子的仁礼学说，孟子的性善主张，则是中国传统文化的逻辑起点。"夫仁者，己欲立而立人，己欲达而达人；能近取譬，可谓仁之方也"[1]；"己所不欲，勿施于人"[2]，这些修身立德的金玉良言显然具有其普遍长久的价值和意义。

最后，在人与内心的关系上，做到身心和谐，保持平和恬淡的心态，正确处理好正义与利欲的关系。孔子一方面说，"富与贵，是人之所欲也"。另一方面，他又指出，"不义而富且贵，与我如浮云"；"君子爱财，取之有道"。儒家还强调儒家经济伦理与社会伦理的统一，张扬独立人格精神，提倡"富贵不能淫，贫贱不能移，威武不能屈"的理想人格和大丈夫精神，把人格力量作为平衡物欲与正义、身与心的重要依据。建设社会主义和谐社会，要把身心和谐作为社会和谐的基点，既强调合理的物质利益关系，鼓励人们开拓进取，又强调它同社会公德、家庭美德、职业道德和社会理想、社会正义的统一。

因此，我们可以从自然与人、人与人、物质需求与精神需求等方面的关系，深入挖掘传统文化中合理的文化资源，为构建和谐社会提供道德理念的支持。

---

[1] 《论语·雍也》。
[2] 《论语·颜渊》。

三 构建和谐社会，还需要批判性地吸取现代社会的主流价值

现代国家治理的重要内容就是要在效益与公平之间寻找政策的平衡点，只顾效率不顾公平，造成社会的两极分化，容易引发社会动荡；而只顾公平不讲效率，社会的发展就没有动力，同样会遭到人民的反对。无论是发达国家还是发展中国家，无论是东方国家还是西方国家，国家管理面临的问题都有相似之处，因而，也使得管理国家的文化理念、制度有了很多可以互相借鉴的地方。

第一，自由与平等的文化理念。近代以来，西方国家在反封建及教会的统治中，逐渐衍生出了现代的自由与平等的文化理念。因此，"对政治共同体中成员平等地位的追求，重构了现代西方政治生活。如果说争取权利的最初努力涉及自由离开出生地或职业自由的斗争，那么后来的斗争则涉及诸如言论自由、表达自由、信仰自由、结社自由以及妇女结婚与离婚的自由、自由公平的选举投票和广泛的选举权等事项"[①]。从著名政治学家戴维·赫尔德的论述中，我们可以看到，给予社会成员理性表达意见的空间，对于社会和谐是非常必要的。首先，在今天，中国社会矛盾总体上是非对抗性的，在不同的群体之间存在着因为误解而形成的隔阂，如果社会的精英阶层能够与大众平等地进行交流，一定能从对方的想法中吸取有益的东西，从而极大地消除相互间的误解和隔膜，在大多数问题上达成基本的共识。其次，在某些问题上，不受压制的表达本身就是一种目的。因此，即便在一些问题上达不成共识，双方最起码也能够通过坦诚沟通了解对方的真实意愿，便于日后有意识地避免矛盾扩大。在很多时候，人与人之间的矛盾冲突也许并没有我们想象得那么大。因此，只要在一个开放的空间里进行理性交流，绝大多数极

---

① 〔英〕戴维·赫尔德：《民主与全球秩序——从现代国家到世界主义治理》，上海人民出版社，2003，第159页。

端、偏执的思想观念一定会逐渐失去市场。因此，宽容的多元文化，可以使社会各个层次进行理性沟通，避免社会矛盾的激化，这是构建和谐社会的重要条件之一。

第二，民主价值。我们应该看到，民主化已经成为国际社会的一种潮流，尽管西方国家推行民主价值观有特殊的政治目的，但是，我们不能因此而否认民主自身的文化价值。民主作为一种与封建专制相对立的政治制度，一些基本要素是社会主义和资本主义共同具有的。如同在经济上应当学习资本主义某些合理因素一样，政治上我们也可以借鉴资本主义政治文明中的有益成果。2005年2月19日，胡锦涛在省部级主要领导干部专题研讨班上发表重要讲话，中国应该"积极稳妥地推进政治体制改革，进一步健全民主制度，丰富民主形式，扩大公民有序的政治参与"。首先，在不同层次上循序渐进地推进民主选举，加强权力来源的合法性；其次，加强政治运作过程的透明度，强化公民对社会管理的参与及对公权力的监督，党的十六届四中全会也强调要健全民主制度，丰富民主形式，扩大公民有序的政治参与；最后，加强对少数人权利的保护，即在坚持"多数人统治的同时保护少数人的权利"。做好这些方面的工作，也有利于政府职能从管理向服务转变，缓解官与民的紧张关系。

第三，社会公平。英国政治学家戴维·赫尔德指出："国家的吸引力就在于，它有希望让一个共同体通过公平的制度框架得到治理，这一制度框架原则上对共同体所有成员平等地施加限制和赋予能力。"[①] 任何政党，要获得稳固的执政地位或取得执政业绩，就必须关注社会公平问题，否则，必然遭到本国人民的反对。拉美国家、独联体国家、中东国家及南亚国家的政治变动都说明了社会公平对执政党的重要意义。现今，尽管中国的封建制度已经终止上百年，但是，封建特权文化，依然

---

① 〔英〕戴维·赫尔德：《民主与全球秩序——从现代国家到世界主义治理》，上海人民出版社，2003，第155页。

对我们有很大的影响,在社会的各个层面,也都有所体现。例如,在经济领域中的不同地区、企业、群体的不公平待遇;在政治方面,由于缺乏有效的途径,基层民众无法了解公共决策的过程,更无法实现对决策的参与和监督;在社会生活中,由身份、性别、年龄等方面的原因,产生的升学、就业及社会保障方面的歧视性政策等。构建和谐社会,就是要通过法律与制度的完善,使每个人获得人格、权利、机会、规则等方面的平等,尊重社会成员独立人格,使社会成员的基本权益能够得到保障,使社会成员有平等的机会并遵循同样的规则充分发挥其能力,使所有社会成员都拥有对成功的期待。这样,才能避免弱势群体因为挫折和绝望而迁怒其他社会成员,保证社会的和谐和稳定。

综上所述,构建和谐社会,不仅要不断提高社会经济发展水平,还要进行文化价值的重构,只有社会成员在核心价值方面拥有共识,中国才能真正成为法治、稳定、有序的社会主义大国。

第四章 科学发展的目标、道路和手段

科学发展观是党中央在新的国际、国内形势下推出的中国现代化的建设思路，是立足我国国情、从现实出发提出的战略性决策，它的基本思路是协调发展、全面发展和可持续发展。那么，如何达到这一目标呢？笔者认为，坚持科学发展观，不仅要进行政策方面的调整，更重要的是思维方式上的调整，只有具有正确的思维方式，才能做到科学发展。在中国历史上，"中庸之道"一直是我们处理问题所遵循的原则。然而，在现实中，我们却不幸地发现，虽然国人经常提醒自己不要走极端，却在很多问题上"矫枉过正"，从一个极端走向另一个极端。作为学者，我们常常会思考其中的原因。笔者认为，或许就是因为我们太追求"中庸"了，不断地变通，以至于我们无法弄清楚自己在坚持什么、自己与他人的区别、我们做的事情有何意义。本文仅想就上述问题谈一些个人想法。

一 科学发展的目标是和谐不是对抗

近代以来，中国在世界上一直处于落后的地位。应该说，中国的改革开放，是我们在100多年里从来没有遇到过的发展机遇。于是，抓紧时间发展，成为我们的唯一信条。30多年的改革，中国所取得的成就是举世瞩目的。或许因为我们过于关注量的扩张，或许因为我们太想从经济上摆脱落后的地位，由发展衍生出来的人与自然、人与人、物质需求与精神需求之间的关系日益紧张。因此，我们今天讲科学的发展，就是要化解自然与人、人与人、物质需求与精神需求之间的紧张状态，提升人们的安全感、舒适感和幸福感。而要达到这样的目标，我们也必须扭转一些思维上的定势。

首先，重新审视"人定胜天"及科学万能的观念。自古以来，人类的成就都是以征服自然的程度来界定的。通过拦坝筑桥、炸山开路、远航探险、遨游太空等，人类用自己的智慧给自然留下作用的痕迹，同时也在证明自己的能力。因此，人类的每一个巨大的进步都伴随着对自然约束的挣脱，同时也不断地增强了人类征服自然的信心。那么，是否人类真的具有"胜天"的能力呢？我们可以看到，当地动山摇、狂风翻滚、怒涛拍岸的时候，我们的生命依然如一叶无助的扁舟，脆弱得无法拒绝死亡。我们应该承认，今天科学取得的成就是惊人的，但是，这并不表明科学是无所不能的。正如古希腊哲学家芝诺所说，如果用圆圈来表示知识的范围，圆圈里是已知的知识，圆圈外是未知的知识，知识范围越多，圆圈越大，圆周也越长，圆圈的边沿与外界空白的接触面也就越大，因而未知部分当然也就更多。人类未知的领域随着已知领域的拓展而扩大。在古代社会，由于人类对自然界认识的有限和对自然界的恐惧，人们给自己的行为制定了很多的禁忌。这些禁忌有些带有神秘主义色彩，有些则是生活经验的积累。这些禁忌在使人类对自然充满恐惧与敬畏的同时，也造就了古代人的生存逻辑，一种非科学的信仰却可以成为一种保全人类延续的依据。随着近代科学的发展，人类不断征服各种疾病，找到治愈各种疑难杂症的方法并延长寿命。但是，在社会发展的不同阶段，人类依然会面临各种未知疾病的威胁，面对各种致命的绝症而束手无策。人类用科学解决的问题越复杂，面对的问题也就越棘手。在利用科学方法不断解决旧问题的同时，新的问题也会陆续出现。我们对科学的崇尚，演变成为对自然的漠视与狂妄的态度，从而进入了非科学思维的误区。所以，我们今天要面对日益凶悍的自然报复。笔者认为，在科技高度发达的今天，我们讲科学的发展观，既不是用摩天大楼般的意念去挑战自然极限，也不是用一种填海造田的勇气去展示人类的能力。科学的发展，是要寻求一种人与自然之间的默契与和谐，是要改变一味地向自然索取、片面地征服自然所造成的人与自然的紧张关系，吸收传统文化中"天人合一"观念中的正面价值，重塑天人关系，建构我们赖以生存的理想自然空间。

其次，重新定位人与人之间的关系。两千多年的封建社会，给中国社会留下的重要的政治遗产就是等级制度和观念。孔子的"惟上智与下愚不移"，一直是中国的统治者实施愚民政策的重要根据。中国历史上的每一次农民革命都是以官员的横征暴敛开始，以朝代的更迭而结束的。1945年抗日战争胜利前夕，著名的民主人士黄炎培先生从重庆来到延安，向毛泽东提出如何跳出"人亡政息""求荣取辱"历史周期律问题。毛泽东认为，我们可以通过民主的方式跳出这个"周期律"。同时，我们也应该看到，尽管"五四"运动以来的社会变革，对社会的等级制度及观念形成了一定的冲击，但是，中国社会文化的深层结构，依然没有发生本质的变化。另外，在中国30多年的改革开放过程中，中国经济突飞猛进地发展，同时也在改变着中国的文化生态。官本位的观念依然存在，而"金钱本位"的观念，伴随着市场经济的发展，被越来越多的人所接受。从经济角度看，我们为了追求经济发展的速度，忽略了生产条件的改善，很多无辜的生命为高速发展的经济，付出了生命的代价；在追求经济效益的过程中，一些企业丧失了基本的道德原则，为了追求利益的最大化，不惜以次充好，严重威胁人的生命安全。从政治角度看，在不同主体的利益分配问题上，拥有权力资源多的群体，成为中国改革最大的受益者，而社会的弱势群体成为改革最小的受益者，甚至成为牺牲者。中国是发展中国家，社会发展的不平衡是可以理解的。但是，目前中国社会的不平等，更多体现在制度安排方面，没有给国民提供一个公平竞争的平台。权力与金钱的双重挤压，使不同层次的社会关系丧失了应有的弹性，导致不同群体之间的矛盾激化。在社会利益分配上，权力成为利益集团攫取财富的有效工具。在社会矛盾的处理上，权力与金钱成为破解一切难题的钥匙。在价值取向上，一些干部已经忽略了自己的公仆身份，忘记了党的宗旨，把自己当作呼风唤雨、为所欲为的君主；把他们领导的群众，当成可以任意处置的臣子；把他们应尽的职责，当作对下属的恩赐。

　　坚持科学的发展观，坚持"以人为本"，就是要解决发展的目的问题。第一，要培养对生命尊重和敬畏的情感。国家的经济发展要"以人为本"，是说经济发展不是一个单纯追求经济效益的过程。一个企业应该赢利，但绝不能以牺牲人的生命为代价；经济发展要追求效率，但必须要以改善大多数人的生活、提高人的生活质量为目标，而不是让大多数人的生命安全受到威胁。也就是说，经济发展的目的是为了人，不是为了发展而发展。第二，坚持科学发展观，就是要尊重人的权利，为人的全面发展创造条件。国家的制度设计，应该符合社会公正原则，要给每一个人、每个群体平等的发展机会。社会的用人机制应该遵循能力本位的原则，不在年龄、身份、种族、性别等方面形成对人的歧视，至少保证每个人有平等的起点。第三，作为马克思主义政党的价值选择，在不同的社会群体中，应给予社会弱势群体更多的关怀。无论在封建社会还是资本主义社会，主流社会都是排斥弱势群体的，马克思主义理论与其他理论最大的区别，就是关注社会弱势群体的存在及其利益。作为一个社会主义国家，只有关注社会中大多数人的利益，关注社会弱势群体的利益，我们的党才是遵循了自己的价值原则，才能在社会中获得更广泛的支持。

二　科学发展的道路是现代化不是西化

　　中国20世纪80年代以来的对外开放，主要是对西方国家的开放。中国的改革，也主要是把西方国家当作现代化的榜样，把追赶发达国家作为目标。如今，发达的网络，将世界上的不同声音通过各种渠道传递到我们的国家。我们为西方的赞扬而欣喜，为他们的批评而烦恼，为别有用心的谩骂而愤怒。有时候，我们会在众说纷纭中迷失自己，无法确定自己的道路，甚至分不清现代化与西化的界限。这样的表现，至少说明在心智上我们还缺少作为一个大国应有的冷静和自信。坚持科学发展观，就必须对这个问题有清醒的认识。

首先，科学的发展是走中国特色的现代化道路。我们应该承认，西方发达国家走的也是现代化道路。但是，他们的现代化道路，是在独特的环境条件下形成的，在他们的文化环境下具有适用性，但是，未必适合世界上所有国家。因此，我们必须清醒地认识到，任何民族在世界上的价值，都是因为它存在的独特性，而不是与其他民族的相似性。或者，我们常常以为西方国家都有相同的发展模式，其实，他们每个国家在制度与体制上都有很多区别。虽然都是市场经济国家，但是，其特点却各不相同。例如，美国是自由市场经济，德国是社会市场经济，法国是混合市场经济，日本是政府主导型的市场经济，瑞典是福利型的市场经济。发达国家都是根据自己国家的经济发展实际，来确定国家的经济体制的。因此，科学的发展，不是要按照其他国家或者民族的模式来塑造我们自己的形象，不是要盲目照搬其他国家的经济发展模式，而是要根据中国社会发展的实际情况，选择一条独特的民族国家发展道路。

其次，科学的发展也需要有符合中国国情的评价标准。当今世界，中国是一个发展中国家，而且是一个发展中的大国。西方国家发展过程中所经历的问题我们已经遇到了，而西方国家在发展中没有遇到的问题我们也可能遇到，因此，我们必须确立自己的指标评价体系来衡量社会的发展状况。我们应该知道，作为一个发展中国家，中国与发达国家的差距是客观存在的，而且也不是在短期内可以追赶上的。我们应该有的一种态度是，承认这种差距将在相当长的时期内继续存在下去，因此，我们不能完全按照西方的标准衡量中国的发展。然而，不幸的是，在我们的工作中，我们常常不自觉地将片面理解的西方标准，作为中国现代化标准的依据，从而造成社会关系的紧张。例如，西方早期的管理思想，更多地强调刚性措施的使用，而随着社会矛盾的激化，他们也在不断地进行调整。西方管理心理学研究，就是强调在用刚性制度对员工进行约束的同时，更多地关注员工的心理感受，他们通过研究与组织行为有关的人的个体特点、人的群体特点、领导行为特点、组织理论与组织变革、工作生活质量研究和跨文化管理心理问题，从而达到调动人们的积极性、改善组织结构和领导绩效、提高工作生活质量、建立健康文明的人际关系、提高管理水平和发展生产的目的。目前，我国的管理越来越多地采用西方的刚性方式，用规章制度、纪律监督、奖惩手段约束人，我们以为这样是现代的、科学的，但是，由于忽略了个体感受，表面看似规范的管理，难以产生持久、内在、有效的驱动力，不仅无法达到管理目标，还会造成不同层次人际关系的紧张。其实，无论中国的传统文化还是在我党的工作方法中，都有很多协调人际关系的思想资源。要坚持科学的发展观，我们需要对这些资源进行重新整理与利用，从而确立符合中国国情的社会评价标准。

最后，科学的发展需要开放的学习心态。全球化给我们带来了多方面的压力，最大的压力是文化认同方面的压力，也就是作为一个东方文化传统的国家，如何在与西方的交流中保留自己的传统；作为一个将马克思主义理论作为指导思想的国家，如何在资本主义世界中维持自己的信仰。我们应该知道，全球化的时代，我们无法通过封闭的方式来弱化民智，而是要在竞争中让自己变得更强。而在现实层面，我们会发现，文化的发展也有自己的轨迹，也是在不同的环境中进行选择的结果。所有的国家都会寻找到最适合的文化生存方式，文明的进步都是在与其他文明的交流与碰撞中实现的。拒绝交流和学习，必然导致文明的衰落。因此，文化坚持中的开放与宽容态度是非常必要的。不管是什么文化，不管是出于什么目的，给它一种自由存在的空间，让人们有接受或拒绝的权利，反而容易让人们做出正确的选择。在冷战期间，美国与苏联冷战的主要形式，就是开展宣传战，美国和平演变战略效果显著，一方面是因为它的战略具有针对性，另一方面也在于苏联的全力阻截。而西方对于苏联的宣传，采取了开放的方式，结果却没有对西方社会产生太多的影响。在西方历史上，由教会统治的中世纪是黑暗的，而在近代，教会通过宗教改革，成为资本主义发展的精神动力，从而获得了生存空间。20世纪，宗教又面临着另一轮的衰落，但是，当教会力量更多地将自己的关注点转向弱势群体、转向发展中国家争取民族解放的事业时，它又一次获得了再生的力量，赢得了世界上更多人的尊重。因此，任何的价值都应该随着社会的变化发展不断调整，如果一种价值成为无法进步的教条，必将丧失其存在价值，从而导致理论的萎缩。因此，科学的发展，不是固守什么不变的价值信条，而是在实践中，不断调整价值内涵，从而为我们坚持的价值找到生存的空间。

三　科学发展的手段是改革不是革命

在中国历史上，革命是一个非常正面的词汇，从古至今，"造反有理"就是中国弱势群体对于正义的理解。自近代以来，整个中国的近代史就是中国的革命史，我们革封建主义的命，将封建制度推翻了；我们革帝国主义的命，把帝国主义赶跑了；我们革官僚资产阶级的命，将他们消灭了。与此同时，革命的意识在很大程度上已经嵌入我们的思维方式中。所以，我们也常常会以一种革命的心态对待今天中国的改革，似乎只要推翻原有的一切，就可以过得更好。但是，是否推翻旧的东西就一定可以过得更好呢？其实，这是人的一种假设，是人类的主观愿望，是否能够变成现实，还需要很多的条件，在条件不成熟的情况下，贸然将原有的秩序推翻，未必可以建立起更好的秩序。因此，笔者认为，坚持科学的发展观，首先要对这种革命的思维方式进行改造。

首先，当原有的秩序还没有妨碍社会的发展时，不一定要改变。人类之所以能够成为世界上的最高智慧的表现形式，其中最重要的原因是人类智慧是可以传递的。这种传递既可以是横向的，也可以是纵向的。人类在社会的发展中，不断对前人的经验进行总结、积淀，从而使自己的生存环境持续改进,使人类自身的成就不断积累。过去,我们曾把中国的科举制度作为一种封建腐朽制度进行批判,到了今天,人们才发现,"通过科举考试选拔人才,给予做官的机会,此制的最大优点是它不分等级,不分亲疏贵贱,所有读书人都可参与公平竞争。这样,一则可使社会下层的人才,有凭自己实力求得登进的机会;二则这种打破阶级界限,公平竞争的制度也有利于社会的稳定;三则此制有利于巩固和完善文官制度"①。当科举制度被废除后,社会底层向上的通道被阻塞了,读书人向城市云集,乡村文化凋敝。新中国成立后,毛泽东对这一问题具有清醒的认识,所以,通过政策倾斜和价值导向的引导,疏通了弱势群体进入体制内的渠道,从而在一定程度上缓和了贫富差距和城乡矛盾。经过历史的变迁,笔者认为,中国的社会问题很多,我们可能经常面临着不同的选择。在这种条件下,科学的发展,不一定意味着对原有秩序的破坏,而是通过理性的评估,决定我们应该保留或者舍弃什么。而确定保留或者舍弃的标准,就是要看它是否更符合正义的原则、简单易行、更有效率、被更多的人所接受。如果一种改革是谋求少数人的利益、降低效率、带来社会持续混乱、遭到大多数人的反对,这种改革本身一定是有问题的。

其次,改革是一个循序渐进的过程。中国近代的落后与被动挨打的历史,成为中国人不可磨灭的集体记忆,同时也成为中国人凝聚及崛起的动力。近代中国仁人志士的各种改革设想,中国近代以来的各种革命的努力,无不以中国在世界上的重新崛起为目标。但是,我们应该如何崛起呢?从民族心态上看,我们总是期待着一夜之间能够成为世界强国。从新中国建立后的社会主义改造到"赶英超美"的梦想,从中国改革开放到小康社会的目标,从中国 GDP 的增长到综合国力的提高,我们总是有太多的期待与渴望,我们希望能一步从众多的矛盾中跨越到理想社会,并以革命的方式对社会中一切有问题的地方进行变革,而变

---

① 李铁映:《论民主》,中国人民大学出版社,2001,第 342 页。

革的结果却不能令人满意。有时候是旧的矛盾解决了,新的矛盾又出现了;或者旧的矛盾没有解决,新的矛盾又出现了。正如美国的政治思想家罗伯特·达尔所说:"一些重要的政府决策,常常都是采取一种渐进的方式,而不是盲目的冒进。每次只走一步,往往能够避免重大的灾难。公民、专家和领导人从错误中学习,留心需要的矫正措施,对政策加以修改,如此等等。这个过程,如果需要,可以反复进行。尽管每一步小得让人灰心,但日积月累,也会产生深刻的、也可以说是革命性的变化。由于这些渐进的变化是和平的,并得到广泛的公众支持,因而能够持续地进行。"[1] 因此,科学的发展,是对成本与绩效的理性评估,是要从细微之处入手,点点滴滴地对社会系统进行改造,通过持续地积累,最终达到系统整体的优化,而不是以革命的姿态,通过破坏原有的系统,实现一步性的跨越。

最后,改革是发展而不是简单的变化。改革在当今成为一个时尚或者是被滥用的词汇,人们都在努力奋进,希望有所作为,不断地出台新的政策、规定,以为这就是改革。而笔者认为,改革是一种变化,但是,变化并不一定是改革。从哲学的意义上理解,变化是一种运动,它可以是向上的运动,也可以是一种向下的运动。向上的运动是发展,向下的运动是倒退,因此,并非所有的变化都是发展。但是,由于在现实的政策运作中,任何有作为的人,以革命的思维方式为指导,都期待自己有与众不同的作为,在思想深处,把谋求变化作为生存与发展的需要。因此,很多政策的出台都希望与以往有所不同,带有一种对旧有政策的颠覆性。所以,我们很难在操作层面,寻找一种具有连续性的措施,常常在不同政策的调整中,失去了对方向的把握[2]。

总之,在以往的发展中,我们更多地依赖经验性的认识,所以,我们不仅要为过去的错误付出代价,而且也会因找不到前进的方向而迷

---

[1] 〔美〕罗伯特·达尔:《论民主》,商务印书馆,1999,第194页。
[2] 〔美〕布鲁斯·拉西特等:《世界政治》,华夏出版社,2001。

茫。坚持科学的发展观，不仅是各种具体政策的调整，最根本的是思维方式的调整。当我们清晰地了解我们所走的道路的方向、我们所遵循的价值原则以及为了实现目标所采用的方法时，我们相信中国特色的社会主义道路，一定是一条金光大道。

第五章　"构建和谐社会"的国际意义

党的十六届四中全会明确提出"构建社会主义和谐社会",这不仅是中国共产党人重要的执政理念,也是中国今后社会主义现代化建设的重要目标。笔者认为,这一目标的设定,不仅有助于解决中国社会的现实问题,而且对提升中国的国际地位、改善中国的国际形象、增强中国的软实力,具有重大而深远的意义。

一　"构建和谐社会"表达了中国与世界各国合作发展的良好意愿

改革开放以来,中国经济的飞速发展,吸引了全世界的目光。这种发展,在给世界带来机会的同时,也使世界上一些国家或地区感到某种程度的不安。法国《回声报》副主编伊兹拉莱维奇在其新书《当中国改变世界的时候》中指出:"中国觉醒了,世界在颤抖。在经济发展的历史中,从来没有这样一个拥有13亿人口的大国经济得以如此强势的增长,如此长期地在25年内保持8%的年增长率。"① 尤其是近年来世界能源供应的紧张,使世界一些大国开始重新审视中国的经济增长。2002年11月,中国地质科学院在一份题为《未来20年中国矿产资源的需求与安全供应问题》的报告中提出:今后20年,中国实现工业化,石油、天然气、铜、铝等矿产资源累计需求总量至少是目前储量的2~

---

① 引自《参考消息》2005年4月7日,第14版。

5倍。未来20~30年内中国现有资源的供应将不可持续。为了缓解资源的紧张，政府已经把资源供应提高到国家安全的重要地位。以石油为例，中国与哈萨克斯坦签订了铺设输油管和供应石油的长期协议；中国在东海勘探石油和天然气；与俄罗斯就输油管和石油供应问题进行谈判。中国还有诸多保证石油通道安全的战略构想，例如，在泰国克拉地峡开凿运河；打通从新疆喀什到巴基斯坦白沙瓦的铁路，利用卡拉奇港口；连接中国-吉尔吉斯斯坦-乌兹别克斯坦的铁路等[①]。尽管如此，中国石油需求的不断上涨，已经成为当今世界油价居高不下的原因之一。从这一角度看，高增长本身的确隐含了未来经济的不安全。一个资源枯竭的中国将成为世界经济安全的不稳定因素。

在这样的背景下，中国提出构建和谐社会的主张，就是要解决中国的经济增长方式问题，缓解资源紧张的压力。正如曾庆红同志在"提高构建社会主义和谐社会的能力"专题研讨班上指出的："党的十六大要求在全面建设小康社会的进程中，切实改变高投入、高消耗、高污染、低效率的增长方式，努力走出一条科技含量高、经济效益好、资源消耗低、环境污染少、人力资源优势得到充分发挥的新型工业化路子。这个路子实质上就是一条超越旧式工业化道路的和平发展、和谐发展的路子。新型工业化道路，新就新在一个'和'字，对外是和平发展，而不是靠武力扩张去掠夺别国资源；对内是和谐发展，而不是靠拼消耗去搞掠夺式经营。坚持走新型工业化道路，是实现经济持续快速协调健康发展和社会全面进步、构建社会主义和谐社会的必然选择。"从这段话中，我们可以看出，构建和谐社会，从经济层面看，主要具有以下几个方面的意义。

第一，和平发展而不是对外掠夺。从世界大国崛起的历史中可以看出，世界上任何大国的崛起，往往都伴随着战争掠夺。从目前的形势看，中国经济快速增长与能源资源大量消耗之间的矛盾日益尖锐，中国

---

① 盛洪：《石油需求与国家行为》，《南方周末》2005年3月31日，第19版。

与世界其他国家分享世界资源的竞争日趋激烈。在内在需要不可避免的情况下，提出"构建和谐社会"的主张，就是要改变大国崛起的固定模式，用和平而不是战争的方式获得资源，走可持续发展的道路。这是中国获得外部世界信任的基础和减轻其疑虑的不可或缺的因素。

第二，合作发展而不是单纯维护自身利益。在全球化条件下，国家间的相互依存成为一种不可回避的现实。一个国家的经济发展，特别是一个大国的经济发展，必须谋求与其他国家的合作。构建和谐社会的思想，不仅是追求社会内在的和谐，也应该努力设法达到国家外部环境的和谐。也就是说，我们不仅意识到了国家间的相互依赖与合作对于中国国家安全的重要意义，同时还主动表达了中国与世界各国合作发展的意愿。

第三，追求对话而不是对抗。在国际社会，任何一个大国的崛起势必会引起其他国家的恐惧与不安。在过去的数百年中，当一个大国崛起而引起其他国家的警觉时，世界就会积累一定的战争因素。当今，我们要构建的和谐社会，不是一个强势的、对外扩张的、让人惧怕的国家，而是能够与其他国家和平共处、共同繁荣的大国或强国。在构建和谐社会的过程中，对话与沟通是十分重要的。特别是在未来，中国需要在资源安全问题上同其他大国进行对话、沟通，而不是单纯谋求运用军事实力与其他国家在保障海上生命线等问题上相互抗衡。构建和谐社会，就是把经济增长放在全球背景下加以审视，与中国国家的整体战略相互协调，重构发展、富裕和经济增长的观念，使中国成为国际社会中的一种和平而积极的力量。

二 "构建和谐社会"表明了中国迈向开放社会的坚定信心

"二战"后，随着非殖民化运动的发展，很多民族、国家纷纷独立，获得了经济主权。所有国家都试图通过自身的努力，实现国家的现代化。但是，从发展中国家到发达国家似乎有一条难以逾越的鸿沟。人们从发展中国家的种种变迁中，发现了一个规律性的过程：从人均1000美元到3000美元是经济社会发展的关键时期，经济结构、生产方式、生活方式、社会阶层结构等都会发生深刻变化，有时甚至是剧烈动荡。只有很少的国家能比较顺利地通过这一过渡期，跻身于发达国家的行列。更多的国家则处于徘徊不前的状态。拉美国家、东南亚国家以及俄罗斯等国，都走了类似的道路。为什么发展中国家难以跨越这条鸿沟？除了经济方面的问题，政治方面的问题也是重要的原因。特别是政治腐败问题，在大部分发展中国家的经济发展中，由于缺乏必要的制度约束，一些政府官员贪污受贿，引起公众的强烈不满，再遇到经济滑坡、金融风险等突发情况，必然会引发各种社会矛盾与危机。

从2001年开始，中国的人均GDP已经突破1000美元大关。从国内看，中国社会正处于改革的关键时期，社会矛盾不断凸显，呈现出多层次、多领域、立体化的复杂局面。如果我们不能妥善处理各种矛盾，就有可能重蹈其他发展中国家的覆辙。世界各国的经验教训表明，高度重视协调各类社会矛盾，保持社会的相对和谐与稳定至关重要。应该说，"构建和谐社会"是中国增强政治实力、化解危机的重要方法。

胡锦涛总书记在省部级主要领导干部的专题研讨班上指出："我们所要建设的社会主义和谐社会，应该是民主法治、公平正义、诚信友爱、充满活力、安定有序、人与自然和谐相处的社会。"[①] 我们可以从这段论述中看出构建和谐社会的重要政治意义。

第一，顺应时代潮流，推动中国社会政治的民主化。胡锦涛主席指出："坚持以人为本，始终把最广大人民的根本利益作为党和国家工作的根本出发点和落脚点，切实做好关心群众生产生活的工作。"这里，一方面是"健全民主制度，丰富民主形式，扩大公民有序的政治参与，

---

① 胡锦涛：《在省部级主要领导干部提高构建社会主义和谐社会的能力专题研讨班上的讲话》，2005年2月19日。

不断推进社会主义民主政治的制度化、规范化、程序化";另一方面，保证人民的民主权利，"依法实行民主选举、民主决策、民主管理、民主监督"①。但是，这绝不是屈从于外在压力的结果，而是中国按照马克思主义的社会主义原则做出的主动调整。西方国家把苏联模式当作社会主义的唯一标准，把社会主义歪曲为"极权政治"。而具有民主特征的和谐社会的构建，既是对马克思主义理论的继承，也是对马克思主义的重要发展。

第二，审时度势，完成中国传统"人治"社会向现代"法治"社会的转变。应该承认，尽管中国社会在过去的100多年中受到西方政治文化的影响，但是，传统的权力结构及观念并没有彻底改变。在中国社会，依然存在着"权大于法"的问题。"构建和谐社会"，就是要完成从传统社会向现代社会的转变，确立法律的尊严。"要全面推进依法行政，坚持严格执法、公正执法、文明执法，建设法治政府，建立有权必有责、用权受监督、违法要追究的监督机制"②。目前，中国社会各方面问题和矛盾的积累，使得这一问题的解决迫在眉睫。因此，审时度势，确立依法治国的政治框架，不仅可以有效缓解国内各方面的矛盾，也有助于中国政治实力的积累。

第三，超越市场经济国家的缺陷，实现社会的公平和正义。在当今世界，市场经济已经成为主要的经济运行方式。各国在经济发展中无法回避的问题是社会贫富的两极分化。正是因为这个问题不能得到很好的解决，才在许多国家出现了社会动荡问题。中国构建和谐社会，就是"在促进发展的同时，把维护社会公平放到更加突出的位置，综合运用多种手段，依法逐步建立以权利公平、机会公平、规则公平、分配公平为主要内容的社会公平保障体系，使全体人民共享改革发展的成果，使

---

① 胡锦涛：《在省部级主要领导干部提高构建社会主义和谐社会的能力专题研讨班上的讲话》，2005年2月19日。
② 胡锦涛：《在省部级主要领导干部提高构建社会主义和谐社会的能力专题研讨班上的讲话》，2005年2月19日。

全体人民朝着共同富裕的方向稳步前进"①。这不仅可以保证中国社会经济的持续发展，也可以超越现代资本主义模式所带来的社会问题。这种探索不仅对中国有意义，而且对各发展中国家的发展，也将具有重要的借鉴意义。

三 "构建和谐社会" 塑造了中国 "负责任大国" 的国际形象

2000年举行的联合国千年首脑会议协商产生了联合国的千年发展目标。包括中国在内的189个国家共同签署了《联合国千年宣言》，承诺在2015年之前将全球的贫困水平降低一半。千年发展目标包括：到2015年，极端贫困和饥饿的人口数量减少一半；普及初等教育；促进性别平等和提高妇女权利；降低儿童死亡率；改善产妇保健；扭转艾滋病和结核病的蔓延；确保环境的可持续发展；建立全球发展伙伴关系。中国是世界上最大的发展中国家，中国的发展将在很大程度上改变世界的面貌。从这个意义上讲，中国"构建和谐社会"，与全人类的总体发展目标具有内在的一致性，表明中国具有承担国际责任的道德勇气。

首先，人类整体的目标，是希望世界各国的生活状况，特别是落后国家的生活状况有所改善。联合国的各种机构和组织及发达国家、发展中国家的一些政府机构及民间组织，都在为实现这一目标而共同努力。中国有13亿人口，约占全球人口的20%。目前，中国"在改革发展的进程中，社会成员收入差距悬殊而又长期得不到解决，不仅会挫伤人们的积极性，而且会影响社会安定团结"。所以，"构建和谐社会"，就是"要在经济发展的基础上，通过改革税收制度、增加公共支出、加大转移支付等措施，合理调整国民收入分配格局，逐步解决地区之间和部分

---

① 胡锦涛：《在省部级主要领导干部提高构建社会主义和谐社会的能力专题研讨班上的讲话》，2005年2月19日。

社会成员收入差距过大的问题"①。这样，通过中国政府和全社会的努力，让占世界人口20%的13亿中国人民能够摆脱贫困，生活得更好，避免社会出现动荡和危机，这无疑是对人类进步事业的巨大贡献。

其次，重视生态环境的保护，履行对国际社会的承诺。胡锦涛主席指出："目前，我国的生态环境形势相当严峻，一些地方环境污染问题相当严重。随着人口增多和人们生活水平的提高，经济社会发展与资源环境的矛盾还会更加突出。"在这种条件下，构建和谐社会，就是要"学会按照自然规律办事，更加科学地利用自然为人们的生活和社会发展服务，坚决禁止各种掠夺自然、破坏自然的做法……大力发展循环经济，加快建设节约型社会，促进自然资源系统和社会经济系统的良性循环。"② 中国的作为，无疑会树立一个服从全球利益、从大局出发考虑问题的大国形象。

最后，中国社会政治稳定，经济持续发展，有助于世界的和平与稳定。正如伊兹拉莱维奇所评论的："中国经济的发展对世界来讲是个好消息，不但使千千万万的中国人走出了贫困，更重要的是中国成为世界稳定的一个重要因素，中国经济的发展为近5年来世界经济的稳定和发展提供了有力的保证。1998~2000年的'因特网'泡沫破灭，美国的'9·11'事件以及最近连续不断的经济丑闻所暴露的美国经济之腐败。可以想象，如果没有中国的存在，这三大冲击很可能导致世界经济的衰退。"③ 可以说，世界越来越接受中国，也越来越离不开中国。伴随中国构建和谐社会的步伐，中国对世界的影响一定会越来越大。近年来，中国积极参加世界性的多边经济和贸易会谈；参与联合国的维和行动；对周边受灾国家慷慨援助；在国际事务中主持公道等，无不从多个角度

---

① 胡锦涛：《在省部级主要领导干部提高构建社会主义和谐社会的能力专题研讨班上的讲话》，2005年2月19日。
② 胡锦涛：《在省部级主要领导干部提高构建社会主义和谐社会的能力专题研讨班上的讲话》，2005年2月19日。
③ 引自《参考消息》2005年4月7日，第14版。

强化了中国在世界上的积极作用。如今,通过构建和谐社会,我们不仅可以把中国自己的问题解决好,还可以在国际事务中发挥更大的作用、承担更多的国际责任。

四 "构建和谐社会"有助于增加世界各国对中国文化的理解和认同

东欧剧变后,中国是世界上唯一的社会主义大国。以美国为首的西方敌对势力把中国看作社会主义的"最后堡垒",它们一直把颠覆中国的社会主义政权作为其终极目标,加紧对我国实施"西化"和"分化"战略。凡是企图推翻中国共产党领导和颠覆社会主义制度的组织、势力或个人,他们就极力地扶植和庇护;凡是有可能影响中国社会政治稳定、引发动乱的事件,他们就设法插手与干预;凡是给中国抹黑的活动,它们就大肆渲染;凡是有利于西方文化渗透的机会,它们就百般地利用。例如,美国利用其民主战略在世界范围内的成功,对中国政治体制改革施加压力;利用中日关系的摩擦,在亚洲地区形成制约中国崛起的力量;极力阻挠欧盟解除对华军售的禁令,防止中国军事实力的不断增长等。因此,在一段时间内,我们还要同各种怀有敌意的力量进行较量与斗争。但是,世界上大多数国家对中国的误解、疑虑、敌意并非出于成见,而是因为缺乏沟通与了解。

"构建和谐社会"的文化意义在于,宣传中国的传统文化,重塑中国社会的核心价值。这种文化价值不仅对中国的文化建设具有重要意义,在国际社会也具有深远的意义。笔者认为其意义主要在于以下几个方面。

第一,宣传中国对国际关系基本准则的理解。这就是"己所不欲,勿施于人"和"己欲立而立人,己欲达而达人"。这一原则强调处理人与人之间的关系最基本的要求是,不能把自己的要求强加于别人,更不能把不希望加之于自己的东西加之于他人。这些原则不仅适用于一个主权国家内部人际关系的协调,而且适用于主权国家之间的关系发展。只有坚持"己欲立而立人,己欲达而达人"的原则,发挥人的善性,将心比心,推己及人,才能真正实现国家之间的和平。

第二,表达中国对其他国家的善意。和谐是以"仁爱"为基础,以"和"为最高追求目标的。爱人者,也将受到人们的尊重。孟子说:"爱人者,人恒爱之;敬人者,人恒敬之。"只要人与人之间充满善意,相互尊重,就能达到和谐的社会理想。推而广之,把和谐推广到处理民族、国家的关系中,"协和万邦",达到"天下一家"。

第三,指出了肯定世界的多样性,是新的国际形势下,维护世界和平的有效途径。中国文化重视和谐,但是,"和"并不是否定"多样性",更不是要消灭"差异"。所谓"和而不同",就是要肯定事物的多样性,承认世界上存在着客观的、不同的事物,在不同的基础上,形成和谐才能使事物得到产生和发展。"和"不是无原则的附和,而是保持独立性和个性。坚持"和而不同",就是要尊重世界的多样性,尊重各个民族、各个地区、各种文明和不同的历史文化、社会制度、发展模式,只有坚持这样的理念,世界各国才能友好相处。

客观地说,在当今时代,霸权主义、强权政治、恐怖主义依然是世界和平的主要威胁因素。构建和谐社会,宣传中国的文化理念,无疑会引起广大发展中国家的共鸣,有助于增加中国文化在世界范围的影响。"和而不同"既是中国传统文化的核心价值,也是当今中国和平发展的重要依据。如果我们妥善地解决中国社会内部的各种矛盾,同时在国际社会宣传中国的尊重多样性的文化价值观,让世界了解中国的外交理念,就可以在国际社会上获得更多的理解和支持。西方一些国家所鼓噪的"中国威胁论"及其影响就会不攻自破,西方国家运用各种手段造成的对中国的敌意就会慢慢消除,中国与世界各国的文化交流与合作就会得到进一步加强,中国和平发展的主张就会得到世界各国更多的认同,中国共产党的执政能力和水平也可以得到充分的体现。

总而言之,"构建和谐社会"既是中共中央针对中国社会现实提出的未来发展的基本理念,也是对国际社会正反两方面经验和教训的高度凝练和认真总结。在全球化的今天，我们在与其他国家的沟通和交流中，不断矫正中国的发展之路，同时也会给其他国家的发展提供有价值的参考。我们深信，和谐社会理念中所释放出来的善意，将化解冷战以来带给人们的思维桎梏，让世界接受一个不断强大的、爱好和平的中国，同时也为冷战后世界格局向多极化发展奠定坚实的基础。

第六章 对立统一与社会和谐

——从矛盾斗争的视角看和谐社会的构建

从2004年中共中央提出"构建和谐社会"的治国理念以来，理论界展开了热烈的讨论。构建和谐社会，将成为中国社会在相当长一段时间内关注的理论及实践的热点问题。从目前的研究中我们可以看到，一些人对和谐社会的治国理念有一些片面的理解，如有人认为，讲和谐就是要回避或者调和斗争，甚至不应该再讲斗争；还有人认为，和谐社会的理念，是对中国传统文化的延续，因此，挖掘传统文化中的和谐思想，服务于当代和谐社会的建设就足够了，而马克思主义是斗争哲学，对和谐社会的建设已经没有太大的价值，甚至把和谐社会与斗争哲学对立起来。我们认为，这样的观点，在理论上是荒谬的，用于指导实践也是有害的。中华民族和而不同的宝贵思想肯定是我们构建和谐社会的思想源泉，但实践要求我们必须更为关注用马克思主义对立统一的基本观点指导和谐社会的构建。

一 重新解读"斗争哲学"

由于极"左"路线对社会主义事业的严重破坏，人们对斗争已经极为厌倦和反感，以致谈"斗争"色变，斗争一词也随之成为贬义词被打入冷宫。谁要再提斗争，似乎就是要回到极"左"年代。应该指出，一个政党的政治路线和政策不能简单等同于这个政党的指导思想，中国共产党放弃了"以阶级斗争为纲"的极"左"路线，但并没有放弃马克思主义的世界观。因此,对于斗争,应该有一个科学的认识,特别是面对构建和谐社会的任务,我们更应该重新解读"斗争哲学",正本清源、澄清迷误,以求对马克思主义有真正的理解和把握。

马克思主义认为,运动就是矛盾,有矛盾就会有斗争,但是斗争的形式并不相同。马克思在《资本论》中,对资本主义的矛盾及运动规律的分析,就是运用矛盾分析的方法。恩格斯在《自然辩证法》中曾经指出:"运动本身就是矛盾","整个自然界,从最小的东西到最大的东西,从沙粒到太阳,从原生生物到人,都处于永恒的产生和消灭中,处于不断的流动中,处于无休止的运动和变化中"①。列宁也认为,辩证法是应该承认矛盾斗争的。他指出:"统一物之分为两个部分以及对它的矛盾着的部分的认识是辩证法的实质。"② 承认自然界的(也包括精神的和社会的)一切现象和过程具有矛盾着的、互相排斥的、对立的倾向。

马克思主义还认为,发展就是对立面的斗争。列宁认为,矛盾是事物发展的内在动力。他指出:"有两种基本的(或两种可能的,或两种在历史上常见的)发展(进化)观点:认为发展是减少和增加,是重复以及认为发展是对立面的统一(统一物之分为两个互相排斥的对立面以及它们之间的相互关联)。"③ 列宁认为,第一种观点是僵死的、平庸的、枯燥的。它的动力、它的源泉、它的动因都被忽视了(或是这个源泉被移到外部——移到上帝、主体等那里去了)。第二种观点是活生生的。第二种观点主要的注意力正是放在认识"自己"运动的源泉上。只有对立统一的观点"才能提供理解一切现存事物的'自己运动'的钥匙,才提供理解'飞跃''渐进过程的中断',向对立面的转化,旧东西的消灭和新东西的产生的钥匙"④。

---

① 《马克思恩格斯选集》第3卷,人民出版社,1975,第444~462页。
② 《列宁选集》第2卷,人民出版社,1972,第711页。
③ 《列宁选集》第2卷,人民出版社,1972,第712页。
④ 《列宁选集》第2卷,人民出版社,1991,第327页。

毛泽东对马克思主义的一个重要贡献就是深刻分析了矛盾的同一性是矛盾的重要属性。他指出:"同一性、统一性、一致性、互相渗透、互相贯通、互相依赖、互相联结或互相合作,这些不同的名词都是一个意思,说的是如下两种情形:第一,事物发展过程中每一种矛盾的两个方面,各以和它对立着的方面为自己存在的前提,双方共处于一个统一体中;第二,矛盾着的双方,依据一定的条件,各向着其相反的方面转化。"① 主要是讲,矛盾的同一性或统一性是指矛盾着的对立面之间内在的、有机的、不可分割的联系,这种联系使对立双方不仅有一个共同的基础,而且还包含某些共同点,在未解体之前双方处于既相互排斥、又相互吸引的平衡之中。毛泽东对同一性的论述,对于构建和谐社会有极为重要的指导意义,我们应该结合新形势、新目标和新任务,深入挖掘、深刻理解、科学继承并创新发展毛泽东这一伟大思想。

马克思主义一向认为,矛盾的同一性是相对的,斗争性则是绝对的。列宁指出:对立面的统一(一致、同一、均势)是有条件的、暂时的、易逝的、相对的。相互排斥的对立面的斗争是绝对的,正如发展、运动是绝对的一样。毛泽东在阐述斗争性的过程中指出,无论事物的相对静止还是显著运动状态,无论是量变还是质变过程,"事物总是不断地由第一种状态转化为第二种状态,而矛盾的斗争则存在于两种状态中,并经过第二种状态而达到矛盾的解决。所以,对立的统一是有条件的、暂时的、相对的,而对立的互相排除的斗争则是绝对的"②。

当前,一些人否定斗争在事物发展中的作用,或者是因为他们不了解马克思主义哲学对于斗争的界定,或者是借否定"斗争哲学"而否定马克思主义的指导地位。我们认为,基于构建社会主义和谐社会的需要,我们应该科学认识、正确把握和发挥马克思主义哲学意义上的"斗争性"本来应有的作用。同时,赋予"斗争"以新的内涵和更宽泛的

---

① 《毛泽东选集》第1卷,人民出版社,1991,第327页。
② 《毛泽东选集》第1卷,人民出版社,1991,第333页。

外延。人类实际生活中，斗争表现为多种多样、程度各不相同的斗争方式，激烈的、对抗性的阶级斗争只存在于一定条件下的一定时间和一定范围，但斗争的其他多种形式依然会顽强地表现事物存在和发展的本质。和谐的反义词不是斗争，而是对抗或冲突；斗争的内涵远比对抗或冲突丰富得多。毛泽东关于分清两类不同性质矛盾的论述具有重要指导意义，当然随着经济体制的转换和我们对社会发展阶段认识的变化，对于"敌我矛盾"和"人民内部矛盾"应该有新的界定，但我们仍然可以从"对抗性矛盾"和"非对抗性矛盾"的划分中找到寻求社会和谐的途径和方法。对抗，就是不和谐，我们可以通过高超的斗争艺术，使对抗性矛盾不激化，少发生对抗或不发生对抗；非对抗性矛盾如果处理不好，也会发生对抗，导致不和谐。如果人们赋予非对抗性矛盾尽可能温和、适度的"斗争"途径、手段和方法，打通"斗争"的多种"管道"，尽力避免激化和冲突，就有可能争取实现各方共赢的结局，达到对各方面都有利的和谐效果。

二 资本主义的发展从未停止过斗争

在中国构建和谐社会的过程中，不仅有人提出应该放弃以马克思主义作为构建和谐社会的指导思想，而且还有人提出：纵观世界，苏联、中国、越南、古巴等推崇阶级斗争、社会成员不和谐一致地进行经济生产活动的国家均落得贫穷的结果。相反，提倡工人与资本家"相依为命"和谐共处的资本主义国家却赢得了大好的发展时光。中国应当理智地抛弃马克思关于阶级斗争的社会理论。我们认为，这种观点不仅在理论上是错误的，而且也缺少社会发展历史的基本常识。

我们必须看到，资本主义今天的发达，是与它长期对内的残酷剥削与对外的野蛮殖民掠夺分不开的。因此，马克思曾说："资本来到世上，每个毛孔都滴着血和肮脏的东西。"从英国的圈地运动到法国大革命，资本主义经济的每一步发展，都渗透着无数下层劳动人民的血汗。西班牙海上贸易、大英帝国及法国海外殖民地的拓展过程，资本主义财富积累的历史，同时也是殖民地人民的辛酸血泪史。

也许会有人说，那是资本主义发展的早期阶段，而今天的资本主义社会，各方面的条件都有了根本性的变化。笔者认为，资本主义所有社会福利的提高和改善，都是斗争的成果，是与工人阶级长期的直至现在从未停止的争取权益的斗争分不开的。如果没有19世纪到20世纪的各种工人运动，没有资本主义经济危机的打击，资本主义的企业以及代表资产阶级利益的政府，就不会有各方面政策的调整和利益调和。

资本主义国家人权状况的改善也是通过人民的斗争得来的。当有些西方国家在标榜他们作为人权卫士的权威时，他们却忘记了在20世纪50~60年代，黑人为了冲破种族隔离而付出了生命的代价；他们国家的妇女，也就在那时才刚刚获得选举权；他们的军队还依然为了征服其他不服从大国霸权统治的国家，而使用化学武器，是人民的不懈斗争才迫使政府放弃了旷日持久的越南战争。

不容否认，冷战期间资本主义的发展，还得益于一个强大的社会主义阵营的存在。没有社会主义的对立面，就没有资本主义对工人阶级的让步和妥协。或许，有人说，资本主义近60年的发展，与之前有本质的区别，更符合现在民主国家的理念。我们认为，苏联在"二战"前的发展及其在战争中的出色表现，使战后一些民族独立国家倾向于选择社会主义制度。"二战"后在资本主义国家内部，也有相当数量的人，倾向苏联，反对资产阶级政府。资本主义国家在"二战"后的调整，很大程度上是因为要与社会主义国家进行冷战。为了防止民众暴动，资本主义国家在现实政策的调整中，也在一定程度上关注了社会弱势群体的利益。

西方资本主义国家的社会发展在不同的历史时期所发生的重大转折，都充满了矛盾和斗争。即使在今天，在发达资本主义国家内部，不同种族之间、政府与民众之间、不同利益群体之间也存在着各种形式的斗争。反战、反种族歧视、维护弱势群体的权利、保护环境等各个方面的斗争一直在持续不断地进行。

三 社会主义实践背离对立统一规律的教训

有人认为，社会主义运动在20世纪的兴起与衰落，说明了马克思主义的失败，国际政治领域的学者福山认为：苏联解体是社会主义历史的终结，以后是资本主义的天下。而我们相信，资本主义的发展，虽然还会在人类历史中持续相当长的时间，但是，资本主义被社会主义所取代，是人类历史发展的必然趋势。或许这种矛盾的转化，未必是采取激烈冲突的方式，但是，这种转变是必然的。过去一个世纪的社会主义实践，我们认为，恰恰是背离了对对立统一规律的正确把握，才最终导致了社会主义运动走向低潮。

第一，在经济层面，忽略了矛盾的特殊性。毛泽东在《矛盾论》中指出："所谓了解矛盾的各个方面，就是了解它们每一方面各占何等特定的地位，又用何种具体的方法和对方作斗争。研究这些问题，是十分重要的事情。"① 列宁说："马克思主义本质的东西，马克思主义的活的灵魂，就在于具体地分析具体的情况。"② 马克思揭示共产主义取代资本主义的逻辑过程，是以资本主义的充分发展作为条件的，也就是说，当资本主义的生产关系无法与生产力发展的需要相适应时，就是社会主义取代资本主义的最佳契机。而我们在现实中建立的社会主义国家，都没有经历完整的工业化过程，也就是说，不具备建立社会主义的物质条件。因此，在落后的生产力条件下，如何建设社会主义，是社会主义国家在建国后面临的一个难题。而在实际中，社会主义国家的构建，不是按照未充分工业化的社会模式构建经济体系的，而是按照理想的共产主义模式去构建现实制度的，企图消灭对生产力发展

---

① 《毛泽东选集》第1卷，人民出版社，1991，第312页。
② 《列宁全集》第39卷，人民出版社，1986，第128页。

有促进作用的商品经济，搞纯而又纯的单一公有制和无所不包的计划经济，违背了对立统一的规律，导致实践中出现了各种阻碍发展的问题。

第二，在政治层面，忽视了与封建专制文化的斗争。马克思主义认为，社会的意识形态是受制于经济发展水平并与经济发展水平相适应的。而在现实社会主义的建设中，一些社会主义国家却错误地认为，我们可以超越经济发展的程度构建共产主义的意识形态，这种努力最终被证明是失败了。在苏联，专制文化传统及强烈的民族主义情感一直是主导苏联对内、对外政策的主流意识形态。但是，他们却否认社会矛盾的存在，固执地认为他们在坚持马克思主义，所有反对他们的人都是反马克思主义，所有对他们有意见的人，都是在反社会主义。在社会文化层面，不允许有不同的思考、不同的声音。最终使倡导社会民主、人的解放为终极价值的马克思主义，被扭曲为政治专制主义利用的工具。应该指出，这种表面上的马克思主义，实质是对马克思主义的背离。

第三，在国际敌对力量的威胁中所形成的"斗争"惯性。社会主义国家的诞生，在国际社会也走过了一个艰难的历程。从第一个社会主义国家苏联的建立到苏东社会主义阵营的形成，一直面对的是西方国家的敌视与颠覆活动。从20世纪20年代欧洲国家纠集14国军队，对苏联社会主义的围剿到"二战"前西方各国假借希特勒之手消灭社会主义苏联的险恶意图；从冷战开始对社会主义国家的遏制政策到20世纪80年代加速和平演变的阴谋，一直贯穿于社会主义国家的发展的始终，甚至在今天，西方国家也没有放弃通过各种手段演变中国的企图。尽管我们可以理解矛盾有两重属性，矛盾同一性和斗争性是不可偏废的两个方面。但是，国际环境没有给社会主义国家提供缓和"斗争"的机会，相反，不断地刺激社会主义国家强化"阶级斗争"观念，以致把斗争绝对化、扩大化。国际格局的形势影响到国内政策，"以阶级斗争为纲"的路线把"斗争"绝对化，严重背离了对立统一规律，残酷斗争、无情打击的斗争形式严重损害了社会主义的形象。

四 把握对立统一规律，构建社会主义和谐社会

痛定思痛，今天我们构建和谐社会，是否就可以放弃斗争呢？我们认为，对立统一是事物存在和发展的根本规律。中国社会主义和谐社会的建设，不仅要与封建的观念进行斗争，而且要与资本主义社会腐朽思想的影响进行斗争；不仅要与落后的陈规旧习进行斗争，而且要与激进的极端偏执进行斗争。只有这样，才能构建出符合现代理念的社会主义和谐社会。事实上，改革开放以来，斗争从来没有停止过。改革就是社会主义实践中斗争的一种新形式。

改革是一场革命，因而也是一种新的斗争形式。尽管人们回避斗争这个词语，但事物发展的客观规律还是一再表现出其斗争的哲学特性。从邓小平倡导解放思想、冲破"两个凡是"的思想束缚、恢复党的实事求是的思想路线到力主坚持四项基本原则、反对资产阶级自由化，中国改革开放30多年来，两个方面的斗争从未停止过。一方面，必须与阻碍生产力发展的原有体制及人们已形成的僵化思想斗争，开创社会主义的新道路；另一方面，必须与背离四项基本原则、搞资产阶级自由化的主张和思潮斗争，坚持社会主义制度自我完善的改革性质和改革方向。创新也是斗争，而且是斗争的最高形式。构建和谐，是要避免对抗，也不能离开斗争，和谐是斗争的艺术成果。

实现社会和谐，必须正确把握对立统一规律。

（一）承认矛盾的客观性，是构建和谐社会的出发点

改革开放以来，中国社会的经济改革，在很大程度上解决了中国的整体贫穷问题，但是，目前，我国社会成员之间和各类群体之间的差异、对立和矛盾仍然存在。一是部分社会成员之间收入分配差距过大。有资料显示，反映居民收入分配状况的基尼系数，在2000年已经达到

0.4 的国际警戒线，而且每年都有所上升，如今已经突破 0.45。经济发展水平同我国大体相当的国家，城乡居民收入差距是 1.7 倍。2003 年，我国城镇居民人均可支配收入是农村居民人均纯收入的 3.24 倍，达到了改革开放以来城乡收入差距的最高点。二是农民、工人等一些社会群体为改革发展所承担的代价与应得到的补偿不对等。社会发展和改革的代价主要由工人、农民，特别是其中一部分失地或者无地农民和下岗的国企职工承担。三是人民内部的利益矛盾错综复杂。当前，我国经济和社会生活中出现的一些从未遇到而又绕不开的矛盾和问题，集中体现在不同利益群体、不同社会阶层、不同社会成员的利益差别上。由此带来的利益矛盾在一定条件下以激化的形式表现出来。

有些人完全错误理解了这一思想，认为建设和谐社会，就是要谈和谐，不能谈矛盾。甚至有人认为，构建和谐社会，从哲学的意义上讲，就是放弃马克思主义的"斗争哲学"。而笔者认为，马克思主义关于社会矛盾发展规律的揭示是科学的，我们不能因为建设和谐社会而背离马克思主义的矛盾规律。另外，承认差别和矛盾是实现社会和谐的前提。

（二）事物的内部矛盾运动是推动事物发展的动力

在东欧剧变中，我们不能否认西方"和平演变"起了重要的作用。但是，如果我们仅仅停在这一点，就会导致理论与实践上的偏差。毛泽东在《矛盾论》中指出："外因是变化的条件，内因是变化的根据，外因通过内因而起作用。"[1] 用这样的观点来分析苏联解体，应该可以得到更有价值的启示。应该说，苏联的解体与它在经济上的集中、政治上的集权、党内生活的失常、党与群众关系的对立及领导人决策的失误等诸多内部因素相关，如果没有这些方面的问题，即使西方有再高超的演变技术，也无法导致苏联的解体。按照对立统一规律的解释，任何一个社会的成员之间和各类群体（同类成员的集合）之间都存在着差异、

---

[1] 《毛泽东选集》第 1 卷，人民出版社，1991，第 302 页。

对立和矛盾,但它们之间又存在着互相依存的关系,从而使它们能够在一定条件下共处于一个统一体(社会)之中。在某些情况下,各类群体之间的对立和矛盾会发展到十分尖锐的地步,甚至发生对抗,从而造成社会的动荡,还可能导致社会的质变。

上述这些矛盾都是我们在构建和谐社会过程中需要正视的问题,只有通过各种努力和斗争,不断解决这些矛盾,才能实现社会和谐。因此,如果为了表面的和谐而不采取一定的手段解决矛盾,不仅无法和谐,而且会因为矛盾的积累和激化,导致更严重的后果。

(三)正确认识和把握和谐的多样性

毛泽东在《矛盾论》中指出:"由于事物范围的极其广大,发展的无限性,所以,在一定场合为普遍性的东西,而在另一个场合则变为特殊性。"[①] 因此"我们不但要在各个矛盾的总体上,即矛盾的相互联结上,了解其特殊性,而且只有从矛盾的各个方面着手研究,才有可能了解其总体"[②]。在和谐社会的构建过程中,我们也必须对各种不同的和谐进行研究,才能搞清楚我们真正需要的和谐。

和谐首先要弄清和谐的主体,和谐的前提是存在不同的主体,主体之间一定存在某种联系,特别是经济联系,即政治经济学所讲的经济关系。离开经济关系讲和谐,会脱离实际经济生活,成为空谈。劳动关系、收入分配关系、交换关系等都是人与人的关系。人与自然的和谐最终也离不开人与人的关系。

和谐总是有范围的,因此,有整体和谐与局部和谐的区分。微观小到家庭和谐、单位和谐;宏观大到社区和谐、民族和谐、社会和谐、世界和谐。有些在局部看来非常和谐,如偷税漏税、假冒伪劣,但放到更大范围看,就影响了整体和谐。

---

① 《毛泽东选集》第1卷,人民出版社,1991,第318页。
② 《毛泽东选集》第1卷,人民出版社,1991,第312页。

和谐可以有时间长度的区分，如暂时和谐、短期和谐、中期和谐和长期和谐。不同的和谐长度是由不同主体之间的经济利益、历史文化和社会环境、自然环境所决定的。暂时和谐、短期和谐可能存在于不同主体为避免矛盾的冲突和激化而达成的妥协、让步，但矛盾依然存在，最多只是矛盾得到缓解；中期和谐则是矛盾双方互谅互让，对共同利益取得共识，追求双赢；长期和谐可能存在于由不同主体形成的利益共同体中，并有稳定的制度保障，形成一个有共同价值观和目标追求的系统。

按程度区分，我们认为，和谐可以分为现象层面的和谐、中层本质的和谐、深层本质的和谐。现象层面的和谐，只能理解为在外在的社会压力或特定条件下，矛盾没有激化和冲突的状态。因此，这种状态从表面上看是和谐的，而在实质上只是暂时避免了冲突，远未达到真正的和谐；中层本质的和谐，可以是对具体矛盾的解决，现代社会的利益趋于多元化，如果能使多元利益主体的不同利益都有一定程度的满足或实现，社会就处于基本和谐状态；深层本质的和谐，是从体制上理顺各种矛盾关系，并对处理不同利益群体的矛盾，做出制度上的规定。这样，使社会成员可以以平等的身份和地位追求自身利益，为解决利益纠纷提供更稳定的渠道。

不同和谐有不同的性质和原则，因而有正义与非正义的区分；和谐并不一定代表政治正确。社会上，还存在很多不合理的现象，如行贿者与受贿者有很默契的配合，而他们之间的这种和谐是根本违背正义原则的，有了他们的"和谐"，就不会有人民大众和整个社会的和谐。在这种条件下，如果单纯追求"一团和气"，放弃与非正义现象的斗争，那么，社会就无法实现真正的和谐。因此，我们不能同意有人提出的"正义的社会未必是和谐的，而和谐的社会一定是正义的"的观点。这是因为，和谐是有原则的，和谐只有符合正义原则才有价值。而要追求正义的和谐，脱离与非正义的斗争是无法实现的。因此，与非正义的斗争是达到社会和谐的必要手段。

社会和谐是一个长期过程。社会在不断进步，社会发展的每个阶段，都要面对不同的矛盾，也就是说，旧的矛盾解决了，人类还会遇到新的矛盾。这是一个生生不息的过程。我们对和谐社会做出以下不同的解读。第一，终极目标的解读。人类社会的发展充满了矛盾，在不同时期人们都要面对不同的矛盾与痛苦。在现实的矛盾中，和谐可以成为人类追求的理想，从而为现实的努力提供精神动力。但是，我们必须清楚地认识到，和谐社会的实现是一个漫长的过程，需要经过长期量的积累，才能实现从量变到质变的飞跃，我们只能创造条件逐步接近，或加快步伐缩短进程，不可能一蹴而就。在这个过程中，各种矛盾之间的斗争是不可避免的。第二，现实政策的解读。构建和谐社会，就是为了解决矛盾，而不是激化矛盾。但是，具体的政策调整，必定对不同群体的利益分配有所触动，因此，构建和谐社会，在一定意义上，也是解决目前社会分配中不合理的问题，实现社会财富的再分配。如果以为这是一个轻松和谐、无矛盾、无斗争的过程，势必因盲目乐观而导致各种不稳定、不和谐的状况出现。

（四）清醒面对矛盾、科学分析矛盾、扎实化解矛盾

由于存在着理论上对和谐社会理解的偏颇，一些人在实际工作中，认为和谐社会是一个很容易达到的目标，满足于从形式上套用和谐的概念，而忽略和谐的真实内涵。我们必须从马克思主义的辩证法出发，真正理解和谐社会的目标以及我们面对的矛盾和挑战。

首先，社会和谐需要一个量的积累过程，这种量的积累，需要我们长期的努力。和谐必须有必要的物质财富、经济基础和社会共同认可的价值观念，必须持续从法律、制度、文化等方面，不断地对社会不适应的方面进行调整、改造，因此，不可能在一年、一个月甚至一天建成和谐社会。要克服那种急于求成的浮躁作风，要坚持发展是硬道理、发展是第一要务，努力为社会和谐增添物质保证。

其次，必须清醒地面对社会矛盾、科学分析社会矛盾。即使是和谐社会，也会出现不和谐的音符，这是很正常的现象，我们应该具有承受

挫折的勇气。切记不能为了保持表面的和谐，而粉饰太平。

最后，要扎实工作，追求和谐也需要把握"度"，社会发展经历不平衡－平衡－不平衡，绝对的和谐不可能达到，以绝对的和谐为目标也会让社会丧失发展动力。根据物理学的原理，物质的运动与静止是一对矛盾。而这对矛盾的存在，是因为摩擦力的存在，或者是斗争的存在。如果没有摩擦力，运动的物体就无法停止，而静止的物体自然也无法运动，世界也就不存在了。因此，正因为有了矛盾的斗争，才形成了生生不息的世界。由此看来，如果我们把和谐看作一种绝对的状态，完全排除矛盾和斗争，就不知道社会发展的动力从何而来了。

社会和谐是奋斗争取的目标和理想，无论从哪一方面理解，我们都无法脱离矛盾斗争谈和谐。如果说和谐是一种结果，也只能是一种相对的状态，而矛盾斗争则是贯穿于整个争取和谐的过程中的，是绝对的。

总之，我们不能奉行被"左"的思想曲解的"斗争哲学"，也不能在思想上将马克思主义哲学完全等同于"斗争哲学"，而对以往被突出斗争性的"对立统一"等哲学理论退避三舍。我们要创造性地运用马克思主义哲学来指导社会主义和谐社会的建设，也就是在一个由马克思主义为指导的先进政党执政、由广大人民掌握最高权力并充分享有各种权益的社会主义社会，按照客观规律，适应世界大势，不断提高社会素质、优化社会结构、完善社会系统，遵循"对立统一""质量互变""否定之否定"等基本规律，在不断解决各种矛盾、调适各种关系、协调各个方面的过程中，使整个社会系统处于良性运行、健康发展的正常态势。

第二篇
中国式的文化智慧

第七章　毛泽东的民族价值观及其当代意义

在一个开放的时代中，作为一个国际影响力日益增强的大国，中国应该遵循哪些价值观念，什么必须坚持，什么可以妥协，这既是一个理论问题，也是一个现实问题。重温毛泽东在中国革命和建设过程中的相关论述，对构建21世纪中华民族的价值观具有十分重要的意义。

一　毛泽东民族价值观的内涵

在中国革命与建设的过程中，中国常常面临复杂的国际政治和经济关系。如何在复杂多变的国际环境中处理好各种矛盾，坚守中华民族的原则和底线，是毛泽东一直在不断探索的问题。从毛泽东在不同时期的著述当中，我们可以看到毛泽东从不同的角度阐述过民族价值观的思想。在其早年的著作中，通常用中华民族指代国家；用民族矛盾指代中国与帝国主义的矛盾。而在后期的著作中，则更多地讨论国家关系。鉴于此，本章探讨的毛泽东的民族价值观，也可以理解为毛泽东的国家观乃至国际观。综合归纳起来，可以由如下几个方面的内容构成。

（一）坚定不移地捍卫主权

在处理各种外交关系时，毛泽东一直强调，"必须站稳我们的民族立场"，"应一方面加强民族自尊心自信心，而不是排外，另一方面要学习人家长处，并善于与人家合作，但绝不是惧外媚外。这就是正确的民族立场"①。

　　首先,努力追求中华民族在世界上的独立与平等地位。在遭受外来侵略与压迫时,毛泽东指出,中国共产党的路线是民族独立的路线,中国只有坚持"自力更生和独立自主的基本政策",才能对内唤起民众,对外联合世界上平等待我之民族,"挽救民族被毁灭的灾难"②。在取得民族独立的基础上,毛泽东认为,中国应该立足于平等的基础上,与其他国家建立友好关系。他在《论联合政府》中指出:"中国共产党的外交政策的基本原则,是在彻底打倒日本侵略者,保持世界和平,互相尊重国家的独立和平等地位,互相促进国家和人民的利益及友谊这些基础之上,同各国建立并巩固邦交,解决一切相互关系问题。"③ 在毛泽东看来,主权是国家对外关系的核心问题,因此在涉及国家主权的问题上,无论是谁表现出干涉内政的立场,都必须反对。他指出:"不管资本主义大国也好,社会主义大国也好,谁要控制我们,反对我们,我们是不允许的。"④可以说,毛泽东以他特有的果敢行动向全世界表明,新中国在任何情况下都必须坚持独立自主的政策和原则。

　　其次,高度肯定中华民族争取民族独立事业的正义性。对于当时中国进行的反侵略战争,毛泽东加以定性。他指出:"古人说:'春秋无义战。'于今帝国主义则更加无义战,只有被压迫民族和被压迫阶级有义战。全世界一切由人民起来反对压迫者的战争,都是义战。"既然是正义战争,毛泽东认为,在外敌入侵时,中国人应该表现出中华民族的英雄气概。他借用一些历史和现实中的具有民族气节的仁人志士鼓励中

---

① 《中共中央文件选集》第 14 集(1943~1944 年),中共中央党校出版社,1992,第 314、317 页。
② 李久林:《毛泽东在建国后的国际战略思想》,北京出版社,2006,第 243 页。
③ 毛泽东:《论联合政府》,《毛泽东选集》第 3 卷,人民出版社,1991,第 1085 页。
④ 毛泽东:《毛泽东外交文选》,中央文献出版社、世界知识出版社,1994,第 520 页。

国人民:"我们中国人是有骨气的。许多曾经是自由主义或民主个人主义者的人们,在美国帝国主义者及其走狗国民党反动派面前站起来了。闻一多拍案而起,横眉怒对国民党的手枪,宁可饿死,不领美国的'救济粮'……我们应当写闻一多,写朱自清颂,他们表现了我们民族的英雄气概。"①同时,毛泽东还用积极热情的笔调鼓励中国人民与帝国主义进行斗争的信心。他说:"我们中华民族有同自己的敌人血战到底的气概,有在自力更生的基础上光复旧物的决心,有自立于世界民族之林的能力。"② 客观地说,毛泽东的这些论述,对于激励中华民族抗击外来的民族压迫,起到了非常积极的作用。

最后,清晰阐述了追求民族独立与国家现代化的一致性。在毛泽东看来,中国近代历史的屈辱、中国近代历史的革命之所以不成功,都是由帝国主义的绞杀造成的。他指出:"帝国主义侵略中国,反对中国独立,反对中国发展资本主义的历史,就是中国的近代史。历来中国革命的失败,都是被帝国主义绞杀的,无数革命的先烈,为此而抱终天之恨。"③ 就是说,近代以来历次革命的失败,都是帝国主义势力与封建势力沆瀣一气的结果,因此,要取得反对封建主义革命的成功,必须与反对帝国主义的民族独立斗争结合起来。在《新民主主义的宪政》一文中,毛泽东分析了中国社会的"两少"和"两多"。在中国社会的发展中,"中国缺少的东西固然很多,但是重要的就是少了两件东西:一件是独立,一件是民主。这两件东西少了一件,中国的事情就办不好。一面少了两件,另一面却多了两件。多了两件什么东西呢?一件是帝国主义的压迫,一件是封建主义的压迫。由于多了这两件东西,所以中国

---

① 毛泽东:《毛泽东外交文选》,中央文献出版社、世界知识出版社,1994,第520页。
② 毛泽东:《论反对日本帝国主义的策略》,《毛泽东选集》第1卷,人民出版社,1991,第161页。
③ 毛泽东:《新民主主义论》,《毛泽东选集》第2卷,人民出版社,1991,第679页。

就变成了半殖民地半封建的国家。现在我们全国人民所要的东西,主要的是独立和民主,因此,我们要破坏帝国主义,要破坏封建主义。要坚决地彻底地破坏这些东西,而不能丝毫留情"①。因此,在毛泽东看来,中国革命首先是反对帝国主义的民族革命,民族独立和解放是社会经济和政治现代化的前提和基础。

(二) 超越狭隘民族利益的爱国主义

中国作为殖民地和半殖民地国家,在追求民族独立和解放的过程中,把爱国主义作为一面旗帜,凝聚人心,团结一切可以团结的力量是非常重要的。但是,毛泽东也十分清醒地认识到,如果离开国际主义去谈爱国主义,也很容易导致狭隘的民族主义。他高瞻远瞩,从一个无产阶级革命家的立场出发,阐述了中国的爱国主义立场,巧妙地将爱国主义与国际主义及社会主义的目标有机地结合起来。

一方面,把爱国主义与国际主义统一起来。在毛泽东看来,爱国主义与狭隘的民族主义不同。他认为,爱国主义需要审视具体的历史条件。他在对比日本共产党和德国共产党在"二战"中的失败主义的爱国主义时指出:"日本共产党人和德国共产党人都是他们国家的战争失败主义者。用一切方法使日本侵略者和希特勒的战争归于失败,就是日本人民和德国人民的利益;失败得越彻底,就越好。日本共产党人和德国共产党人都应该这样做,他们也正在这样做。这是因为日本侵略者和希特勒的战争,不但是损害世界人民的,也是损害本国人民的。中国的情况则不同,中国是被侵略的国家。因此,中国共产党人必须将爱国主义和国际主义结合起来。我们是国际主义者,我们又是爱国主义者,我们的口号是为保卫祖国反对侵略者而战。对于我们,失败主义是罪恶,争取抗日胜利是责无旁贷的……中国胜利了,侵略中国的帝国主义被打倒了,

---

① 毛泽东:《新民主主义的宪政》,《毛泽东选集》第 2 卷,人民出版社,1991,第 731 页。

同时也就是帮助了外国的人民。因此，爱国主义就是国际主义在民族解放战争中的实施。"① 通过阐述，毛泽东力图说明，德、日两国共产党人因为反对本国对外侵略战争而具有正义性，中国因反对外来侵略而具有正义性，虽然形式不同，本质上都是爱国主义和国际主义的统一。

另一方面，把爱国主义目标与社会主义目标统一起来。在处理社会主义革命目标与民族革命目标的关系时，毛泽东通过界定阶级斗争和民族斗争的关系，提出了民族解放目标优先的原则。他指出："在抗日战争中，一切必须服从抗日的利益，这是确定的原则。因此，阶级斗争的利益必须服从抗日战争的利益，而不能违反抗日战争的利益。但是阶级和阶级斗争的存在是一个事实；有些人否认这种事实，否认阶级斗争的存在，这是错误的。"② 同时，毛泽东认为，阶级斗争与民族斗争的利益是一致的。他说："在民族斗争中，阶级斗争是以民族斗争的形式出现的，这种形式，表现了两者的一致性。一方面，阶级的政治经济要求在一定的历史时期内以不破裂合作为条件；另一方面，一切阶级斗争的要求都应以民族斗争的需要（为着抗日）为出发点。这样便把统一战线中的统一性和独立性、民族斗争和阶级斗争，一致起来了。"③同时，毛泽东还认为，中国的民族革命是社会主义革命的一部分。他在《新民主主义论》中指出："这种革命，是彻底打击帝国主义的，因此它不为帝国主义所容许，而为帝国主义所反对。但是它却为社会主义所容许，而为社会主义国家和社会主义的国际无产阶级所援助。因此，这种革命，就不能不变成无产阶级社会主义世界革命的一部分。"④

---

① 毛泽东：《中国共产党在民族战争中的地位》，《毛泽东选集》第 2 卷，人民出版社，1991，第 521 页。
② 毛泽东：《中国共产党在民族战争中的地位》，《毛泽东选集》第 2 卷，人民出版社，1991，第 525 页。
③ 毛泽东：《统一战线中的独立自主问题》，《毛泽东选集》第 2 卷，人民出版社，1991，第 539 页。
④ 毛泽东：《新民主主义论》，《毛泽东选集》第 2 卷，人民出版社，1991，第 669 页。

从毛泽东的这些论述中我们可以看出，毛泽东的爱国主义，是既争取民族独立，同时又肩负着反对帝国主义战争的国际义务；既具有民族革命的性质，也是社会主义革命的必要组成部分。它是多重目标的有机结合。

（三）灵活地处理国际问题

毛泽东坚持国家主权的立场是坚定的，但是，这并不妨碍他在处理许多具体问题上的灵活态度与方式。在中国革命和建设中，毛泽东都能具体问题具体分析，根据不同时期的有关情况，及时进行调整，从而最大限度地调动各种积极因素，为实现目标服务。

第一，为了中华民族的整体利益，可以超越意识形态的差异，实现不同政治力量的合作。毛泽东在总结第一次大革命、土地革命战争和抗日战争的历史时指出："由于中国最大的压迫者是民族压迫，在一定的时期中，一定的程度上，中国民族资产阶级是能够参加反帝国主义和反封建军阀的斗争的。因此，无产阶级在这种一定的时期内，应该同民族资产阶级建立统一战线，并尽可能地保持之。"[①] 在抗日战争的过程中，为了团结各种力量进行抗日，毛泽东以博大的胸襟摒弃前嫌，提出与国民党组成抗日统一战线的主张。他指出："重新整顿三民主义的精神，在对外争取独立解放的民族主义、对内实现民主自由的民权主义和增进人民幸福的民生主义之下，两党重新合作，并领导人民坚决地实行起来，是完全适合于中国革命的历史要求，而应为每个共产党员所明白认识的。"[②]

第二，民族独立解放运动并不排斥接受国际援助。在长期的反对外来殖民压迫的过程中，毛泽东不仅认为"国际援助对于现代一切国家一

[①] 毛泽东：《〈共产党人〉发刊词》，《毛泽东选集》第2卷，人民出版社，1991，第607页。

[②] 毛泽东：《中国共产党在抗日时期的任务》，《毛泽东选集》第1卷，人民出版社，1991，第259页。

切民族的革命斗争都是必要的"①，而且，还认为，可以在超越意识形态的基础上形成与其他民族的相互支持关系。在新中国成立以后，为了突破西方国家对于中国新生政权的封锁，毛泽东主动争取第三世界国家及民族对中国的积极支持。他指出："在社会主义国家之外，亚洲、非洲、拉丁美洲人民的广大的反殖民主义、反帝国主义的斗争也帮助了我们。这就分散了敌人的力量，使我们身上的压力减轻了。因为你们帮助了我们，所以我们有义务支持你们。我们是互相支持，互相帮助。"②毛泽东主动寻求在国际社会结成广泛的反对帝国主义的统一战线。"在我们赢得独立后，中国将同友好国家商订互助、互利和互相同意的条约。"③

第三，以理论联系实际的态度学习外国的东西。尽管毛泽东在坚持民族独立与平等方面旗帜鲜明、态度明确，但并不妨碍其学习外来文化的热情。毛泽东指出："对于外国文化，排外主义的方针是错误的，应当尽量吸收进步的外国文化，以为发展中国新文化的借鉴；盲目搬用的方针也是错误的，应当以中国人民的实际需要为基础，批判地吸收外国文化。"④ 不过，在学习和吸收的过程中，毛泽东提到了一个基本的原则，即并非盲目地兼收并蓄，而应该理论联系实际。"几十年来，很多留学生都犯过这种毛病。他们从欧美日本回来，只知生吞活剥地谈外国。他们起了留声机的作用，忘记了自己认识新鲜事物和创造新鲜事物的责任。这种毛病，也传染给了共产党。"⑤ 毛泽东在批评一些人教条

---

① 毛泽东：《论反对日本帝国主义的策略》，《毛泽东选集》第1卷，人民出版社，1991，第161页。
② 毛泽东：《毛泽东外交文选》，中央文献出版社、世界知识出版社，1994，第408页。
③ 毛泽东：《和美国记者斯诺的谈话》，《毛泽东文选》第1卷，人民出版社，1991，第393页。
④ 毛泽东：《论联合政府》，《毛泽东选集》第3卷，人民出版社，1991，第1083页。
⑤ 毛泽东：《改造我们的学习》，《毛泽东选集》第3卷，人民出版社，1991，第798页。

主义地对待马克思主义时指出:"我们学的是马克思主义,但是我们中的许多人,他们学马克思主义的方法是直接违反马克思主义的。这就是说,他们违背了马克思、恩格斯、列宁、斯大林所谆谆告诫人们的一条基本原则:理论和实际统一。"① 在对中国的新民主主义文化进行定性时,毛泽东进一步强调:"这种新民主主义的文化是民族的。它是反对帝国主义压迫,主张中华民族尊严和独立的。它是我们这个民族的,带有我们民族的特性。它同一切别的民族的社会主义文化和新民主主义文化相联合,建立互相吸引和互相发展的关系,共同形成世界的新文化;但是,决不能和任何别的民族的帝国主义反动文化相联合,因为我们的文化是革命的民族文化。"② 可以说,以开放的心态对待和学习一切外来文化,但要坚持理论和实际相结合的原则,坚持中华民族的特色,是毛泽东民族价值观的有机组成部分。

二 毛泽东民族价值观的当代意义

今天中国面对的国际环境与毛泽东时代有很大的区别,我们不能机械地套用毛泽东处理国际问题的方式。但是,毛泽东在处理国际问题时所形成的基本价值观念却很值得我们深入地学习与研究。

第一,坚持主权独立的立场。在革命时代,中国饱受外来侵略者的蹂躏。因此,追求中华民族的主权独立,就成为毛泽东在领导民族解放斗争中所追求的重要目标。即使在新中国成立后,由于中国在国际社会所处的地位,毛泽东等领导人也始终把主权独立作为核心的价值原则。如新中国成立初期所奉行的"打扫干净屋子再请客"的外交方针,表达了毛泽东强烈反对外来干预的立场。在20世纪50年代,苏联与中国

---

① 毛泽东:《改造我们的学习》,《毛泽东选集》第3卷,人民出版社,1991,第798页。
② 毛泽东:《新民主主义论》,《毛泽东选集》第2卷,人民出版社,1991,第707页。

建立联合舰队以及在中国建立长波电台的要求，都被毛泽东解读为这是苏联控制中国的企图，因而遭到毛泽东的反对。

在经济全球化的条件下，由于经济的相互渗透，国家主权的边界越来越模糊。过去，大国必须通过战争手段才能实现对其他国家的控制，在今天，通过经济手段就可以轻而易举地实现。在经济领域中，一个政策的调整，一笔不起眼的交易，瞬间完成了对一个国家的经济干扰和掠夺。后冷战时代的30年中，发展中国家总是在金融危机中受到伤害，就是明证。不过，边界虽然模糊了，但是，国家界限依然存在。贸易自由化与贸易保护主义都是发达国家维持其经济利益的有效手段。因此，作为发展中国家，我们必须在各个领域中，都牢牢铭记国家主权的神圣不可侵犯性，与一切损害中国国家主权的行为做坚决的斗争。

第二，坚持国家平等的原则。毛泽东时代的中国，在国际社会处于弱势，为了防止大国的欺侮和干涉，毛泽东积极倡导世界上所有国家，不论大小，都应当一律平等。他指出："国家不应该分大小。我们反对大国有特别的权利，因为这样就把大国和小国放在不平等的地位。大国高一级，小国低一级，这是帝国主义的理论。一个国家不论多么小，即使它的人口只有几十万或者甚至几万，它同另外一个有几万万人口的国家也应该是完全平等的。"就大国与小国的关系而言，他认为，国家的大小虽然不同，但是"不论大国小国，相互之间都应该是平等的、民主的、友好的和互助互利的关系，而不是不平等的和互相损害的关系"①。他还说："大国、小国应该平等相待。有这样一种论调：大国是不好惹的，小国是可以随便欺侮的。这种论调是绝对没道理的。"② 毛泽东在国家关系上的平等取向，决定了中国把和平共处五项原则作为处理外交关系的基本原则，从而为中国在国际社会上广交朋友，提供了价值支持。

---

① 毛泽东：《毛泽东外交文选》，中央文献出版社、世界知识出版社、1994，第191~192页。
② 毛泽东：《毛泽东外交文选》，中央文献出版社、世界知识出版社、1994，第334页。

当今，中国所处的国际环境有了重大的改变，中国作为世界上最大的发展中国家，在很多重大国际问题上，都拥有了一定的发言权。那么，中国应该如何表述自己的价值观念呢？笔者认为，冷战后的国际社会，虽然形成了美国一国独大的局面，但是，国际社会的民主化已经成为不可阻挡的潮流。美国在海湾战争中，通过维护科威特的主权获得的巨大道德支持，却因为其在伊拉克战争中对主权国家的侵犯而丧失了。由此，我们可以看到，像毛泽东那样，坚持国家的主权平等，不因为强者而趋炎附势，不因为弱者而轻视，是中国在国际地位上升的过程中应该坚持的重要价值原则。

第三，伸张正义、反对强权的精神。从毛泽东的思想中，我们可以看到，反对侵略战争，追求民族平等，是他在国际问题上的道德理想。因此，反对大国欺负小国，就成为他的道德责任。新中国成立后，毛泽东不顾美帝国主义军事实力的强大，毅然决定出兵朝鲜，帮助朝鲜维护国家的主权独立；20世纪60~70年代，虽然中国自身的经济发展水平还比较低，仍然慷慨解囊，全力以赴地支持越南的抗美斗争；支持战后发展中国家民族解放运动及支持美国黑人争取民权的斗争等。只要毛泽东认为是符合道义的事情，都要给予声援。毛泽东的这种追求国际正义的信念，不畏帝国主义强权的精神，不仅赢得了发展中国家的广泛的支持，还得到了不少发达国家的尊重，为新中国树立了伸张正义、主持公道、承担责任的国际形象。

在今天，虽然中国所处的国际环境与毛泽东时代不同，但是，赢得国际社会尊重的方式却没有改变。一个国家无论大小、强弱，要想赢得国际社会的尊重，必须站在道德的制高点上，坚持国际正义。一方面，要根据事情本身的是非曲直，而不是看强国的眼色表态；另一方面，从本国人民的利益和世界各国人民的利益出发，独立地做出判断，决定自己的态度和政策，而不能因为畏惧强权而放弃自身的原则。毛泽东时代所形成的坚持正义、扶助弱小的方式，应该成为中国在国际社会发挥独特作用时所遵循的原则。

第四，灵活地处理国际问题的方式。在毛泽东时代，由于国际环境的局限，中国不能实行全面开放政策。但是，毛泽东却能从战略的高度，把握中国对外关系的局面，通过与社会主义国家的交往，稳住外交的基本阵营；通过与发展中国家的交往，建立中国的国际支持系统；通过建立特殊渠道，保持与发达国家在经济和政治方面必要的沟通。而在具体问题的处理上，毛泽东并不拘泥意识形态框架的局限，而是时刻把民族利益和国家利益放在首位，通过灵活多样的方式展开外交，既坚持了中国的国家尊严，也解决了中国许多现实问题。特别是在20世纪70年代初，为了缓解中苏边境冲突给中国在军事方面所造成的压力与威胁，我国毅然与美国和解，结束了中美20多年的对抗，为中国后来走向改革开放奠定了坚实的基础。

如今，中国在外交方面所表现出的柔韧性，已经远远超出了新中国成立以来的任何时期。但是，由于世界各国关系的相互渗透，对灵活性的要求越来越高。因此，我们还需不断地探索，在复杂多变的历史环境中，做到既坚持原则又保持灵活性，从而最大限度地实现国家利益。

总之，毛泽东的民族价值观是在长期地反对西方殖民主义的过程中形成的，从中既可以看到其强烈的反对殖民压迫的爱国主义情感和立场，同时也可以看到他作为一个社会主义者对于民族问题的独到理解。毛泽东的民族观是国际主义与爱国主义的统一，是社会理想与现实利益的统一，是独立原则与开放立场的统一。他的思想被后来的党和国家领导人所继承，并在中国的外交实践中不断地完善和发展，凝聚成具有中国特色的外交理论，对于我们今天应对复杂的国际形势和局面，具有重要的指导意义。

第八章 "一国两制"在中国外交中的重要意义

"一国两制"是邓小平在20世纪80年代国际形势趋于缓和的背景下提出的国家统一的战略构想。笔者认为,"一国两制"的思想既体现了邓小平的高瞻远瞩、审时度势的外交能力,又表现了他的聪明睿智、与时俱进的创新能力。认真研究他的这一思想,对于当今中国在新的国际条件下努力开创外交新局面具有重要的理论意义和现实意义,也为解决当前的国际争端提供了新的视角和路径。

一 "一国两制"为在新的国际形势下诠释国家主权提供了理论根据

首先,邓小平提出的"一国两制",指出了主权在中国国家利益中的重要地位。近代中国在帝国主义的侵略和压迫下,国家主权不断受到侵犯。所以,近代以来的仁人志士一直把争取国家的统一与主权独立作为毕生的奋斗目标。新中国成立后,中国的国家主权得到保障,争取国家统一则成为一项非常重要的政治任务。但是,在冷战期间,由于受东西方对抗及国内因素的影响,祖国的统一问题一直没有得到妥善的解决①。20世纪80年代,随着国际形势的缓和,香港与澳门的回归问题迫在眉睫,国家统一问题提到议事日程。在解决这些问题时,邓小平首先强调的是中国的主权和领土完整不容分割的基本立场。1982年9月,

---

① 《邓小平文选》第3卷,人民出版社,1993,第12页。

邓小平在同英国首相撒切尔夫人谈话时指出:"关于主权问题,中国在这个问题上没有回旋余地。坦率地讲,主权问题不是一个可以讨论的问题。现在时机已经成熟了,应该明确肯定:1997年中国将收回香港。就是说,中国要收回的不仅是新界,而且包括香港岛、九龙。中国和英国就是在这个前提下来进行谈判,商讨解决香港问题的方式和办法。如果中国在1997年,也就是中华人民共和国成立48年后还不把香港收回,任何一个中国领导人和政府都不能向中国人民交代,甚至也不能向世界人民交代。"[1]在邓小平看来,坚持国家主权和领土完整,是我们国家和民族最高利益的体现。任何一届政府如果不坚持这一原则,"就意味着中国政府是晚清政府[2],中国领导人是李鸿章"[3]。因此,他明确指出:"问题的核心是祖国统一"[4],"实现国家统一是民族的愿望,一百年不统一,一千年也要统一的"[5]。邓小平认为,国家的统一,是整个中华民族的愿望,是中国人民在经历了近代外来压迫的痛苦后,重新自我肯定与伸张的正义诉求。因此,主权问题是不容许商议的。

同时,邓小平也指出,主权的具体实现可以采取现实和灵活的方式去解决。其一,他指出,如果台湾能够与大陆统一,会考虑到台湾目前的利益现实。早在1978年他就指出:"如果实现祖国统一,我们在台湾的政策将根据台湾的现实来处理。比如说,美国在台湾有大量的投资,日本在那里也有大量的投资,这就是现实,我们正视这个现实。"[6]其二,考虑各地方的制度现实,指出"祖国统一后,台湾特别行政区可以有自己的独立性,可以实行同大陆不同的制度。司法独立,终审权不须到北京。台湾还可以有自己的军队,只是不能构成对大陆的威胁。大陆

---

[1] 《邓小平文选》第3卷,人民出版社,1993,第12页。
[2] 《邓小平文选》第3卷,人民出版社,1993,第30页。
[3] 《邓小平文选》第3卷,人民出版社,1993,第12页。
[4] 《邓小平文选》第3卷,人民出版社,1993,第30页。
[5] 《邓小平文选》第3卷,人民出版社,1993,第59页。
[6] 《邓小平关于建设有中国特色社会主义的论述专题摘编》,中央文献出版社,1995,第304页。

不派人驻台，不仅军队不去，行政人员也不去。台湾的党、政、军等系统，都由台湾自己来管。中央政府还要给台湾留出名额"①。香港也采用同样的方式进行治理。在人类历史上，历来是一国一制，用"一国两制"的方式解决国家统一问题，表现了邓小平在处理棘手问题上的政治智慧。

从邓小平"一国两制"的思想脉络中我们可以看出，邓小平并不是单纯从利益的性质，而是从利益的大小或者说从根本利益的角度考虑国家统一问题的。在邓小平看来，国家统一是最大的利益也是最根本的利益，这是没有商议的余地的。在肯定这个大前提下，其他的利益是可以通过协商解决的。这种思路对于我们在当今复杂的国际形势下，捍卫国家利益具有非常重要的启发意义。目前，随着经济全球化的发展，各国间的经济往来与联系不断增多，国家主权日益受到各种因素的牵制。西方发达国家为了维系其霸主地位，建立符合他们自身利益的国际政治经济秩序，总是力图对发展中国家的主权进行限制。甚至打着人道主义旗号，提出了所谓的"主权过时论"，这就与发展中国家捍卫国家主权的意愿形成了尖锐的对抗。发展中国家坚持认为，主权是保护本国生存和发展的基本权利，既是争取在国际政治经济秩序中获得平等地位和待遇的权利，同时也是反对任何外来干涉和侵略的强大法律武器。

但是，在全球化的时代背景下，无论是"主权过时论"还是"绝对主权论"，都不完全符合当前国际关系发展的现实。因此，如何协调国际规则与国家主权的关系，是摆在世界各国面前的重要任务。邓小平"一国两制"的思想启发我们，国家利益是我们处理国际事务的准则，当主权利益与其他国家利益发生冲突或不可兼得时，应对不同利益加以权衡，根据利益的大小来决定，而不能一味地以利益的性质来决定。主权和国家利益不是完全等同的，主权是国家利益的一部分。因此，在全

---

① 《邓小平文选》第3卷，人民出版社，1993，第30页。

球化的条件下，应该树立一种新的主权观，即维护主权的目的是为了实现更大的国家利益，国家在行使主权时并非完全按照自己的意愿做决定，它还要受到国际社会公约、条约、规范、惯例和舆论的限制。为了实现更大的国家利益，可以在一定程度上限制或让与国家主权。这种结论可以从"一国两制"的理论框架中合理地推出。

二 "一国两制"是对两种制度和平共处的积极探索

自从出现第一个社会主义国家，西方国家一直对社会主义持有敌视的态度，从来没有放弃从世界上消灭社会主义国家的企图。从一定意义上说，第二次世界大战的爆发，就是西方国家想借希特勒之手消灭社会主义国家而采取"绥靖"政策的结果。而在冷战期间，两大阵营对抗，使世界处于战争边缘，也是西方国家仇视社会主义、对社会主义国家采取"遏制"政策的结果。那么两种不同的社会制度能否和平共处呢？"二战"中不同社会制度的国家联盟的实践证明，在国际社会中，当面对共同威胁的时候，两种不同制度的国家是可以协同行动的。但是，战后的两极体制也证明，在和平的环境下，特别是缺乏共同威胁的条件下，两种制度的矛盾与冲突还是需要面对的现实。邓小平超越了国际社会现实的局限，提出了"一国两制"，在国际关系发展中具有划时代的意义。

首先，"一国两制"的提出，是中国共产党超越"冷战思维"模式局限，解决现实问题的一种基本态度。邓小平从中国的实际出发，既考虑到内地实行社会主义制度的历史必然性，又照顾到港澳台地区的具体情况。香港、澳门问题是帝国主义侵略中国的产物，台湾问题是国内战争遗留下来的问题。由于港澳台地区与祖国长期分离，在资本主义制度之下形成了目前的状况：经济发展，社会稳定，人们的生活水平普遍较高，香港还是远东的金融中心、航运中心、转口贸易中心。如果以社会主义制度统一中国，必然导致港澳台地区的剧烈社会动荡，影响当地人民的生活水平；如果以资本主义制度统一中国，让大陆放弃经过实践检验的唯一可行的社会主义制度，实行资本主义制度，也不符合大陆的现实。因此，邓小平以巨大的理论和政治勇气指出，不仅国际社会上不同社会制度的国家可以和平共处，社会主义制度与资本主义制度能够互相交流和渗透，彼此借鉴对方的长处，弥补自己的不足；而且，在一个国家之内，社会主义制度与资本主义制度在一国之内也应该能够互相交流、互相借鉴、互相合作、互相促进。因此，用"一国两制"的方针解决祖国统一问题，表明了中国在国际关系中，将采取一种务实的而不是敌对的态度去面对两种制度的分歧。同时，邓小平坚定地相信，在一国内部，社会主义与资本主义可以和平共处。他多次指出，中国的主体部分坚定不移地实行社会主义，同时允许中国领土内的小范围地区实行资本主义，即"一国两制"，根本目的和核心问题就是实现祖国的和平统一，港澳台地区回归祖国以后，中国之内将并存社会主义制度和资本主义制度，即"两制"。"要搞一个你不吃掉我、我也不吃掉你的办法。十亿人口的大陆坚定不移搞社会主义，台湾可以搞它的资本主义，北京不派人到台湾去。这不也是和平共处吗？所以，和平共处的原则不仅在处理国际关系问题上，而且在一个国家处理自己内政问题上，也是一个好办法。"① 所谓将和平共处原则用于香港、澳门、台湾问题，就要求在一个国家——中华人民共和国之内，社会主义制度与资本主义制度和平共处，共产党与国民党和平共处，港澳台地区同胞与内地人民和平共处，彼此之间互通有无，优势互补，互惠互利，共同发展，共同繁荣。如果港澳台地区之间或它们与内地之间发生纠纷或矛盾，应用法律规定的方法和途径和平解决，禁止诉诸武力。1997年7月1日中国政府恢复对香港行使主权以后，"港人治港，高度自治"机制的平稳、有效运作，说明中国已经开始了一个国家内部两种制度之间和平共处和国家外部②的与一切社会制度的国家和平共处的全新实践。对内和对外两种和

---

① 《邓小平文选》第3卷，人民出版社，1993，第97页。
② 《邓小平文选》第3卷，人民出版社，1993，第97页。

平共处的平行实践，使中国能在"冷战"结束、世界多极化的国际形势下，争取到更长时间的国际和平，并确保国内的安定团结，一心一意从事经济建设。

如今，随着香港的顺利回归，"一国两制"显示了它在实践中的成功。中国的实力和国际威望也在不断增强和提高。发达国家特别是美国，出于冷战的思维定势，无法接受这个国际现实。因此，它在香港通过声援民主派，给"一国两制"体制的运行施加破坏性的影响；在台湾通过暗地里支持台独势力，制造台海紧张局势。其目的就是遏制中国，为中国在21世纪的崛起设置障碍。进入21世纪，国际形势也变得越来越难以预测。因此，如何用"一国两制"的原则，指导国家处理香港与台湾问题的政策，克服各种不利因素的影响，在国际社会中树立和平崛起的形象，对于中国争取和平的国际环境发展自己，具有非常重要的现实意义。

三 "一国两制"对于解决其他国际争端具有示范意义

首先，邓小平的"一国两制"理论突破了历史的局限，形成了和平解决国际争端的新观念。在国际社会，由于各个国家对外政策和立场不同，各国在很多问题上都会产生分歧，也会产生政治和经济利益上的冲突，从而形成国际争端。只要国家存在，国家间利益的冲突就是永恒的，因而国际争端从总体上讲具有不可避免性。自近代以来，解决国际争端的主要模式就是战争。1899年的第一次海牙和平会议和1907年的第二次海牙和平会议，制定了大量的有关战争习惯与规则的公约和宣言，首次对国家的战争权有所限制。但是，在整个近代历史中，战争模式解决国际争端始终占据主导地位。近代的国际法也规定国家拥有"战争权"，国家可以把战争作为推行国家对外政策的工具和解决国际争端的手段或方法。哪个国家打赢了战争，哪个国家就拥有了"正义""真理"，就有权要求战败国割地、赔款，战败国只能俯首称臣，百依百顺，最后沦落为附庸国、被保护国、殖民地或半殖民地。在这一过程中，采用和平方法解决争端只是战争模式的补充和点缀。

"二战"后，虽然反法西斯国家制定了《联合国宪章》，建立了最具有普遍性的国际组织——联合国，对确立现代解决国际争端的模式具有十分重要的意义。但是，冷战的国际现实，很难用和平模式解决国际争端。

20世纪80年代后，随着国际形势的缓和，两大阵营由对抗走向对话，和平与发展成为当代世界两大主题。各国都认识到，和平是发展的前提，没有和平就不可能有发展；发展是和平的保障，良好的发展态势可以有效地促进和平的建立与延续。和平解决国际争端既是时代的要求，更是每个国家不可推卸的义务。邓小平指出："我们搞的是有中国特色的社会主义，是不断发展社会生产力的社会主义，是主张和平的社会主义。只有不断发展社会生产力，国家才能一步步富强起来，人民生活才能一步步改善，只有争取到和平的国际环境，才能比较顺利地发展。"[1]在解决国家统一问题上，邓小平提出了"一国两制"的思想，肯定了在和平与发展已经成为时代主旋律的当代国际社会中，和平解决争端应该成为世界各国首选的和最基本的模式。通过"一国两制"的实施，向国际社会表达了中国用和平方式解决争端的意愿。

其次，"一国两制"也突破了现有的争端解决模式，形成了一种具有创新意义的解决国际争端的方法。邓小平指出："世界上一系列争端都面临着用和平方式来解决还是用非和平方式来解决的问题。总得找出个办法来，新问题就得用新办法来解决。香港问题的成功解决，这个事例可能为国际上许多问题的解决提供一些有益的线索。从世界历史来看，有哪个政府制定过我们这么开明的政策？"[2] 这是因为，自近现代以来，用和平方法解决国家之间的重大历史领土遗留问

---

[1] 《邓小平文选》第3卷，人民出版社，1993，第328页。
[2] 《邓小平文选》第3卷，人民出版社，1993，第59~60页。

题，从来都是实行"一国一制"。也就是说，当一个国家的部分领土原先被非正义地剥夺、其后又被正义地收回时，无论该部分领土在被非正义剥夺期间实行的是何种社会制度、政治制度、生活方式，在其被正义地收回后，都一律实行其母国的社会制度、政治制度、生活方式。另外，当一国的一部分领土甚至全部领土和平地并入另外一个国家时，或者相邻的两个国家之间在平等自愿的基础上交换一部分领土时，所涉领土都无例外地实行与主国相同的制度，即"一国一制"。前者如 1990 年 10 月 3 日德意志民主共和国并入德意志联邦共和国，后者如 1965 年 10 月中国与缅甸签订边界条约，中国将中缅边界猛卯三角地 220 平方公里的土地，与缅甸 189 平方公里的班洪、班老两部落相交换。以和平的方式变更国家领土尚且如此，那么，在非和平方式之下所涉及的领土变更就概莫能外了[①]。1940 年，波罗的海三个国家爱沙尼亚、拉脱维亚和立陶宛被合并于苏联时，三个国家都实行了与苏联相同的社会制度、政治制度和生活方式。邓小平"一国两制"理论的提出并成功实践，从根本上突破了现有的和平解决国家之间重大历史领土遗留问题的方式，为国际上类似问题的解决提供了光辉典范，在实践中有突出的示范和借鉴作用。

最后，在"一国两制"方针的指导下，运用和平共处的原则解决香港、澳门、台湾问题，开创了用国际基本原则解决国内问题的先河，是国家在国内执行国际法的新尝试，也为其他国家解决类似的问题提供了有益的借鉴。邓小平的这一思想，不仅有效地指导了中国的国家统一问题，而且对一些处于分裂状态的国家走向统一，提供了解决问题的新思路。其核心思想就是，要解决争端，冲突各方必须"和平谈判，就要双方相互让步"。只有兼顾各方的利益，通过妥协与合作，矛盾与争端才可能得到解决。如果各方都坚持自己的利益而损害他人的利益，就会不断激化矛盾。当今国际政治冲突与矛盾的现实，日益证明了邓小平这

[①] 《邓小平文选》第 3 卷，人民出版社，1993，第 59~60 页。

种"兼顾各方利益"的思想,不仅对于解决国家内部统一问题,而且对于解决国际冲突都具有非常重要的指导意义,这些重要思想将对人类和平发展产生积极而深远的影响。

总之,从20世纪80年代中国改革开放以来,邓小平"一国两制"的思想,不仅为中国解决历史遗留问题提供了有效的方法,而且为后冷战时代解决各种复杂的国际问题提供了创造性的思路。虽然一代伟人故去,但他的思想仍会激励着人们为国家的统一、民族的团结和社会的昌盛而努力奋斗。

第九章　民主政治建设与文化观念的培养

江泽民同志在十六大报告中，把发展社会主义民主和建设社会主义政治文明，看作全面建设小康社会的重要目标。为了实现这一宏伟目标，他指出："必须在坚持四项基本原则的前提下，继续积极稳妥地推进政治体制改革，扩大社会主义民主，健全社会主义法制，建设社会主义法治国家，巩固和发展民主团结、生动活泼、安定和谐的政治局面。"把民主政治建设与实现小康社会的目标联系起来，一方面表明党中央对推动民主政治建设的高度重视，另一方面也说明民主政治建设在中国现代化建设进程中的重要性。笔者认为，中国民主政治的建设不仅需要政治体制上的改革，而且需要从观念上有所改变，在某种意义上说，后者比前者更重要、更根本。本章力图从三个方面入手，考察观念转变对于民主政治建设的重要意义。

一　妥协是民主政治形成的基本前提

从理论上讲，民主政治，不仅是对社会不同利益群体的承认，而且还要承认人们追求个人利益的正当性与合法性。从这种意义上说，所谓民主，就是让大家把各自的意见和观点摆到桌面上，通过反复地谈判、协商和交涉，最后达成相对一致的意见。也就是说，不同利益的代表无论通过什么方式讨价还价，最后的目的都是要达成共识。在这里，重要的问题是要协调不同的利益关系，最终形成一个多数人愿意接受的结果。这个结果绝不能只满足某一团体的利益，而损害另一团体的利益，只能是互有损益，也就是我们今天所说的达到"双赢"的局面（Win-win Situation）。

在中国的文化传统中，坚持原则是一种高尚的道德品质，备受人们的赞扬和欣赏。而妥协似乎被视为一种低贱甚至背叛的行为。所谓"饿死事小，失节事大"；"宁为玉碎，不为瓦全"。因此，在涉及是非问题时，人们常常为了"坚持原则"而情愿让很多事情无法进行。其潜在的台词是，我的意见是正确的，不听我的，你就什么也别想做成。例如，在农村基层民主建设的进程中，我们常常发现这样的事情，在不同的利益群体之间，当利益发生冲突时，人们习惯于盲目坚持个人利益，以为只有坚持个人的利益和意见才是坚持了"正确的原则"。因此，不计成本，宁肯大家都不好过，也绝不妥协。这种做法是否就是民主呢？不言而喻，这是与民主精神背道而驰的。汉斯·孔在《世界伦理构想》一书中有一段发人深省的话："在关系到某些价值、规范以及行为时，如果没有一种最起码的基本一致的意见，那么，不论是在一种小一些的还是在一种大一些的团体中，符合人类尊严的共同生活都是不可能的。没有这样一种可以不断在对话中重新寻求的基本一致的意见，即使是现代民主也无法运行。"

笔者认为，大到国家之间的争端，小到个人的恩怨，如果想解决问题，都必须通过双方在某种程度上的妥协才能完成。也就是说，为了获取更多的共同利益，双方都必须做出一定的让步，达成一定的共识。因此，尽管民主政治是对多元价值的承认，但是为了社会真正有所进步，多元的社会需要一种基本一致的意见。即使人们在一些利益冲突上不能达到一种"严格的"或者全面的一致意见，也应该达到一种"重叠的一致意见"。如果民主政治只是启发人们保护自己权利的意识，而没有同时培养人民合作与妥协的意识与技巧，多元价值的结果，只能导致社会的混乱。因此，在任何集团内部，认识到与他人合作是获得个人利益的前提，并借此形成妥协的观念与合作的氛围，是社会正常生活也是民主政治一个基本前提。

二 遵守规则是民主政治运行的根本保证

在民主政治中,当不同的利益群体通过讨价还价达成共识之后,也就是说在彼此之间形成了一种契约关系以后,为了使不同的利益群体的权益得到保障,就必须遵守共同的行为准则,即依法办事、恪守章法就成为民主政治能否正常运行的关键。民主要求的是在契约基础上的一致原则,是权利与义务的协调。一个人不能只尽义务而没有权利,也不能只有权利而不尽义务。如果是一个人或少数人制定规则,让其他人遵守,而制定规则的人可以超越规则之外,那就只能是专制政治乃至暴君制度,而绝不是民主政治。

在中国两千多年的封建历史中,一句"君为臣纲"就规范了普通老百姓的特殊命运。所谓"君叫臣死,臣不能不死"。而且,由于等级森严,在中国官僚体制的每个层次上,上级命令对于下级的行为都是不能逾越的规范,而规则的制定者却往往超然于规则之外。当然,无权无势的人,也并非心甘情愿地做规则的牺牲品,而是八仙过海,各显其能,每个人都力图通过各种关系进行疏通,使自己成为可以超越规则的人。真正受到规则制约的人,也就是社会中的弱势群体,他们并非自觉自愿地遵守规则,乃是不得已而为之。

现今,尽管中国的封建制度已经终止接近百年,但是,封建政治文化,特别是等级观念和"官本位"思想对我们的影响仍然很大。在民主政治的建设中,如果我们不能从思维习惯上破除不同的人遵守不同行为规则的定势,特别是如果不能避免掌握权力的人对规则的逾越,在有规则的条件下,有的人遵守规则,牺牲一定的利益,而权利却得不到保障;有的人违反规则,得到实惠,却没有付出代价。那么,在社会中就不可能真正培养出有规则感的公民。相反,只能使越来越多的人倾向于蔑视或践踏规则。因此,要进行民主政治的建设,就必须像江泽民同志在十六大报告中所指出的那样："必须严格依法办事,任何组织和个人都不允许有超越宪法和法律的特权。"改变原有的思维定势,特别要让各级官员自觉树立一种遵守规则的意识,让权力的运作过程公开、透明,通过多种途径形成对权力的有效监督,使掌握政治权力的人没有机会,或者说没有太多的机会违反规则。只有这样,才能使官员权力的运用具有合法性,从而真正成为"人民利益的根本代表"。

三 宽容精神是民主政治进步的必要条件

在人类历史的长河中,宽容与专制之争贯穿其中。自古以来,有许多不宽容都是以"上帝""神灵"或"真理"的名义向"谬误"开战的。人们往往认为,真理是唯一的,只要自己掌握了它,别人就不可能拥有真理。在这样的思维定势下,一提宽容,就是宽容错误和邪恶,就是道德的沦丧。直到人类历史进入21世纪以后,还有一些人持有"唯我真理,他人谬误"的观念,因而导致不同信仰、民族、国家之间的战争时有发生。但是,毕竟时代在发展,世界上的许多人已经慢慢悟出了宽容的道理,提出以和解、关爱、忍让与宽容取代偏执、敌视、仇恨和迫害。而民主政治,就是在人类对宽容的认识和理解不断加深的过程中产生和完善的。

在民主政治的发展中,笔者认为一定要确立宽容的原则,即在坚持"多数人统治的同时保护少数人的权利"。之所以需要建立这一基本原则,根本原因在于:首先,在任何社会中,政治少数派总是存在的。如果不对多数人的权利做出某种限制,多数原则就会用来压制少数派,而如果少数人的权利得不到有效的保护的话,那么多数人的意志就会变成"多数人的暴政"。其次,社会是在不断发展变化的,在某一历史阶段或某一问题上的多数人,或许在历史的发展变迁中又会成为少数派。如果社会没有形成保护少数人权利的文化氛围,每个人都有遭受"多数人暴政"压制的可能性。因此,在代议民主制中,多数人的任务就是说服少数派而不是强迫他们，所有公民持异议的权利都应当得到有效的保护。如果当权的多数派不按民主惯例行事，不代表人民的根本利益，公民就有权利和义务拒绝承认所谓的"合法决定"。因为在他们看来，那种统治不具备合法性。最后，人类历史的发展无数次地证明，每一个在当下被广泛接受的观点在最初都是少数人的观点；几乎每一项公共政策都是多数派和少数派团体相互冲突的产物；少数派的观点可以经过一段时间后得到普遍的接受，就像少数人可能是对的，多数人也可能是错的那样。所以，只有具备宽容精神和勇于自我批判的精神，允许多元价值的存在，才有可能避免社会走向极端、误入歧途。

应该承认，在中国历史发展中，由于长期受封建专制文化的影响，中国政治的基本特点之一就是缺乏宽容精神。在意识形态上，统治者在坚持主流价值的同时，往往不能容忍多元价值的存在。从秦始皇的"焚书坑儒"到汉代的"废黜百家，独尊儒术"，两千多年的中国政治发展一直遵循着特殊的循环轨迹。在这个过程中，普通百姓倾向于服从政治权威的观点，不轻易表达自己的观点。在中国，若非改朝换代，要想进行体制内的变革是非常困难的。凡是试图在体制内进行变革的人，很少有好的结果（例如，商鞅、王安石、康有为等）。此外，如果说在中国的谦谦君子中也有宽容的表现，充其量也不过是在"大人不见小人怪"的意义上说的，也就是在认定"我对，你错"的前提下，我可以原谅你的过错，而不是对别人坚持的价值，持有"包含真理的成分"的态度。

笔者认为，建设民主政治所需要的宽容至少应该包括两个方面，首先是官方的宽容，即民主的政府应当根据宪法和法律，尊重、保护人的基本权利，例如宗教信仰自由、新闻集会自由以及所有属于现代人权的东西。从其社会意义上看，只有官方的宽容，才能为人民的个性自由与独立思考提供生存的土壤。其次是公众的宽容。在社会中，不同的地域、民族、信仰，形成了不同的群体。不同群体对不同的问题乃至同一问题有不同的看法是很正常的事情。因此，在民主政治的条件下，任何人都没有理由认为自己掌握的就是绝对真理。如果认为只能是二元价值的选择，即不是正确就是错误，那么，就不能容忍不同的意见和呼声，就不是真正的民主政治。可以说，容忍社会成员利益和价值的多样性，允许非主流声音的存在；对秩序的不断改良，抱有一种乐观其成的赞同，是民主政治不断发展的文化土壤。就其社会意义而言，只有具有宽容的个人，才会有宽容的政府，个人宽容是官方宽容的社会基础。因此，提高国民素质，训练国民的文化涵养，接受多元价值，是促进民主政治不断发展的必要条件。

综上所述，民主政治不仅需要制度的改革和创新，而且更需要观念的转变和培养。在笔者看来，要从名义上改变一种制度是比较容易的。但是，要让一种听起来不错的制度真正为人民造福，则是比较困难的。因为制度的实施不仅需要形式上的变化，更重要的是它能够为社会文化环境所接受，没有文化与观念的变更，即使是好的制度也难以有好的效果。党的十六大确立了建设民主政治的宏伟蓝图，为中国民主政治的建设提供了有力的保证。我们只有从观念上确立妥协意识、规则意识和宽容精神，中国民主政治的建设才会有光明的未来。

第十章　国际环境对中国民主化进程的影响

在当今的国际舆论中，说起中国经济，赞美的声音比较多；如果说起中国的政治民主，就很难形成一致的意见，甚至西方国家的主流媒体一直把中国看作专制政治的代表。在一些西方学者眼中，中国的民主程度不够高，而中国政府总是用"稳定"压制民主。中国从1978年实行改革开放，至今已经有30多年的历史。在这30多年中，伴随着中国在经济上的开放，政治上也出现了很大的变化。在此，本章梳理了过去30年中国的民主观念的发展，为各国学者清晰了解中国社会政治提供帮助。

一　中国自改革开放以来的民主进程

第一阶段：1978年至1989年春，以邓小平为首的中央领导阶层对1949年新中国成立以来的政治发展进行反思。而邓小平在"文革"十年中的遭遇，也使这种反思具有非同一般的深刻性。

首先，他检讨了新中国成立后党内政治与中国封建文化传统的关系。邓小平认为："旧中国留给我们的封建专制传统比较多，民主法制传统很少。解放以后，我们也没有自觉、系统地建立保障人民民主权利的各种制度。其实也就是用'人治'代替法治。由于忽略社会主义民主的制度化建设（法律制度），没有确立宪法和法律应有的权威，并以此来维护和保障人民当家作主的各项权利，因此付出了沉重的代价。"①

其次，他在反思"人治"政治特征的时候指出，实行人治的最大问题，是把国家的安危寄托在个人或少数人身上，决策缺乏基本的法律和程序规制，一两个人或少数人就可以决定事关国家和民族命运的重大问题。邓小平一再反对和批判这种人治的思想和做法，并从对历史教训的思考中得出了这样的结论："如果一个党、一个国家把希望寄托在一两个人的威望上，并不很健康。那样，只要这个人一有变动，就会出现不稳定。"②

最后，邓小平探讨了解决问题的途径，这就是"为了保障人民民主，必须加强法制，必须使民主制度化、法律化，使这种制度和法律不因领导人的改变而改变，不因领导人的看法和注意力的改变而改变。"③对这种制度建设的必要性，邓小平在1980年8月就做了精辟论述："我们过去发生的各种错误，固然与某些领导人的思想作风有关，但是，组织制度、工作制度方面的问题更重要。这些方面的制度好可以使坏人无法任意横行，制度不好可以使好人无法充分做好事，甚至会走向反面。"即使像毛泽东同志这样伟大的人物，也受到一些不好的制度的严重影响，以至对党对国家对他个人都造成了很大的不幸。"④

应该说，中国共产党的领导阶层对过去错误的反省是深刻的，他们清醒地认识到这些具有专制主义色彩的观念和作风对中国社会主义民主建设的危害。因此，中国共产党已经决定把政治体制改革提到议事日程。但是，最终这一进程由于国际和国内特定环境中各种因素的综合作用而搁置。

---

① 李铁映：《论民主》，中国人民大学出版社，2007。
② 邓小平：《总结历史是为了开辟未来》，《邓小平文选》第3卷，人民出版社，1993，第272页。
③ 邓小平：《解放思想，实事求是，团结一致向前看》，《邓小平文选》第2卷，人民出版社，1994，第146页。
④ 邓小平：《党和国家领导制度的改革》，《邓小平文选》第2卷，人民出版社，1994，第333页。

第十章　国际环境对中国民主化进程的影响

第二阶段：1989年6月至2003年初，这是中国民主建设曲折发展的阶段。在1989年，世界社会主义阵营的改革出现了很多意想不到的问题，中国社会也出现了动荡。因此，在稳定中求发展，"摸着石头过河"，成为这一阶段中国政府不得已的选择。而中国领导人之所以非常重视稳定问题，主要的原因在于以下几方面。

首先，只有国家政治稳定，才能应对来自国际敌对力量的颠覆活动。在中国的1989年政治风波中，西方大国的颠覆意图使中国领导阶层警醒——政府的反对派得到了美国中央情报局甚至是美国政府的支持。那些对中国抱有很深的成见与敌意的人，极力鼓励反对派颠覆政府，期待中国这个社会主义国家的崩溃。这种举动不仅造成中西方之间的极度不信任，而且，中国出于对社会稳定与安全的考虑，不得不放缓政治改革的步伐。保持社会稳定从而粉碎西方和平演变的妄想，成为中国最重要的任务。

其次，只有稳定才能避免国家分裂的悲剧在中国上演。在中国传统政治文化中，维系国家的统一是政治领导人不可推卸的责任，凡是能够维护国家统一的官员，都可以青史留名；凡是导致国家分裂和在外来侵略面前低头的人，都会受到唾骂。国家分裂是任何政治领导人都无法承受之重。而且，冷战后相关国家的经验，从反面警示中国，政治稳定比政治民主更重要。譬如苏联分裂后，变革带来的社会动荡，使俄罗斯最终沦为一个二流国家；南斯拉夫在铁托时代也曾有过骄人的成就，但是，由于动荡带来的分裂，至今使各个民族之间的互相怨恨与冲突无法平息，不仅各民族之间的历史问题没有办法解决，现实生存问题也同样棘手。这些社会主义国家的变故，在用事实教育着中国人：激进的民主改革并不意味着好的结果，甚至可能导致国家的分裂。这种悲剧性的前景也使中国人在政治变革上采取非常谨慎的态度。

最后，只有稳定，才能解决温饱问题。从理论家们对民主作用的论述看，民主不仅是制约政治腐败的有效工具，而且与经济的富裕有着某种天然的联系。而国际社会的现实是，很多实行民主选举的发展中国家,并没有有效地防范政治腐败,民主制度也没有带来经济的富裕。例如俄罗斯改革后,金融寡头迅速攫取了国有资产,成为社会中的特权阶层。普通的百姓不但没有在变革中得到实惠,而且失去了原来的保障。看到俄罗斯人在经济衰退与政治混乱中苦苦挣扎,相信大多数中国人都在庆幸中国选择了一条更稳健的改革之路。针对西方一些人对中国社会主义的攻击,邓小平指出:"中国根据自己的经验,不可能走资本主义道路。道理很简单,中国十亿人口,现在还处于落后状态,如果走资本主义道路,可能在某些局部地区少数人更快地富起来,形成一个新的资产阶级,产生一批百万富翁,但顶多也不会达到人口的百分之一,而大量的人仍然摆脱不了贫穷,甚至连温饱问题都不可能解决。"①

针对西方国家对中国人权状况的指责,江泽民也曾经提出:"我国是世界上人口最多的发展中国家。这就决定了,实行和保障广大人民群众的生存权和发展权,是我们维护人权最基础、最首要的工作。不首先解决温饱问题,其他一切权利都难以实现。"②

从近20年的发展中,中国的经验是:在人口众多的国家里,如果不集中精力发展经济,而是把人们的注意力都集中到政治上去,不但政治问题解决不了,经济问题也解决不了。这是一个人口大国最大的政治问题。因此,1989年后,仅仅两年多的时间,在邓小平的推动下,中国冲破了各种阻力,明确提出了以建立社会主义市场经济体制为目标的经济改革。

第三阶段:从2003年至今,政治民主的稳步推进阶段。在经过改革初期的对政治改革浪漫的想象和在面对国内外挑战后冷静分析之后,中国政治民主进入了稳步推进的阶段。

---

① 邓小平:《中国只能走社会主义道路》,《邓小平文选》第3卷,人民出版社,1993,第207~208页。
② 江泽民:《全党全社会进一步动员起来,夺取八七扶贫攻坚战阶段的胜利——在中央扶贫开发工作会议上的讲话》,《人民日报》1999年7月21日,第1版。

首先，在国家政治层面，2003年，中国实现了改革开放后的第二次政府领导人权力的和平交接，党和国家领导人两届任满退休已经成为规范性的原则，这在中国的历史上是意义重大的事件，是中国政治民主化过程中的一件大事。而且，民意成为干部提升需要考虑的重要指标。虽然在民主选举方面，中国的直接选举依然停留在乡村的村民委员会主任和城市的居民委员会主任的层次，乡镇长的直接选举只有在一些地方试点，而其他层次的选举，还是实行间接选举，但是，这种过程的重要意义，在于对民众政治参与意识与习惯的培养，在一个人口众多且君主专制历史漫长的国家，这种政治训练是非常必要的。另外，中国选举政治中另一个巨大的进步是差额选举的方式，已经在不同层次的官员选举中被采用。官员想要谋求连任或者获得较多的选票，就必须注意与民意代表保持良好的沟通关系。否则，就有可能在差额选举中落选。

其次，信息公开的制度。在中国社会的文化传统中，"报喜不报忧"可以算作一种官场潜规则。现今，由于现代通信手段的发达，政府官员在处理危机事件中的"大事化小，小事化了"的努力，常常因国内外的媒体对事件的披露而曝光，特别是在2003年春天发生的"非典"事件中，掩盖危机的努力，使病情的控制错过了最佳时间，这种行为不仅在中国国内造成了病毒的广泛扩散，也对周边国家造成了恶劣的影响。"非典"危机后期所形成的公共危机事件的及时报道，成为中国社会解决类似问题的定式。在后来的"禽流感"和"松花江水污染事件"等公共危机事件中，中国政府虽然也承受了巨大的压力，但是，通过引导媒体及时报道危机事件，不仅为尽快解决危机提供了条件，从而也让政府各部门尝到了信息公开的甜头，确立了他们在危机发生过程中公开处理危机的自信，也在国际社会上树立了中国危机处理的透明形象。在这种现实收益及国际正面评价的鼓励下，中国正在广泛地尝试重大决策的听证制度、出台新的政策法规的新闻发布制度等，过去很多不太透明的运作，都被置于阳光之下。

再次，网络民意对国家政治的影响。随着技术的发展，网络已经成为当今中国民意表达的重要途径。在真假"华南虎"事件的辩论中，通过网络形成的社会舆论，给政府下决心解决这一问题施加了重要的影响。这表明网络已经成为中国民众表达意见的重要方式，而且通过网民积极参与各种公共政策的辩论，中国的民间力量对政府已经形成了事实上的监督。政府公共政策的制定，不再是一个按照官员的意志决定的过程，而是要关注到民意反应。能够在危机事件中关注舆情，及时安抚并引导民众情绪，化解危机，成为中国考察官员能力并加以重用的重要指标。而那些不关注主流民意，或因为政治决策引发公共危机事件的官员，一定要为自己的行为付出代价，甚至要赔上政治生命。

最后，在维护人民基本人权方面的努力。当今中国与世界各国的联系日益紧密，西方国家对中国的影响也是巨大的。特别是在人权方面，维护公民基本权益，已经在社会中形成广泛的共识，而且形成了越来越普遍的利用司法手段维护个人权益的群体。从政府的层面看，通过制定各种法律制度，尽可能关注到公民的基本人权的保护，也是中国这些年努力在做的工作，如陪审团制度、死刑的审批等。在其他的人权保护方面，如对劳动者基本权益的保障，对残障人员的关注，在很多地方修建无障碍通道，在男女同工同酬方面的努力等，都表明中国社会在民主方面的进步，已经从宏观进入到微观，从政府进入到社会，从官方推动到民间推动。

二 西方国家影响中国民主化进程的方式

从 30 年中国民主进步的历史中，我们可以看到，中国在社会基层的民主选举、个人权益保护、对少数民族权益的保护、对特殊群体权益的保护及信息公开等方面的做法，都在努力借鉴西方社会的经验。从上述中国的变化中可以看到，西方影响中国的方式大致有四种。

（一）鼓励型

在与中国接触的西方人中，有一些知华派。他们了解中国的文化，了解中国的政治环境，知道中国哪些努力是应该鼓励的。他们力图通过积极地施加影响以及给予更多的赞许，促成中国产生更多的变化。例如，美国原国务卿基辛格。中国人一直把他视为朋友，不仅因为他在中美关系发展中所起的重要作用，而且因为每当中国在国际社会上遇到困难时，他总是及时给予帮助。也就是说，他通过积极的努力，获得了中国政府的信任。建立在信任基础上的朋友的忠告，总是能够为人所接受。

（二）利益相关型

一些西方国家虽然不太认同中国的政治制度，但是，由于经济利益的相关关系，他们会尽量在政治上采取让步的政策或者给予中国比较宽松的空间。由于中国自身的利益需求，从主观意愿上，并不愿意与西方对抗。因此，为了保持经济上的密切关系，中国政府也会在政治上尝试做一些改变。当这些改变得到了肯定，而在事实上并没有引起不良反应时，中国政府就会做得更多。从 2003 年至今，基本上是这样一种模式在起作用。

（三）恶意诋毁型

在 30 多年的改革开放中，有一些人对中国抱有极深的成见，不愿意承认中国的进步，总是千方百计地寻找一些问题作为攻击中国的借口。其实，随着中国经济的发展，政治上的自信在不断增强，在中国的报纸上，也会经常刊登一些外国对中国的批评。也就是说，中国人并不怕实事求是的批评，但是，如果恶意诋毁，甚至无中生有，就必然会引起中国人的愤怒，助长民族主义情绪在中国的滋长。在 2008 年的奥运火炬传递过程中出现的华人愤怒，即属于对恶意诋毁的反应。

（四）颠覆型

还有一些人出于意识形态的偏见，完全忽略中国社会的进步，出于经济或政治的考虑，不断为中国的发展设置各种障碍，挑动各种力量敌视或颠覆中国政府，肯定会造成中国在政治民主方面的停滞。因为中国政府和普通百姓都不承受因政治改革而付出社会动荡的代价，所以，在外界压力过大时，常常会采取更加谨慎的方式进行社会变革。1989年后，中国在经济和政治改革后的停滞都充分地说明了这一点。对中国的执政者而言，中国的社会主义民主政治建设，必须防止国家政权被具有颠覆意图的人"和平演变"。正如邓小平所说："西方的一些国家拿什么人权、什么社会主义制度不合理不合法等做幌子，实际上是要损害我们的国权。"① 因此，与国家稳定相比，政治民主就成为次等的选项。

从西方影响中国的方式中我们可以看到，每当西方国家能够用宽容的态度对待中国，从建设性的角度提出意见时，都可以看到中国在民主方面的积极变化；每当西方敌视或者表现出强烈的颠覆意图时，都会导致中国在政治上的退缩。如果西方国家的社会精英期待看到一个更加开放民主的中国，那么，就应该彻底放弃冷战思维，给予中国更宽松的空间，让中国有机会选择对自身发展也对促进世界和平更有利的制度。

三 中国的民主观念与西方的差异

在过去的30年中，西方在中国民主发展中的影响是巨大的。但是，任何信息的接收者，对外来影响的吸收，都是从自身的利益出发考虑的，不可避免带有本国的特点。我认为，中国理解的民主有以下几个特点。

首先，民主的工具性意义。1987年邓小平明确提出："我们评价一个国家的政治体制、政治结构和政策是否正确，关键看三条：第一是看国家的政局是否稳定；第二是看能否增进人民的团结，改善人民的生

---

① 邓小平：《中国只能走社会主义道路》，《邓小平文选》第3卷，人民出版社，1993，第348页。

活；第三是看生产力能否得到持续发展。"①他的论述，非常典型地反映出中国在理解这一问题时与西方的差异。那么，民主能够促进经济发展吗？当中国的眼光从西方大国转换到发展中国家时，就会发现一些自认为民主程度高的发展中国家，其经济也并不发达，甚至一些国家为了得到民主付出了巨大的代价，如被西方认为"民主"的伊拉克，连公民的基本安全都没有办法保障。如果要让普通的中国人做个选择，是愿意忍受专制下的安定还是民主下的混乱，或许选择前者的会更多一些，这就是中国人在制度选择上的务实态度。

其次，民主也要付出成本。任何政治统治都是需要成本的，专制有专制的成本，民主也有民主的成本。例如，2008年是美国的大选之年，各种媒体竞相报道美国大选，中国的民众看美国大选，如同在看一场精彩的球赛，竞选的观赏价值一点也不输 NBA，扮相潇洒的政治明星、口若悬河的竞选演说、悬念迭出的竞选过程，让中国民众领略了美国式的民主。好玩、好看，但是，看过了中国人都会回到理性的层面思考这一问题：竞选需要花多少钱？13亿刚刚脱贫的中国人，是否有必要把有限的经济资源投入这种旷日持久的政治消耗中去呢？

最后，程序正义还是实质正义。从西方的传统看，更关心程序正义，认为程序正义是事实正义的前提。或者说，程序正义可以纠正事实上的非正义。而在中国人看来，任何程序都可能存在漏洞，如果缺乏道德自律，就没有办法保证程序的正义性。如在台湾的选举，大家都知道陈水扁有问题，但是，因为他获得了微弱多数的选票，依然还是继续为害了四年。因此，程序正义造成了事实上的非正义，台湾人民为这个程序付出了代价。仅仅拥有2300万人的台湾地区，就把西方的民主演绎成了一场闹剧，那么13亿的中国人，会有什么样的场景呢？这也是必须谨慎思考的问题。从这个意义上说，台湾地区及东南亚国家民主的示

---

① 邓小平：《怎样评价一个国家的政治体制》，《邓小平文选》第3卷，人民出版社，1993，第213页。

范作用，是让中国社会精英阶层在民主问题上回归理性，谋求循序渐进变革的重要原因。

以上这些，都是中国在理解民主问题上与西方存在差异的地方。笔者认为，任何制度的形成，都有其特定的社会环境，世界上不存在所有国家都能适用的制度。因此，给予中国制度创新的空间，中国会找到最适合自己的民主形式。

四　中国政治民主的未来走势

我们有理由相信，随着中国经济的发展，在政治上的自信也会不断增强，必将推动着中国的直选从社会基层向上层发展；中国人民享受更多的信仰和言论的自由；政府的行为也会越来越多地受到法律的约束。但是，任何国家的政治进步都不是一朝一夕可以完成的，而是一个漫长的历史过程。美国从解放黑奴到黑人当选总统，经历了150年，因此，我们有理由期待中国政治民主的发展，在经历几代人的努力后，会更加完善。这种期待并不是虚幻的，而是基于对中国社会现实的考量。

首先，中国领导人在推动政治民主方面的意志。在中国改革开放的30多年中，也经历了很多的艰难与挫折。而在这些历史的拐点上，领导人卓越的决断力，不仅使中国避免走向动荡和分裂，而且，在不同阶段，他们都根据中国社会面临的具体问题，及时地推动了民主的深化和进步。在今天，中国政府所倡导的"以人为本"的理念深得民心，各项惠民政策也得到了中国民众的广泛支持；中国国家领导人的人格魅力，他们的亲民、爱民、朴实的形象也是中国老百姓比较认同的。中国政府在开放媒体的监督、保障公民的言论自由、保障人民的基本人权方面做出了巨大的努力。中国人今天所享有的自由，应该说是从1949年以来最多的。2008年春天，当西方国家内出现反华噪音时，中国国内民众及海外华人异口同声地进行声讨，或许会让西方人感觉中国人受到了来自政府的压力或者唆使。其实，今天中国百姓对国家领导人的领导能力、执政水平和道德素质都是高度认同的。

其次，中西之间的良性互动越来越多。国家的政治进步是一个与外界互动的过程。中西方属于异质文化，在相互接触中，肯定有一些相互排斥之处，也会相互吸收和学习。正如西方也曾吸收了中国的文官制度一样，中国也会在政治发展中吸收一些西方的东西。中国人非常认同民主的普世意义，如果西方国家能够释放更多的善意，让中国的政治精英拥有更多的反思空间，就可以更好地推动中国的民主化进程。而如果不断地实施打压，必然积累相互的不信任甚至仇恨，最终导致中国与西方渐行渐远。

总之，中国在过去的30多年中，政治民主方面取得的成就是巨大的，当然，也存在着一些问题，如在个人自由方面不够充分，保障人权的水平还有待提高等。笔者相信，这些问题都会随着中国社会的发展逐步得到解决。富裕而民主的中国，不仅是中国人民之福，也是世界之福，这是值得中国和西方共同努力实现的一个目标。

第三篇
政治文化的国际碰撞

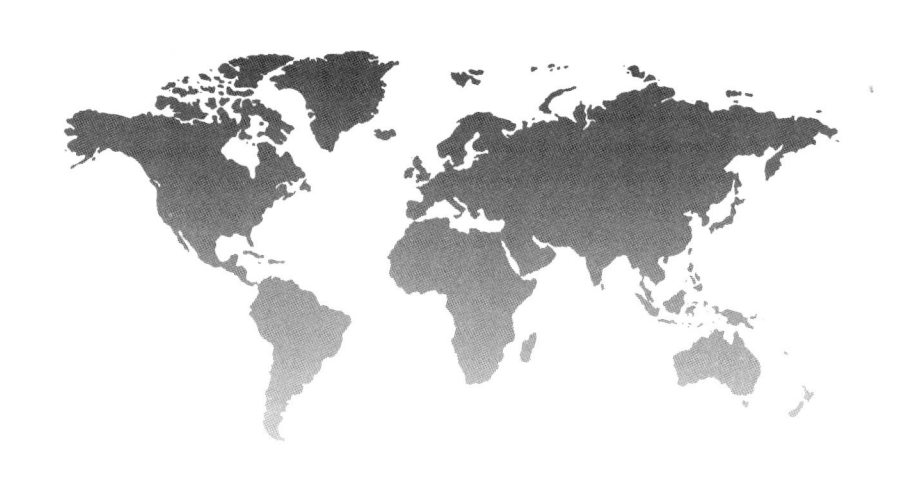

第十一章　城市国际化进程中的文化精神塑造

在今天中国的城市发展中，国际化在现实层面上常常被理解为一种城市地标性建筑的建设，例如能否建出世界上最高的楼、修出最宽的路、拥有最豪华的设施等，而对城市文化精神的培养关注不够。笔者认为，如果要想把北京建设成为在国际上有吸引力的城市，就必须在塑造城市文化精神上下功夫。正如一些学者所指出的：看一个城市是否具有吸引力和竞争力，重要的一点是看这个城市的文化资源、文化氛围和文化发展水平，也就是看这个城市是否具有优秀的城市文化精神。例如英国的伦敦是文学城市、戏剧城市，又是大学城市；法国的巴黎是服饰城市，又是文学城市。这些城市的文化内涵，成为其竞争力与吸引力的重要来源。当然，城市文化精神建设所指的不仅是一种知识体系，而是一种信仰体系和生活方式的构建。这种城市文化精神不是天然形成的，不是简单提倡就可以建立的，而是需要多年的孕育和培养，这就是一个城市不断改善的文化氛围和社会环境。从要素上看，笔者认为应该具备以下几个方面的条件。

第一，打造适宜的城市自然环境。就一般的城市文化发展而言，城市文化是依托于自然的，人将自己活动的印记留在山水之间，也就有了人类文化的延续。在中国的很多城市，如桂林的阳朔、云南的丽江、江浙的苏杭等地，都具有让人流连忘返的魅力。那些地方，去旅游的人不再是匆匆过客，而是选择留下来住一段时间，或者选择留下来生活，在很大程度上是被人文景观与优美自然环境的和谐所吸引的。而就国际性城市而言，具有优美的自然景观和人文景观，也是城市吸引各国游客的重要条件。因此，城市的魅力来源于人与自然融合的程度，当城市的发展能够很好地利用自然特征，形成城市文化特点时，城市就拥有了吸引力，也就拥有了文化的基础。丽江古城的魅力不仅因为其古朴，还因为有潺潺溪流穿城而过，给小城带来了生命的活力。在桂林，夏季是炎热的，但是，它的漓江、岩洞，它那茂盛的树木都可以给忍受酷暑的人以安抚。或许因为这一点，我们不难理解北京后海酒吧街的兴旺。一弯清清的湖水，一处处具有京城特色的四合院建筑群，还有聚集其中的操着浓浓京腔的本地居民，营造了具有京城特色的文化。因此，文化精神的培育需要适宜的自然空间。

就首都文化精神的培育而言，我们应该承认，北京如今的城市自然环境还有很多不尽如人意的地方，例如，由于城市的改造，在拓展的宽阔马路上，没有遮蔽骄阳的树荫，使人们无法怀有浪漫的情感去欣赏城市的风景，而是被迫匆匆逃离。马路中间的隔离带大多是刺眼的白色栏杆，而较少是绿色的灌木。从这个意义上说，似乎只有北京的夜晚才是最美丽的，当华灯初上，城市白日的喧嚣、尘土、强光被夜色遮蔽，人们才能感受到北京市容温柔的一面。因此，从城市规划中，确立立体绿化的基本思路，形成绿地、观赏植被及功能性植被的有机组合，将会改善城市的自然环境，使城市具有赏心悦目的魅力，从而为特色文化的形成提供适宜的自然基础。

第二，建构具有城市自身特色的物质文化环境。文化是一种历史的记忆，城市因为具有历史而拥有浓重的文化底蕴。城市建筑成为文化传承最重要的载体。在四川成都，游客可以通过参观"杜甫草堂"而体会古代知识分子悲天悯人"安得广厦千万间，大庇天下寒士俱欢颜"的情怀。在乐山，游客可以在佛香缭绕的青山绿水之间，缓缓地观赏墙壁上的诗词，体会着古代文人墨客的报国之志和爱国、忧国之情。在丽江古城的四方街，游客可以漫步在繁荣的街市中，想象着在遥远的过去"小桥流水人家"的惬意。

第十一章 城市国际化进程中的文化精神塑造

国际性城市伦敦，拥有 300 多所博物馆与美术馆。作为世界上最大的博物馆，大英博物馆不仅保存着英国的历史文化记忆，而且也保存着世界历史文化宝藏。而国家美术馆也非常值得一看，66 间金碧辉煌的展厅内，分 4 大部分陈列着文艺复兴时期几乎所有代表人物的扛鼎杰作。此外，伦敦还有著名的科学博物馆、国家肖像画陈列馆、维多利亚及艾伯特博物馆、泰特美术馆等文化设施。除了文化设施外，伦敦的公园也很多，共有 1700 多座公园，仅是被英国文化遗产保护机构认证的公园就有 128 座，比较著名的公园有里士满公园、皇家植物园、切尔西公园等。伦敦有 3 个世界级文化遗产保护地。而这些设施并不是在某一阶段一次性建成的，而是历史积淀的结果。拥有历史记忆的城市，才具有文化底蕴，也才具备拥有竞争力的重要资源条件。

笔者认为，城市建筑的吸引力，并不在于是最豪华、最现代的，而是一种与城市相宜的特色。北京作为三朝古都，有近 800 年的历史，古典、庄重、大气是北京城市建筑具有的特色。相信到北京来的人，都会为它的古典建筑特色所吸引。但是，现代商业利益的驱动，使鳞次栉比的火柴盒式的大楼如雨后春笋般崛起，迅速地改变着北京的建筑特色，通过建筑传递的历史文化面临着毁灭性的打击。或许在一些地方我们也可以看到一些为了美化环境而设立的雕塑，但却让人难以了解其中的意义，也与周围的环境不相匹配。建筑是文化传承的载体，也是现代人的审美对象，城市因为有历史记忆而美丽。因此，留住具有历史记忆的建筑，同时让今天的建筑融入更多的文化因素，才能使城市文化得以延续。

第三，开展一些具有精神延续意义的文化活动。城市文化精神需要有一些具体的活动来体现和延续，在丽江古城的四方街，有很多上年纪的人，穿着统一的服装在不停地跳舞，你可以在一旁观赏，也可以乘兴加入，与他们一起跳舞，并体会当地的风俗民情。当游客去游览黑龙潭公园的自然景观时，在山间就有专门免费讲授东巴文化的场所，还有免费表演地方歌舞的舞台，定点演出，吸引了很多游客。在四川成都，游览的景点中会播放一些古典的音乐，园内摆放一些精致的盆景，在树荫下还有一些开放的茶馆，买上一壶茶、一包瓜子，就可以体会成都市民那悠然自得的生活态度。

英国的伦敦，是个天天有戏看的城市。据说，伦敦每天举办的艺术活动多达 200 多项，其中光是舞台剧、音乐剧、戏剧、芭蕾舞表演等就有上百场。每周举行的音乐会有交响乐、协奏乐、唱诗班、管风琴、爵士乐等，演出的地点在音乐厅、音乐学院、教堂、酒店、花园……几乎散布在城市的每个角落。

这些在不同地区的文化活动，一方面充实了旅游者游览的内容，另一方面则起到了传播文化精神的作用。而在北京，无论是颐和园、北海、故宫还是天坛，这些最容易传播文化的地方都很难看到与首都文化有关的演出，各种历史建筑遗迹，都是死的物体，缺乏活生生的文化再现。或许在一些地方有专门的文艺演出，如话剧、杂技、京剧、民族歌舞，却因价格高昂让普通的游客无法承受。我们应该很好地整合文化资源，形成古建筑与首都居民的共生关系，如在世界各地都有建都纪念活动，通过挖掘传统文化的价值，使生活在都市中的人，建立对城市历史的认同，传播历史文化；或者将首都的民间艺人、退休职工组织起来，排演一些具有北京地方特色的歌舞、戏剧，到一些游览地去演出。这样一方面可以丰富首都居民的文化生活，另一方面也可以充实首都的文化内涵，给游客留下更深刻的印象，强化首都文化精神的传承。

第四，坚持文化的多样性和包容性。文化的多样性和包容性是一个国际性城市最重要的文化特征，也是强大的文化创造力的来源。一座具有文化创造力的城市，正是具有文化辐射力和吸引力的城市。从全球城市体系的角度看，全球城市各自处于不同的文化等级，有着不同的文化态势。具有较高文化势能的城市，往往是重要的文化创新策源地，是世界文化的创造者，并能将这种文化传播到全球各个角落。世界上国际大都市无一不具有多姿多彩的文化。纽约是一个典型的移民城市，世界上几乎所有国家都有人民定居纽约。20 世纪 80 年代，纽约市民使用的语言多达 121 种。1990 年，纽约的"少数"民族成了多数民族，其人口占全市总人口的 57%。美国学者雷蒙德·D. 加斯蒂尔在论述纽约文化时说："由于具有这样人口或种族的形势，纽约市在许多方面比美国其他地区更接近欧洲方式，更多样化，对许多美国人来说，更多姿多彩。"伦敦也是一个人口结构极其多样化的城市，居住在这个拥有 750 万人口的国际大都市里的人操着 300 多种语言。2000~2001 年，伦敦共接受了 19 万移民，几乎 1/3 的伦敦人属于少数民族。据估计，他们的数量在今后五年将增加到伦敦人口的 50%。事实证明，具有宽松、兼容的文化环境，是一个城市各类人才集聚的重要条件，也是国际大都市形成的重要文化条件。由于伦敦形成了浓厚的文化氛围，文化人从四面八方流入，在伦敦扎堆。仅伦敦东区，就有来自世界各国的上万名画家，整天沉醉于伦敦的艺术圈子内，努力不懈地创作，期盼着有出人头地的一天。

文化多样性体现了人类群体适应和改变生活境况的能力，文化包容性体现了多种文化群体和文化观念多元共存的要求和可能性，这两者是培育人类创造力的最好温床。作为正在迈向现代化国际大都市的城市，北京要成为文化创意产业的中心，很重要的一点，就是要保护文化多样性并体现文化包容性，只有这样，才能不断提高首都的文化集聚力和文化辐射力。

第五，重建首都的城市文化精神理念。首先，要建立与市场经济发展相适应的城市文化理念。一种文化能够传播，能够对周围地区形成辐射或者吸引力，一定是适应时代需要的。在中国，城市综合实力的竞争日趋激烈，2005 年中国社会科学院对城市竞争力进行排名，经济竞争力名列前茅的北京，文化竞争力居然位列全国第 21。这与首都作为文化中心的定位是不相符的。从横向的比较我们可以发现，在北京与上海之间，国外投资者之所以更愿意选择上海，是因为上海的软环境。也就是说，上海人可能是斤斤计较的，但是，他们遵守契约的精神，他们办事的效率都远远高于北京。因此，在市场经济条件下，首都文化面临的最大挑战就是必须改善政府的理念，将控制转换到服务。其次，城市的经营不单是政府的责任，应该动员各种不同的力量参与城市文化形象设计，而政府应该为文化发展确立规则。在山东威海，城市的规划是由政府管理的，但是，政府并不直接完成这些规划，而是通过招投标的方式，把不同的区域承包给企业，由企业投资完成不同区域的规划，这种规划既要与总体布局相协调，又要体现不同企业的文化创意，在完成社会公益活动的同时，又宣传了企业。最后，城市的文化精神要传播，需要在城市的观念方面凝聚更多的人的价值追求。例如，在台北市，卫生局免费为市民发放防治艾滋病的小册子，里面涉及艾滋病的各种症状、防范的措施、在台北可以治疗艾滋病的医院等。因此，管理部门善待弱者、方便民众的理念会在这些精巧的设计中体现出来。

总之，一个国际化城市的文化精神，应该体现为人与自然和谐相处，使传统文化与现代文化有效融合，使经济目标与社会目标有机统一，使价值追求与人文关怀高度一致。只有这样的国际城市才是有竞争力的，也才是可持续发展的。

第十二章　全球化条件下的中国文化安全

近十年以来，随着世界范围内经济、政治、文化等方面的联系日益加强，全球化成为人们公认的世界发展趋势。而在这一过程中，由于发达国家的经济优势，发达国家获得的利益远远超过了发展中国家。全球化过程越来越呈现出发达国家利用优势维护其国家利益而损害发展中国家利益的倾向。这使得发达国家与发展中国家不仅在经济利益，而且在政治、文化、国际关系方面，都形成了新的冲突。特别是美国，倚仗在世界经济政治上的强势，竭力向发展中国家兜售其文化价值观的做法，更引起广大发展中国家的警惕。全球化会不会是美国化，作为发展中国家，如何在全球化过程中保护自身的文化安全，成为人们关注的焦点。本章就此问题谈谈个人的看法。

一　全球化与文化安全焦虑

马克思早在《共产党宣言》中就已经指出：由于资本主义的发展，"过去那种地方的和民族的自给自足和闭关自守状态，被各民族的各方面的互相往来和各方面的互相依赖所代替了。物质的生产是如此，精神的生产也是如此。各民族的精神产品成了公共的财产。民族的片面性和局限性日益成为不可能，于是，由许多种民族的和地方的文学形成了一种世界的文学。"① 马克思的这段话虽然是在150多年前说的，但却准

---

① 《马克思恩格斯选集》，第1卷，人民出版社，1972，第255页。

确地概括了全球化对各民族和各国文化的影响。然而，由于各国在世界经济、政治及文化发展上的实际利益不同，或者是从民族视角考虑问题的惯性，让人们从全球公共产品的角度考虑文化问题可能还不习惯。因此，以文化霸权为荣，或者说以本国文化融入世界文化为耻，还是人们普遍的思维定势。因此，当全球化以极快的速度和极强的力量将各个国家和民族联系起来时，就导致了各种不同文化体系的碰撞与冲突，同时也使所有的国家（包括发达国家）都产生了不同程度的焦虑，担心本国的文化将被别的文化侵袭或吞噬。

对西方发达国家而言，尽管他们在现代化过程中处于领先地位，但是，随着发展中国家在经济上的崛起并由此出现的世界多极化趋势，他们强烈地感受来自不同背景的文化对西方文化的冲击，并产生了一种深层的恐惧和不安。著名历史学家肯尼迪指出，"这种现象由来已久。19世纪末期美国的许多著作和政治运动辩论的就是这种物种的'衰败'，人们担心的就是某个种族和文化可能会被'劣等'人口海洋淹没。人们之所以产生这样的忧虑，关键在于他们认为自己的种族和语言集团在历史上享有特殊的地位，在世界文明中具有无与伦比的特点，对世界文明有贡献，因而必须使自己的人口持续增长，进而来保持自己的种族集团"[①]。也就是说，非西方文化的发展，曾经让自认为在现代文明中处于领先地位的西方国家感到焦虑。在过去的100年中，因为这种焦虑，西方人付出了两次世界大战的代价。而现在由于亚洲及发展中国家的崛起，发达国家又再一次陷入文化焦虑状态。

美国国际政治学家亨廷顿曾经指出，在冷战结束后，国际冲突的形式已经由意识形态对立的冲突转变为不同文明的冲突。在对抗西方的联合形式中，最突出的就是已经出现的儒教与伊斯兰教向西方利益、价值等提出挑战。因此，西方国家必须采取其他一些文化上的战略性措施。"文明冲突论"的提出，说明在全球化进程中，发达国家对世界多极化

---

① 邢贲思：《当代世界思潮》，中共中央党校出版社，2004，第156页。

发展趋势以及对自身文明和文化的存在持有一种深层的忧虑和惊恐。为了维护其强势地位，为了解除自身的文化安全焦虑，以美国为首的发达国家，极力在世界范围内推行西方价值观，并以西方价值观为基础，确立国际社会的行为准则。这些偏执而又愚蠢的做法，不仅引起了广大发展中国家的反感，而且在一定程度上引起了针对西方国家的国际恐怖主义活动。这无疑会使西方的强权政治付出巨大的代价。

作为中国人，尽管对中国文化的发展在历史上的成就有着充分的信心，但是，100多年来，由于长期受到外族的侵略，在中华民族的文化积淀中，一种深深的屈辱感时时成为中国人的一种集体自觉，使我们对在强大的经济实力裹带下，西方文化形成的现实威胁有一种敏感的反应。我们常常有这样的忧虑：全球化会不会是西方化甚至是美国化？尽管人们理智地认识到，经济全球化确实促进了中外文化的交融与碰撞，尽管我们也想在世界范围内学习和借鉴人类优秀的文化，但是，由于美国等一些西方国家积极推行霸权主义的国际战略，对社会主义国家处处刁难和挤压，使我们在吸取世界一切优秀文化的同时，也担心自己的文化传统会在世界主流文化的冲击下失去存在的根基，从而导致中国文化资源的流失，担心中国在走向现代化、走向世界和走向未来的过程中，会不知不觉地迷失前进的方向。

特别是在因特网影响巨大的今天，全球化并不是均衡地展示不同民族文化的过程。由于西方发达国家主导全球化过程，它们可以凭借经济、政治、技术、开发能力等优势向发展中国家强行灌输其价值、民主、人权等观念。西方发达国家的这一国际战略，引起了人们的极大忧虑。在现代化过程中，我们特别需要利用西方的技术来发展经济，但也时刻担心西方文化会侵蚀我们的精神家园。特别是当西方利用经济优势对发展中国家进行经济掠夺、政治控制、文化渗透的时候，更使我们感受到霸权主义的威胁，从而更深地陷入对发达国家的警觉甚至敌视中。在发展中国家，这种对文化安全的忧虑是普遍存在的。

笔者认为，在全球化过程中，不同传统的文化在相互接近、渗透的过程中相互碰撞，导致各国产生文化安全的焦虑是必然的。但是，由此认为发展中国家的民族文化一定会被西方主流文化所吞没，则是没有根据的。对待任何事物都需要用辩证的方法来分析。在现实中我们看到，由于西方借助经济强势推行其价值观，已经促进了发展中国家的文化觉醒，使人们更关注本国文化的安全和复兴，更坚定了发展本国文化的决心，从而使西方文化由全面扩张变成受到全面的阻击和抵制。正像亨廷顿所指出的：东亚人把它们发展经济的原因不是归于西方文化，而是归于它们对自己文化的坚持，归于它们仍然保留着不同于西方文化的特点。从根本上看，越来越多的国家变得更加现代化，不是更西方化。在此境况下，美国想把西方文化作为一种普遍文化在全球推行已经显得力不从心。

简而言之，当冷战结束，世界由两种对立的意识形态向多元文化倾向发展的过程中，由于缺乏方向感而对自身文化的存在产生焦虑，是全球化给人们带来的共同情感，而这种情感会随着时间的推移而改变。对于发达国家，特别是美国，将从发展中国家对其价值观的反抗中，吸取经验教训，学会尊重其他民族的文化；而对于发展中国家，特别是中国，我们会在全球化过程中，将盲目跟随或者拒斥西方，调整为对外来文化的理性选择和改造。因此，全球化不可能导致全盘西化或者美国化。

二 全球化条件下的中国文化发展

全球化为人类提供了日趋完善的物质条件，世界上的人们越来越多地享受到共同的文化资源。但是，如果人们不能克服全球化过程中的文化安全焦虑感，不能准确找到发展民族文化的途径，就很容易迷失方向。因此，把握明确的文化发展思路，是一个国家在全球化条件下维护文化安全的必要选择。具体来说，应该从三个方面着手进行文化建设。

首先，需要以宽容的态度对待不同文化。德国著名哲学家伽达默尔曾经指出:"宽容并非弱者的表现,而是一种强者的表现。"① 从世界历史上看,但凡具有文化自信的民族,从来都是采取开放的态度对待外来文化。通过吸收和消化外来文化,为自身文化的存在和发展注入更多的动力。从当今世界文化发展的角度看,无论是从规模还是影响方面,美国文化在世界上都处于十分显赫的地位。好莱坞影片、摇滚乐、NBA职业篮球赛、可口可乐、麦当劳和肯德基快餐等充斥世界各个角落。或许,我们会因为美国在国际事务中的霸权主义行径,痛恨美国的一切,但是,我们却不得不承认美国文化在世界上的影响力。那么,美国文化兴盛的内在原因究竟是什么呢?对美国有一定了解的人都知道,美国文化的一个突出特点就是它的多元性。正是这种文化的"大熔炉"或"大拼盘",孕育出独特的美国文化。美国佛罗里达大学盖因斯维尔分校的政治学教授肯尼思·D.沃尔德在解释为什么美国没有出现北爱尔兰那样的问题时指出:"因为每一问题都不仅仅涉及天主教与新教,而其中一方注定将取得胜利。在美国的宗教体系中,宗教之间的差别如此之大,派别如此多样化,以至于大致保持了某种平衡,避免了任何一个派别处于主宰地位。"② 由此可见,文化的多元性,是美国文化繁荣并避免冲突的原因之一。事实上,不仅是美国,凡是在人类历史上有过辉煌发展的民族文化,都有过吸收不同文化的过程,也都有允许多元文化存在的体系。因此,保持文化的多样性,允许不同文化共存共荣,不但不会丧失自身的文化,反而更容易获得文化安全。

文化的宽容,不仅表现为对外族文化进入的宽容,还表现在对异族文化的主动理解。全球化使得东西方文化相互接近、交织并冲突,但是,在一个联系越来越紧密的世界中,人们之间利益的相互依赖越来越多。由文化差异而导致的冲突,只能给人们带来利益的损失。因此,学会理解不同民族的文化,学会理解在不同文化背景下人们思考问题的方

---

① 《赞美理论——伽达默尔选集》,上海三联书店,1988,第105页。
② 中美文化交流中心:《宗教在美国社会中的地位》,《交流》2000年第1期,第72页。

式，是全球化条件下人们进行交往的前提和基础。只有理解了不同的文化传统，才有可能学会与其他文化传统背景的人和平共处、共同发展。

著名人类学家 F. 博厄斯指出："人类的历史证明，一个社会集团，其文化的进步往往取决于它是否有机会吸取邻近社会集团的经验。一个社会集团所有的种种发现可以传给其他社会集团；彼此中间的交流愈多样化，相互学习的机会也就愈多。大体上，文化最原始的部落也就是那些长期与世隔绝的部落，因为它们不能从邻近部落所取得的文化成就中获得好处。"[①]

由此可见，文化的兼容与文化的安全形成了休戚与共的关系，当文化开放，不同文化经常相互碰撞时，往往会使一国文化获得发展的灵感和动力，该国的文化也必定是安全的。相反，文化上的封闭不仅会堵塞文化交流的通道，使自身丧失文化发展的动力，而且会导致国民抵御外来文化不良影响的能力降低，最终在外来文化的冲击下失去文化根基。

因此，作为一个文化大国，如果要保持文化发展的动力，必须向世界其他国家和民族学习。全球化为我们吸收一切人类优秀文化成果提供了最有利的机遇和条件。努力吸取近现代西方文化的成就，学习西方先进的科学技术、管理方法、科学精神，都是我们在全球化过程中获得文化安全的有效途径。

当然，西方文化也有精华和糟粕之分，我们必须注意对其进行分析和批判。但是，这绝不意味着采取拒斥的方式，"将洗澡水同婴儿一起泼掉"，从而丧失在其他文化中吸收营养的机会。目前，一些人常常错误地以为，通过采取各种方式阻止外来文化的进入，就可以保持心灵上的纯净。其实，由于人性本身的好奇，越是禁止的东西人们就越想了解，禁止一种东西的结果会使更多的人去寻求或接受。特别是在因特网时代，信息交流的速度和手段极其发达，我们很难建立完全有效的"防火墙"，禁绝不良文化的影响。因此，笔者认为，在改革开放过程中，

---

① 斯塔夫里阿诺斯：《全球通史》，上海社会科学院出版社，1999，第 6 页。

一些人对异族文化发生兴趣是极为自然的现象。文化如同菜肴，总是同一个口味，就会味同嚼蜡，让人生厌，重要的是要有更好、更新的东西吸引人，而不是人为制造文化隔绝。

其次，需要努力保持自身文化的特点。与拒斥外来文化的观点或态度截然不同，有些人则认为，现代化从其实质上讲是资本主义化，因此，全面吸收西方文明，抛弃中国传统文化是中国现代化的捷径，这无疑是从一个极端走向另一个极端，正如列宁所说的："只要再多走一小步，仿佛是向同一方向迈的一小步，真理便会变成错误。"[①]

我们必须看到，西方文化是在特定背景下形成的，有其独特性。美国政治学教授亨廷顿认为：西方文明在继承古代文化遗产、基督教、欧洲语言、精神和世俗权威分离、法治、社会多元与公民社会、代议制以及个体主义八个方面，构成了自身不可替代的特性。这些特性使西方文明成为独一无二的东西。正是在这个意义上，西方文明是不可照搬的。从历史角度看，简单抄袭和照搬西方文明的土耳其和俄罗斯，都成为丧失其文化认同的"四不像"国家。而中国和日本，都是在寻求现代化的过程中，抵制西方化。例如，在中国接受佛教文化的过程中，佛教没有使中国印度化，而是中国使佛教中国化。因此，在现代化过程中，我们绝不能简单地把现代化等同于西方化。

在中国现代化进程中，必须弘扬中国文化的优秀传统。一个民族立足于世界，必须有民族的自尊心和自信心，必须有独立的意识。而民族的自尊和自信的基础是要对本民族文化的优秀传统有透彻的理解。中国文化在16世纪前，一直居于世界文化的前列，16世纪后，虽然落后了，但是，中华民族并没有因此而颓丧和消沉，反之却能够励精图治，发愤图强。这无疑证明了中华民族具有努力前进的积极精神，而其内在的基础就是中国优秀的文化传统，其核心就是自强不息的刚健精神与以和为贵的兼容精神。所谓越是民族的，就越有世界性。民族文化往往因

---

① 《列宁选集》，第4卷，人民出版社，1972，第257页。

为与众不同而生存，也会因完全丧失自我而消亡。保持民族文化的特点，是中国文化生存延续的重要条件。

最后，不断创造顺应时代发展需要的新文化。江泽民主席在"三个代表"的阐述中明确指出，中国共产党要成为"先进文化前进方向的忠实代表"，这充分表现了我们党在新的历史时期的自信与勇气，也为中国的文化发展指明了方向。笔者认为，这也是获得文化安全最关键的问题。也就是说，对于一种发展到"代表先进文化前进方向"的民族文化而言，安全是不言而喻的。而目前中国文化之所以呈现出某些方面的弱势，关键就在于我们缺乏能够满足现代人精神需求的文化内容和形式。作为国粹的京剧，之所以没有太多的年轻观众，就在于它的节奏缓慢，内容陈旧，缺乏创新。在现代社会激烈的竞争中，当人们希望得到更多精神产品，使心灵得到慰藉与寄托时，我们的许多文化产品却大力传播与之格格不入的"精神垃圾"，例如在许多电视剧或文学作品中，竭力宣扬"万岁爷""青天大老爷""给大人请安"等保皇、忠君、等级、顺从、人治的封建价值观念，或者利用人们怀古守旧的心理，把过去的靡靡之音甚至是"文革"时期的作品发掘出来，这些文化产品很难满足现代社会，特别是青少年一代的精神需求。因此，中国文化发展的关键就是要剔除中国传统文化的落后性，补充与现代社会相适应的，追求民主、自由和正义的精神文化产品。

经济体制的改革深刻地改变着文化的发展，改变着人的发展的物质基础和社会环境，它既给新型文化的构建创造了前所未有的有利条件，也带来了新的挑战。一方面，我们经历着从传统农业经济转型为现代工业经济的过程，与传统农业社会相适应的文化和思维方式不再适用，我们不得不体会传统社会向现代社会蜕变中的痛苦和失落；另一方面，在西方主导的现代化进程中，"作为非西方的本土文化传统的个人，在面对西方技术、知识体系、权利方式以及随着现代市场经济涌进本土社会的全部西方影响时，所体验到的那种'认同危机'，那种丧失了真实的'自我'的心理体验，那种对异化的'变形记'式的痛苦感受，那种找不到场景而痛失家园时的茫然"① 都是现代中国人所要面对的挑战。因此，在继承优秀传统文化的同时，创生中国现代文化，在吸收西方文化中保留中国特色，是时代赋予我们的神圣使命。

总之，在信息技术高度发展的今天，全球化会以更新、更快的方式将世界不同的国家和民族更紧密地结合在一起。全球化给予我们的重要启示是：市场经济虽然是有效率的，有时却要以牺牲社会公平为代价；西方文化虽然是弘扬了人的主体性，却破坏了人与自然的和谐。因此，突破不同文化背景的局限，在公平与效率、自然与人之间寻求和谐统一，化解西方工业文明的片面性，是中国文化建设所面临的艰巨而伟大的任务。完成这一任务，不仅会使中华民族获得文化上的安全，而且还会对人类文化的发展做出重大贡献。

---

① 汪丁丁：《金融危机、道德自律与转型期的文化传统》，载于香港中文大学《21世纪》1998年4月号，第25页。

第十三章　美国的民主战略及其应对方式

自 20 世纪以来，无论是西方还是东方；无论是资本主义还是社会主义；无论是发达国家还是发展中国家，"民主"似乎得到了各个阵营众口一词的拥戴。人们崇尚一些东西，民主是首选，人们反对一些东西，民主是例外。冷战后的世界更是如此，美国在世界范围内推动的民主战略以及改变世界的决心，让无论是赞同还是反对美国的国家，都尽量对美国的想法做出小心翼翼的回应，回避与美国的分歧，以免被打上专制的标签，成为世界公敌。那么，如何解读美国的民主战略并在应对方式上做出哪些调整呢？笔者在此想谈点个人看法。

一　美国民主战略的理论假设

美国凭借强大的经济、技术及军事实力，在全世界推行它的民主理念。通过美国的传播，我们可以了解，民主制度似乎可以给人们带来如下的好处。

首先，民主与经济富裕的相关性。我们可以看到，在经济全球化时代，国家之间的竞争由过去的军事竞争、政治角逐变成经济竞争，经济在国家实力的较量中成为重要的衡量标准。机缘巧合，在当今的经济强国中，大多数是实行民主制度的国家，这就给一些理论家提供了一种证据：民主是经济发达的前提。在这种讨论中，影响一个国家政治制度选择的其他因素，都成了可以忽略不计的背景，而民主似乎成为经济发展唯一的决定因素。但是，这种观点忽略了这样几方面的问题。其一，民主与经济发展并非在任何条件下都存在着正相关关系。一方面，实行民主制度的国家经济发展的速度未必高，这种例证在亚洲、非洲、拉丁美洲都存在；另一方面，经济发展速度快的国家，未必是民主的。在世界上，很多国家都是在按照西方的标准衡量不够民主的条件下实现经济发展的。经济全球化给一些发展中国家提供了机遇，一个国家只要是可以有效管理，就可以为国家的经济发展提供机会。新加坡被西方国家认定不是标准的民主国家，但是，它的经济却是发达的。在20世纪90年代，俄罗斯应该说比现在更民主，但是，经济却持续低迷。而今天，当俄罗斯在被西方国家指责为政治集权趋势越来越明显的时候，它的经济却获得了强劲的发展。因此，把民主当作通往富裕生活的唯一条件，往往会得到事与愿违的结果。其二，即使在发达国家的运行中，民主制度对经济的推动作用，也需要与一个国家的自然条件、社会文化、公民素质、时代机缘等各种条件配合[1]。否则，单纯靠政治制度的力量也很难为经济持续发展提供动力，发达国家的周期性经济危机就可以充分说明这一问题。其三，一个国家的民主并非永恒不变的，而是在不断调整的，即使像美国这样自我标榜为"民主典范"的国家，它的社会民主也是在人民争取权利的斗争中不断完善的。因此，世界上并不存在着适合一切国家的统一不变的民主制度模式。

但是，美国评价发展中国家的经济时，经常会暗示民主政体国家的优势，从而给那些他们认为民主程度不够的国家施加压力。例如，在中印之间，他们一直强调印度的宪政民主将使印度在未来与中国的经济竞争中获得优势地位。其实，虽然印度有政治制度的优势，但是它所面临的人口压力、贫富差距、种族冲突等问题，都可能成为印度发展的桎梏。因此，仅仅凭宪政民主，似乎无法解决复杂的经济问题。而且，从人类社会发展的历史进程看，任何社会形态中，由于各国内部的发展机

---

[1] 〔法〕托克维尔：《论美国的民主》，商务印书馆，1988。

制,某一国家可能在某一阶段发达之后,又处于落后地位;有的国家可能在落后状态中奋发努力,而成为世界强国。但是,人类社会发展的任何阶段,都有发达国家与不发达国家的差别,而且与不发达国家的数量相比,发达国家总是占比较小的比例。按照这样的逻辑推论,即使世界上所有的国家都实行西方民主制度,也无法弥合经济领域中发达国家与不发达国家之间的经济差距。对国际社会而言,发达永远都是一个相对概念。通过政治制度缩小国家间的贫富差距,似乎是不切实际的。

其次,民主制度与社会稳定的相关性。当国际体系变动,以往的霸权国对卫星国的控制力减弱,长久积淀的社会矛盾就会爆发。冷战给世界留下的最重要的遗产,就是区域性的民族矛盾、宗教冲突的激化,特别是与民族及宗教问题纠缠在一起的主权国家的内部分裂问题。这些国家的政治领导人都在寻找应付这些危机的有效方法。而西方国家的一个很现成的药方就是民主选举。西方国家也是很现实的成功榜样。民主制度保证了西方国家政治权力的和平交接;保证了政府对其行为的负责;保证了公民对于政治的参与和对政府的监督。但是,这些都是在特定的社会背景下才起作用的。其一,民主制度需要有稳定的法律保障。在美国当布什与戈尔的总统竞选出现危机时,我们可以看到,无论是政治家还是他们的支持者都接受法院裁决的结果,不再计较它是否公平。而在一些发展中国家,选举变成愚弄百姓的工具,竞选失败的一方,如果有足够的力量,就可以置法律于不顾,宣布选举非法,重新进行选举,甚至通过暴力,直接夺取政权。而这样的民主,无论如何都无法避免政治强力之嫌,无论是谁掌握了政权,要依靠这样的民主保持社会稳定将是十分困难的。其二,民主制度需要政治家与公民之间的共识。建立有效的民主政府需要一个拥有合法性、得到人民一致认同并且能够协调不同利益集团间的矛盾的政治领导人。如果领导人无法得到人民的支持,民主制就会终止,国家就会分裂。而在一些发展中国家,长期的社会矛盾的积累,已经使政治领导人与民众之间形成了难以协调的对立关系。在这种条件下,政治民主不但无法促成发展中国家的社会稳定,相反还会造成社会分裂。其三，民主制度需要一种能够有效疏通社会矛盾的环境。社会矛盾的激化程度，当在体制内可以控制的时候，可以尝试通过理性的方式来解决彼此的分歧。而当不同群体的矛盾激化到无法协调的程度时，采用民主的方式解决问题，必将加剧冲突。苏联的解体就是最有力的佐证。

最后，民主与国际和平的相关性。近十年来，"民主和平论"成为国际政治领域中很流行的理论。它的基本假设是：从历史上观察，尤其是从当代国际关系的现实看，实行"民主"制度的国家——论者以欧美地区实行的经济、社会和政治制度为例——很少彼此开战；当民主国家之间产生矛盾和摩擦时，它们很少使用武力，而是采用和平的方式加以解决，即使有一定程度的冲突，也多半被有效地抑制在战争的临界点以下。按照"民主和平论"的观点，民主国家不打仗的原因大致有两个原因：一是自由民主制度的约束；二是相关的规范和文化造成的自律。问题在于，有这些制度的国家是否就一定能和平相处，没有这些制度的国家就一定会打仗？和平的保持或战争的发动在多大程度上同国内政治体制相关呢？从历史上看，各国领导人对战争的选择，更多的是利益权衡的结果，是强者对弱者的压迫。如果民主国家都秉承正义，缺乏战争意愿，近代的殖民主义战争就不会爆发。从冷战时代看，由于原子弹的存在，美苏领导人担心爆发战争所产生的后果，所以，在一些突发事件中更愿意采取妥协的方式解决问题。在美苏直接控制范围之外的许多发展中国家，也因为受到美苏的压力，而抑制了与周边邻国间的争端。在西欧，尽管法德两国是宿敌，但是，为了共同的利益还是采取了相互合作的方式，最终促成了整个欧洲的和平与团结。由此可见，国际社会是否和平与安全，更多的是取决于利益的权衡，取决于各国力量对比的状况，取决于各国联系与沟通的程度，而与政治制度的相关性不大。

在以上的三方面，美国的民主战略都力图证明民主制度给人们带来的好处，然而我们无论是从历史进程还是从理论推理方面，都很难确定民主制度与经济发展、政治稳定、国际和平之间存在着无可置疑的正相关关系。那么，在现实层面的情况是否会好一些呢？

二　美国民主战略的现实影响

著名的社会心理学家勒庞在他的著作《乌合之众——大众心理研究》中曾经指出："自从出现文明以来，群体便一直处在幻觉的影响之下。他们为制造幻觉的人建庙塑像，设立祭坛，超过了所有其他人。不管是过去的宗教幻觉还是现在的哲学和社会幻觉，这些牢不可破至高无上的力量，可以在我们这个星球上不断发展的任何文明的灵魂中找到。"[①] 尽管人类已经进入了21世纪，我们认为自己已经摆脱了愚昧和偏见，但是，在国际社会中，人们却经常很自信地宣称历史将终结，而民主制度将主宰世界。但是，当美国政治家把他们的民主战略，在世界范围内推行时，却使美国陷入了从未有过的困境。

（一）民主制度无法弥合贫富差距

一种理想的制度，必须有经济目标的承诺，只有这样才能动员社会中的广大群众参与其中。但是，一种制度又不能有具体的经济目标，因为，一个国家经济实力的提升是各方面综合作用的结果，单纯靠政治制度是无法完成的。如果过于渲染政治制度对经济的影响，势必要让制度本身承受巨大的破产压力。美国为了提升它在全球的控制力与影响力，为广大的发展中国家勾画了一幅民主与经济振兴绝对相关的美好图景。在经济全球化时代，当致富成为世界各国的本能冲动时，人们愿意相信这样一种远景，而对实施民主制度出现的问题缺乏必要的心理准备。首先，在一些国家里推行自由市场民主，并没有缓解贫富差距问题，有的

---

① 〔法〕古斯塔夫·勒庞：《乌合之众——大众心理研究》，中央编译出版社，2005，第88页。

反而更加严重，使大多数贫穷人口对少数富有阶层的仇恨更加强烈。其次，贫富分化的加剧，造成了更尖锐的民族问题和更多的动乱，加剧了社会动荡。很多国家制定了市场经济的规则，在这种条件下，民主或许不是通往富裕的道路，而是导致混乱的手段。美国在中东地区进行的民主实验，可以证明这一点。

（二）民主制度无法保证政治稳定

民主的麻烦是，由于选择是自由的，选民们往往会做出非理性的考虑。现实的所谓民主政府的操作，存在着这样一些问题：首先，民选政府不一定兑现其竞选承诺；其次，民选产生的政府未必是廉洁的；最后，民选的领导人并不符合大国的战略意愿。所有这些都将会对一个国家的政治稳定形成威胁。在巴勒斯坦，人们抛弃了温和民族权力机构的领袖，选择了哈马斯；在伊朗，人民选择了对美国十分强硬的内贾德；委内瑞拉人民同样选择了美国并不中意的查维斯，除了对美国一向不友好的朝鲜、古巴、叙利亚等国之外，运用民主的手段，美国又为自己树立了新的敌人。一些新保守派人士认为政治伊斯兰教与民主是格格不入的。但是，中东地区民主化的主要受益人却是政治伊斯兰教，这是非常具有讽刺意味的。如果美国要尊重它所确立的民主原则，那么它就不得不承认伊斯兰主义甚至极端伊斯兰主义存在的合法性。

（三）传播民主带来文化冲突

由于美国的文化传统，它一直确信本国社会制度的优越，而冷战的结束，使美国的政治家再一次"确认"了美国制度的优势。他们相信，一切与美国民主制度有关的东西都是美好的。与美国理想主义理论的创始人威尔逊总统一样，今天的空想家认为美国拥有一个始终有效的模范社会。剩下的事情就是照着这个"自由社会"的样子改造世界。布什连任后，他和他的支持者都宣称继续致力于通过"传播民主"来建立世界秩序。在对外战略中，运用民主工具，对非盟友国家的打压越来越严重。这种打压在一定程度上促使世界发生了一些变化。从格鲁吉亚的"玫瑰革命"到乌克兰的"橙色革命",俄罗斯的传统盟友在不断地向美国的周围集结。在中东地区,2005年初,随着由美国一手操纵的伊拉克大选落下帷幕,也出现了很多戏剧性的变化。"数百万伊拉克人参加投票""穆巴拉克举行埃及多党总统选举""黎巴嫩亲叙利亚的卡拉米政府倒台",所有这些都表明,民主和现代化浪潮正在席卷整个中东。一位著名专栏作家在《华盛顿邮报》上撰文说:"我们目前正处在阿拉伯版柏林墙倒塌的前夜。"当伊拉克战争在持续了两年仍然不能结束的时候,美国及其民主战略的追随者们却不得不吞下民主战略的苦涩果实。从这一过程中我们可以看到,任何国家的政治变革都有自己特殊的轨迹,外在力量只能加速或延缓历史的进程,而无法通过越境传播制度,轻易地实现他国的社会变革。特别是当美国的民主文化在一定程度上形成了对发展中国家文化价值的冲击时,更多民族的本能反应是抵御外来文化,保护他们的传统价值观。最终,民主制度的传播酿成了文化冲突的悲剧。

(四)民主制度成为谋求霸权的工具

具有讽刺意味的是,以"民主"和"人权"的卫道士自居的美国,在维护民主和人权方面向来是有选择的。在"二战"后,它屡次不惜牺牲民主化的努力而优先考虑经济、军事和战略利益。它为了自身利益,可以容忍盟国的不民主;可以与非民主国家合作甚至结盟;而且为了满足与苏联争霸的战略需要,它扶持了后来的敌人——拉登和萨达姆。因此,当美国用军事手段推动民主时,世界各国越来越清晰地认识到,美国未必是真要在国际社会实现民主,而是把民主当作实现自身利益的手段。这种认识强化了世界各国对美国霸权的反感,弱化了美国的道德合法性以及控制和影响世界的能力。当世界各国越来越多地为非常规的恐怖主义活动所困扰的时候,我们应该清楚,美国践踏国际组织及其规则,凭借自己的军事势力,假借推动民主,打击各种敌对力量，激发了世界各地区人民的民族义愤，是今天恐怖主义活动猖獗的重要原因。因此，推动民主战略已经成为美国谋求世界霸权和实现自身利益的工具，而这种谋求霸权的方式，也将让美国付出巨大的代价。

三 中国应对美国民主战略的方式

不管人们是否喜欢美国的作为，由于美国在当今世界上的霸权地位，它的民主战略对世界上的很多国家都形成了巨大的政治压力。特别是中国，作为一个以马克思主义理论为指导思想的国家，如何在资本主义世界中维持自己的信仰；作为一个东方文化传统的国家，如何在与西方的交流中保持自己的文化传统；作为一个拥有13亿人口的发展中国家，如何使自己的经济与政治健康发展，这些无疑是在全球化过程中，中国人需要面对的难题。如何应对才能使中国沿着正确的道路发展呢？

（一）告别"冷战"思维，"择其善者而从之"

毛泽东曾经有一著名的论断，即"凡是敌人反对的我们就要拥护，凡是敌人拥护的我们就要反对"。在冷战时代，各国首先需要分辨的就是国家的身份：朋友还是敌人？之后再决定采取拥护还是反对的政策。冷战结束了，国际社会的敌我阵线变得越来越模糊，即使是美国这个把中国当作潜在对手的国家，我们也无法确切定位它究竟是朋友还是敌人。因此，我们无法凭借简单的二元逻辑去反对或支持美国的民主战略，而是应该从我们自身的利益需要来确定，中国是否应该选择政治上的民主。我们应该承认，在中国的封建帝制瓦解的100多年间，民主思想已经广泛渗透到中国社会的每个角落，或许普通民众对民主的理解是偏颇的，也不太透彻。但是，通过选举产生官员；通过自由、公正和定期的选举产生政府，公民自由地表达意见，可以接触多种信息来源等民主政治的基本原则[①]，已经成为中国社会政治道德体系中具有正面意义的评价标准。因此，即使美国推动民主战略，存在"和平演变"中国的意图，中国在民主的道路上也只能进不能退，因为这是中国社会未来健康、稳定发展的政治保证。我们必须按照中国社会的现实需要、按照中国社会政治改革的节奏，采取"借力打力"的方式，整合西方的思想资源，完成中国社会主义政治民主化的进程。

（二）坚持"渐进性"政治改革，避免社会动荡

中国近代的落后与被动挨打的历史，成为中国人不可磨灭的集体记忆，同时也成为中国人凝聚及崛起的动力。近代中国仁人志士的各种改革设想，中国近代以来的各种革命的努力，无不以中国在世界上的重新崛起作为目标。但是，我们应该如何崛起呢？从民族心态上看，我们总是期待着一夜之间能够成为世界强国。从新中国建立后的社会主义改造到"赶英超美"的梦想，从中国改革开放到小康社会的目标，从中国GDP 的增长到综合国力的提高，我们总是有太多的期待与渴望，我们希望能一步从众多的矛盾中跨越到理想社会，并以革命的方式对社会中一切有问题的地方进行变革，而变革的结果却不能令人满意。有时候旧的矛盾解决了，新矛盾又出现了；或者旧的矛盾没有解决，新的矛盾又出现了。

因此，政治改革是一个循序渐进的过程，是要从细微之处入手，点点滴滴地对社会系统进行改造，通过持续量的积累，最终达到系统整体的优化。正如罗伯特·达尔所说："一些重要的政府决策，常常都是采取一种渐进的方式，而不是盲目的冒进。由于每次只走一步，往往能够避免重大的灾难。公民、专家和领导人从错误中学习，留心需要的矫正措施，对政策加以修改，如此等等。这个过程，如果需要，可以反复进行。尽管每一步小得让人灰心，但日积月累，也会产生深刻的，也可以

---

① 〔美〕罗伯特·达尔：《论民主》，商务印书馆，1999，第 105 页。

说是革命性的变化。由于这些渐进的变化是和平的,并得到广泛的公众支持,因而能够持续地进行。"① 由此,我们也可以得出结论,一个国家所坚持的政治价值是重要的,但是更重要的是,政府所坚持的价值,是否能给公众带来利益,得到公众的认同,这才是一个政府合法性的基础之所在。尽管目前中国的社会矛盾尖锐而复杂,但是,中国通过多年的"渐进性"改革,积极而稳妥地推进了社会政治的进步,已经得到了人民群众的广泛支持。这种方式不仅在中国过去30多年的发展中是成功的,而且在未来也将会得到世界上更多国家的认同。

(三) 探索中国独立的民主之路

我们可以看到,西方发达国家走的是民主化道路。但是,他们的道路,是在独特的环境条件下形成的,在他们文化环境下具有适用性,但是,未必适合世界上所有国家。因此,我们必须清醒地认识到,任何民族在世界上的政治文化价值,都有它存在的独特性,而不是与其他民族的相似性。我们常常以为西方国家都有相同的民主政治模式,其实,他们每个国家在制度与体制上都有很多区别。因此,即使美国的民主战略对中国没有恶意,我们也应该根据中国社会发展的实际,选择一条独特的、符合中国国情的民主化道路,而不是完全模仿美国。

总之,美国的民主战略,从理论到实践上都具有清晰的思路,从中我们可以看出,美国按照它的意志改变世界的意图非常明显。但是,国际政治的现实也告诉我们,世界会如何改变或者在多大程度上改变,却并不是美国能够主宰的。各国人民、各国政府及政治领袖的作为与选择,才是一个国家政治走向的决定性因素。

---

① 〔美〕罗伯特·达尔:《论民主》,商务印书馆,1999,第194页。

第十四章　基督教在高校渗透的原因与对策

随着中国改革开放的纵深发展，中外之间的交往日益增多，在中国境内出现西方基督教势力的渗透是在所难免的，基督教文化也一定会对中国传统文化及主流意识形态造成冲击。如何看待基督教在中国特别是在大学中的传播与渗透，政府应该采取什么办法与措施来应对西方宗教势力的侵入，这些都是值得我们认真思考的问题。本章试图从基督教在高校渗透的主要原因及需要采取的办法入手，谈一些个人的看法，以期为解决问题提供思路和方法。

一　基督教在我国高校渗透的主要原因

基督教在我国高校的传播与渗透是不争的事实。多项问卷调查和访谈表明，有不少大学生对基督教比较感兴趣或很感兴趣，不少人阅读过《圣经》，还有一些人参加过读经活动或崇拜活动，甚至有的还皈依入教，成为基督徒。究其原因，笔者认为主要有以下三个方面。

（一）教育领域中"西强中弱"的格局导致基督教在高校传播

尽管目前高校的总体教育情况不错，但仍存在三个不足：一是马克思主义的理论教育不足。现今的马克思主义思想体系，已经被改编成了"四不像"的大拼盘，致使今天的政治理论教育越来越空洞抽象，缺乏针对性和对大学生世界观的指导作用。众所周知，青年学生正处于人生观、价值观和世界观形成的重要时期，他们迫切需要寻找一种全面解释世界的理论或思想体系。二是思想政治教育的道德资源不足。在思政教育方面，我们需要向学生讲清楚什么是善与恶、好与坏，但是，由于书本和课堂讲授的知识与现实生活经验无法对接，使学生们不能运用自己学习到的知识作为生存的原则，这促使学生去寻找一种能够作为生存原则的东西作为替代品。三是校园生活中的高尚激励不足。如今，我们的激励机制更多地关注利益驱动的作用，却忽略了精神激励的积极作用。从组织奥运志愿者的过程看，80后或90后的学生是非常愿意通过奉献社会的方式来实现个人价值的，而这样的机会在学校还不是很多。

我们在思想教育传播中的弱势凸显了基督教传播的强势。当我们的思想政治教育出现疲软的时候，基督教却在以一种意想不到的速度进行渗透。当然，这种渗透至少受两方面因素的影响与制约。

第一，基督徒在世界范围内传播"福音"的使命感，即使在其被当作异端、受到残酷迫害的时候也没有完全停止过。从历史上看，基督教之所以能够在西方占据主流文化的地位，就在于其百折不挠地强力传播，使皈依群体不断扩大，地域不断延伸。在中西文化交流的几大历史阶段中，我们不难看到这种传播的速度及其历史结果。

第二，以美国为首的西方国家对中国进行和平演变的政治图谋。中国作为世界上最大的社会主义国家，尽管改革开放30多年以来，我们一直坚持不以意识形态划界，坚持以和平共处五项基本原则作为处理国家关系的基础，但是，美国及其同盟却一直没有放弃对中国进行和平演变的企图。特别是随着中国近年来的日益强大，美国改变中国的企图愈发强烈。美国学者曾把这种冲动归纳为"六大推动力"：要使中国实现现代化的商业推动力、要使中国民主化的政治推动力、要使中国基督教化的宗教推动力、要对中国的大学和研究机构施加影响的教育推动力、灌输美国价值观的文化推动力、影响中国在世界事务中行动的战略推动力。可见，基督教在中国的传播，既因为基督教自身不断向外扩张的特点，同时也受到美国政府以及非政府组织力量的推动，其目标是：通过文化"软实力"的较量，最终把中国变成一个经济上的市场、政治上的附庸、军事上的盟友。因此，基督教在中国的渗透，服从于美国改变中国的整体战略。

当然，美国的这种演变动机，并不能成为基督教在中国渗透的全部理由。正如毛泽东在《矛盾论》中所指出的："外因是变化的条件，内因是变化的根据，外因根据内因而起作用。"思想的传播也不例外。一种思想体系能够跨国传播，除了该思想自身的能量之外，还应当考察接受某种特定思想的环境条件。在中国，传统的儒家文化经过"五四运动"和"文化大革命"的涤荡，在大学生的头脑中已经支离破碎，缺乏完整的图像；而中国的马克思主义理论体系，也在国门大开的过程中，受到了西方思潮和理论体系的冲击。在中国社会，"价值多元"已经成为被广泛认同的社会现实。在这种条件下，我们自身价值传播的弱势和基督教传播的强势，形成了鲜明的对比。因此，基督教在大学的渗透就成为一种可以理解的现实了。

（二）基督教的基本内容在一定程度上迎合了青年学生的心理需求

任何思想的传播都与人的现实需要密不可分。现代心理学的理论表明，人的现实需求既有物质层面，也有精神层面，二者不能偏废。新中国成立以来，我们既有过以精神需要替代物质需要的情形，也有过以物质需求替代精神需求的状况。如今看来，这两种方式都有偏颇。生活经验告诉人们，如果人有精神信仰的支撑，是可以忍受物质生活的相对缺乏的。因此，生活在社会中的人，无论如何都需要寻找精神寄托。如果本国的文化资源可以提供信仰的支撑，就可以形成一种对于外来文化渗透的免疫力；如果本国文化无法提供或不能满足，则民众就会向外寻求精神寄托或接受外来影响。

改革开放以来，中国的经济发展日新月异，这是不争的事实。经济的快速发展，带来了社会的巨变，人在激烈的变动中很容易形成不安全感、精神焦虑、彷徨等心理问题，这是社会现代化的必然结果。在变动中追求永恒，在世俗中追求神圣，在庸俗中追求高尚，在物欲横流中追求精神境界的提升，无疑成为现代大学生对宗教信仰产生兴趣的主观动机。从基督教的传播和渗透过程中，我们可以看到，它至少与大学生的如下追求相互关联。

首先是神圣感。人类需要神圣感。在人类的生活中，人总要为自己所做的事情寻找一个价值或理由。我们不能否认，现实利益在一定程度上也可以充当激励人的目标。但是，人对现实利益的需求是不断变化的，因此，很难形成长久的、持续不变的、终生为之奋斗的激励。往往是目标越高尚，激励作用就越强。对大学生而言，虽然在现代生活中物欲刺激很多，但也许是人们自身的物质条件限制了其消费欲望，或者是期待得到更多超越物质层面的精神满足，宗教成为一种精神补偿的工具。基督教作为对世界终极性的一种解释，不仅赋予人的生命以特殊的意义，而且为人的生存提供了一套完整的原则、模式、规范和榜样。这是我们现今的文化体系中所不完备的。

其次是道德感。在传统价值的破坏和毁灭过程中，人们往往在思考如何实现社会转型时期的价值重建。面对当今中国现代社会所出现的种种道德沦丧、腐败滋生、人性败坏等现象，我们的大学生对之深恶痛绝。而基督教以其系统成熟的价值体系给人们以惊奇和感染，成为其重建内在价值的标准和动力。一些调查资料表明，信仰基督教的大学生对自己的道德标准并非止于遵守校规校纪、不触犯法律等，而是以所谓上帝的诫命或神的话语为原则来处世，有时他们甚至比普通学生有更高的道德要求，这改变了传统学生中消极、悲观和厌世的态度，甚至改变了对死亡的恐惧态度。大学生基督徒不但有自己独特的行为准则和生活方式，而且在对待他人方面更是以"爱人如己"等圣经的教诲作为自己的人生准则。一些同学也对基督徒大学生的人际关系持正面或肯定的态度，认为他们十分有"爱心""乐于助人""不计较个人得失""愿意付出"等。

最后是认同感。以信仰认同为基础的人际交往是重要的人际交流方式。无论是在发达国家还是在发展中国家，通过宗教仪式或"团契"的方式而形成的人际联结网络是一种普遍存在的现象。在发达国家的社区中，人们通过周末的礼拜互相认识、交谈并因此结成一种互助的关系。中国的改革开放，带来人员的迅速流动和社会关系的巨大调整。在这一过程中，人在陌生群体中所产生的孤独感和无助感，也需要通过其他的方式重新寻找人与人之间的认同感。客观地说，中国市场经济的发展破坏了传统体制下人际认同的基础，但却未形成或提供新的认同方式，而基督教以信仰为基础，提供了一种人际交往的平台与方式，由于其超功利的特点，更容易形成人与人之间的信任和依赖关系。

以上三方面都是我们目前的文化体系相对缺乏或不足的地方。根据需求满足的规律，当人们拥有更好的资源时，自然会放弃劣质的资源；当资源紧缺的时候，劣质资源同样可以成为抢手的资源。

（三）现代交流方式为基督教提供了多样化的传播渠道

伴随着现代社会和高科技的发展，人们的交往方式发生了革命性的变化，同样也为基督教的传播与渗透提供了便利条件。其主要传播渠道如下。

首先，在传播方式中，人际传播是宗教传播的最重要的方式。随着中西方之间学生和教师交流的增多，很多国外的教师到中国教书，他们饭前要祷告，闲暇时要读《圣经》，外出时要进行爱心施舍，周末要参加主日崇拜活动，还抽出不少时间帮助他们认为需要帮助的人，甚至一些具有环保理念的教师还要做许多与环保相关的公益事业。他们的所作所为都与我们习惯的生活方式存在较大的差异，从而导致学生在接触外籍教师时，自然而然地会对其生活方式感到好奇并有意去了解。

其次，在当今的大学教育内容中，由于要与国际接轨，因此在很多方面都直接引入西方的知识体系、内容与案例。如果学习经济，就要接触到企业的社会责任和企业家的慈善精神；如果学习政治，就要接触到"三权分立"和权力制衡；如果学习文学，就要了解基督教语境下的西方社会习俗和文化信仰。因此,基督教就像一个"幽灵",在西方社会生活的每个角落"游荡",无论是"走出去",还是"请进来",只要同西方人进行思想和心灵层面的交流,就不可避免地要接触到基督教。

再次,伴随着中国社会的进步、经济的繁荣、物质的充足,人们的精神需求也不断增加。为了满足人们日益增长的文化需求,各种各样的文化产品在中西交流的过程中大量涌入中国市场。作为西方文化产品主要消费群体的大学生,其价值观的形成在一定程度上也受到西方文化产品的影响。

最后,现代传播媒介不断更替与翻新,电视、电影、电脑、手机、网络、MP4、游戏机等传播媒介的迅速更新,使学生拥有多样化的接触外来信息的渠道和平台。这些信息渠道有时会被一些西方国家的政府或宗教团体利用,进行宗教传播,这也使政府难以进行有效的防范与控制。

尽管我们经常宣传要警惕西方的和平演变阴谋,但是,基督教的渗透并非如那些手持刀剑的侵略者那样容易引起人们的警惕与防范。思想和文化的传播以一种柔软的方式,从受众的现实需要出发,透过渐进、温和甚至娱乐的方式,一点一滴、潜移默化地改变着人们的想法和观念,这的确是我们需要认真对待的严峻现实。

二 高校应对基督教渗透的基本方式

教育心理学的基本原理表明,对未知事物的好奇心,在大学生接受新知识方面起着极其重要的作用。因此,我们在防范基督教的渗透与传播的过程中,绝不应"堵",而应该"疏";不是防范或限制其了解,而应给予其更全面的信息。在此基础上,对学生进行思想和行为上的引导,使其在信仰问题上,能够更理性地对待和处理。一句话,通过"固本"来构建"防火墙"。

（一）全方位解析宗教各派，使学生接受正确的宗教观

应当看到，当今大学生之所以接受基督教，往往是因为西方借助各种媒介进行传播。这种主动的传播，在一定意义上具有宣传的功能。学生们往往记住了宏伟的教堂、庄重的仪式、美妙的音乐、动听的言辞等美善的一面，却不了解其他方面的知识。笔者认为，我们起码应该在如下几个方面下功夫。

第一，无神论的教育。其实在西方的思想传统中，不但存在有神论的传统，同时还有悠久的无神论的传统。我们常说西方文明是"两希文明"的产物，除了"希伯来"的宗教精神之外，还有"希腊"的哲学精神。特别是近代以来，西方涌现出一大批反对基督教的思想家和哲学家。他们对如何否定上帝存在、如何批判基督教、如何以"人本"代替"神本"、如何从"神造人"到"人造神"等这些思想资源的挖掘，可以成为我们对学生进行无神论教育和宣传的极好素材。我们不妨以"子"之矛，攻"子"之盾。

第二，比较宗教学的教育。在世界60多亿人口中，虽然信仰基督教的信徒大约有20亿人口，但是，还有40多亿人口拥有其他的信仰。例如，伊斯兰教、佛教、印度教、道教等。通过多种宗教的对比分析，可以让学生了解到，基督教只是世界诸多宗教中的一支，而不是全部。宗教信仰只是生活在不同社会环境中的人对世界的一种解释或一种规范。

第三，基督教的全景式教育。我们切不可以"烫手的山芋"为由，避而不谈基督教。其实，我们完全可以基于客观的立场，对基督教进行全面的介绍。既要肯定早期基督教对奴隶们具有安慰苦难的作用，也要指出基督教在其历史发展中血腥的一面，如中世纪的黑暗专制、对异教徒的迫害、"十字军东征"、对科学的限制、在对其他国家殖民掠夺中的作用、在东欧剧变中的推波助澜等。通过给学生全景式的基督教的介绍，有助于学生的认识趋于全面、深刻和理性。

笔者认为，正是由于学生缺少系统而全面的宗教知识，才使学生主动地去寻求和了解。正是因为我们的教师没有给予及时的指导，才使其他的方式成为弥补空缺的力量。如果我们通过系统知识的教导，通过对世界宗教的历史、现状、理论及作用等全方位的介绍，积极引导学生，破除某种神秘感，相信我们的学生会得出正确的结论，做出正确的选择。

（二）开设中国文化课程，对学生进行传统文化的教育

要想使学生具有抵御外来宗教渗透的能力，就绝不能以简单的方式阻止其接触我们认为有害的东西，而应主动地给予学生一些他们需要而又对其有益的东西。其实，中国古代的"修身、齐家、治国、平天下"，作为正人君子的人生理想，千百年来激励了无数的读书人。而"先天下人之忧而忧，后天下人之乐而乐"的道德信念，也是中国社会的仁人志士所努力践行的。因此，任何社会中的人都需要有信仰的支撑，都有对真、善、美的追求。人类既有共同的价值观念，也有基于各种不同社会文化环境所形成的独特的价值理念。从一定意义上说，价值观念都具有对某种特定社会历史环境的适应性，对外来文化都会产生一定的排异反应。因此，我们应该相信中国传统文化的魅力和吸引力。或许在短时期内，因为好奇心，学生们可能会形成对外来文化的热情，其实，这只是追求时尚的某种表现，并不意味着一种价值观的转变。如果一些学生真能接受外来的价值观念，也会在本土与外来的价值观之间做出妥协，绝不会全盘接受外来的价值观念。因此，要让学生转移对基督教的兴趣，就必须以传统文化价值理念作为替代物。从我们之前所做的一些调查问卷和访谈中，能够十分清楚地看出，学生对于学习中国文化经典同样有着很大的兴趣。重要的是，我们要在机制上为中国传统文化的传播提供渠道。

（三）加强宗教信仰政策和法规方面的宣传与教育

作为教育者，我们有必要使大学生们全面了解国家的宗教政策及其

相关的法规，帮助学生了解宗教信仰自由与宗教活动限制之间的关系，破除其对国家宗教政策的误解。学生们在参加家庭教会的活动时，往往并没有意识到这是违法的活动，相反，他们还认为是符合国家宗教信仰自由政策的。我们有责任和义务，使学生了解到，我们的宗教信仰自由，只是信仰自由，并不包括活动自由，宗教活动必须按照国家法律的规定，到特定场所从事活动。而家庭教会，特别是受西方国家某些组织支持的家庭教会活动，很有可能属于具有颠覆性的活动的一部分，这样的活动是违反国家法律的。加强对信教学生的教育，使其在合理合法的范围内参加宗教团体的活动，从而避免因为矛盾激化所造成的负面影响，这是非常必要的。

（四）从现实层面加强对学生的关心，做深入细致的思想工作

作为教师和思想政治教育工作者，我们有责任对学生做耐心细致的说服和教育，从学生的实际情况出发，考虑学生的想法和感受，避免学生因各种现实烦恼而寻求宗教解脱。当今中国，由社会转型所带来的社会阶层的分化加剧，地区间的贫富差距日益凸显，社会矛盾也会在高等院校中有所反映。来自不同地区和家庭背景的学生，生活中往往面临多方面的问题。如果学生管理部门能够从学生的具体情况入手，使学生感受到同学、班级、院系乃至学校各层次的关心，或许就不会去寻找其他的某种安慰了。

（五）加强对信教学生的教育和引导，不要拒人于千里之外

对于信教的学生，我们千万不能"横眉冷对""打入另册"。我们可以组织信教学生从事社会慈善和公益事业，尽量做转化工作。虽然我们认为，宗教是"精神鸦片"，但是，由于社会的复杂性，宗教存在的认识根源、社会根源及心理根源都不可能在短时期内消失。因此，宗教会在相当长的历史时期存在。就像我们缺乏治疗疾病的有效药物，通过镇痛剂也可以缓解痛楚的道理一样，我们应该肯定基督教对人的道德的

约束力量。在目前,当我们缺乏有约束力的道德信念时,宗教通过信仰的力量,使信教学生不断提升自身的道德境界,看淡物欲的诱惑,这无疑是缓解内心焦虑的途径之一。宗教信仰在一定意义上充当着心理治疗的作用,这是我们无法否定的。而宗教信仰者因为信仰而对自己的行为有所规范,在一定程度上对于形成良好的社会秩序、缓和社会矛盾等都具有积极的作用。因此,我们要善于借势,肯定宗教信仰的道德力量和慈善行为,使信教者将更多的精力投入救助弱势群体的社会服务中去,从而弱化其可能在政治上产生的消极影响。此外,对一些别有用心的人操纵信教者的活动,可以采取合理合法的疏导方式,以免给西方势力留下炒作的口实和借口,对国家的整体形象造成负面影响。

总之,在中国社会的发展长河中,我们有着长期对外交流的历史。其中,既有成功同化外来文化的故事,也有被外来文化所影响的经历。从历史和动态的角度看,开放和交流对一个国家的文化发展的作用将是积极的。因为只有他者,我们才能真正认识自我;因为他者的渗透,我们才会更多地意识到自我发展的必要。因此,追求安全的战略不是防范,而是自我装备、自我壮大、自我发展,这大概是我们应对基督教渗透最应该认识清楚的问题。

第十五章　浅谈政治娱乐化及其对中国的影响

长久以来，政治和娱乐一直是风马牛不相及的两个概念。政治是严肃的，娱乐则是消遣的；政治偏重理性思考，娱乐则偏重感官享受；政治以追求社会公正为目标，娱乐则以轻松舒缓为目的。因此，要在理论上将性质不同的两种现象融合在一起，给出一个确切定义似乎并不容易。然而，随着时代的变迁，政治生活越来越多地具有娱乐色彩，这也是毋庸置疑的事实。本章力图对政治娱乐化的含义及其在中国社会的表现和可能产生的影响进行分析与探讨。

一　政治娱乐化的起源

政治娱乐化的风潮起源于西方，尽管其产生的原因多种多样，但是不少西方学者认为，政治娱乐化的主要原因之一在于媒体的革命性变化，即从"印刷媒体"到"电子媒体"的转变导致了政治娱乐化的产生。

具体说来，印刷媒体时代是以铅字和纸张为主要传播媒介的时代。在那时，获取信息的主要方式是阅读。阅读的特点是，在获取信息的同时，为读者提供了充分的反思空间，而反思是人们获得严肃知识的重要前提。于是，印刷术的兴起，造就了所谓的公众[1]。因为它用理性之光驱

---

[1] 〔加〕埃里克·麦克卢汉、弗兰克·秦格龙：《麦克卢汉精粹》，何道宽译，南京大学出版社，2000，第350页。

散了中世纪黑暗的权威统治。书籍的大量印刷，使民主、平等、自由等价值理念在社会中的广泛传播成为可能，推动了社会政治的变革。而在政治中的集中反映就是对公共议题的理性思考、理性辩论和理性选择。

随着科技的不断发展，以电报、广播、电视为代表的电子媒体慢慢进入千家万户，逐渐取代了印刷媒体，成为人们获取信息的主要方式。正是由于这一变化，政治逐渐与娱乐结合起来，导致政治被娱乐化。之所以形成这样的结果，主要原因在于以下几方面。

其一，信息传输效率的提高，导致无用信息增多。与早期印刷时代相比，现代媒体传播信息的速度显然要快得多，而且，随着卫星电视的出现，基本实现了即时传播。这虽然极大地提高了人们的交流效率，但同时也创造了一种"伪语境"，使信息的效用逐渐脱离日常生活，产生了娱乐性的效果。正如梭罗在《瓦尔登湖》所言："我们匆匆地建起了从缅因州通往得克萨斯州的磁性电报，但是缅因州和得克萨斯州可能并没有什么重要的东西需要交流……我们满腔热情地在大西洋下开通隧道，把新旧两个世界拉近几个星期，但是到达美国人耳朵里的第一条新闻可能却是阿德雷德公主得了百日咳。"[①] 换言之，它使得在印刷时代看起来琐碎而无实在意义的信息逐渐侵入人们的日常生活与经验，反映在政治层面，就是政治的娱乐化。

其二，读图时代的到来改变着人类的思维方式。随着电视技术的不断发展，传播方式开始从以文字为中心向以图片为中心过渡，因而导致人们的思维方法也发生改变。与印刷媒体不同，电视媒体主要通过图像语言影响受众，而图像语言是缺乏条理的，电视媒体的这一性质决定了它会导致人们注意力的涣散和理性思辨精神的欠缺。尼尔·波兹曼注意到了这一趋势，他认为，在电视节目进行的过程中，一般不允许说"让我想一想""我不知道""你刚才说……是什么意思"或"你的这些信

---

① 〔美〕尼尔·波兹曼：《娱乐至死》，广西师范大学出版社，2004，第59~60页。

息是从什么地方得到的",这些话语不仅减慢了电视节目的节奏,而且还造成一种不确定或不完美的印象。这样的表述暴露了说话者的思考过程,如果在电视上表现该过程,就会像在拉斯维加斯的舞台上出现间断一样令人尴尬和乏味。在思考过程中,观众没有东西可看。思考不是表演艺术,而电视需要的是表演艺术①。于是,在媒体的转化中,西方的理性传统逐渐被娱乐所浸染,成为大众生活的特点。而建立在民意支持基础上的西方政府,也不得不为了选票而迎合该特点,从而导致政治娱乐化的趋势。比如,理查德·尼克松在《大家笑》中出现了几秒钟,这个1小时长的喜剧节目完全以电视广告为蓝本;前总统杰拉尔德·福特和前国务卿亨利·基辛格一起参加了《豪门恩怨》谈话节目;前马塞诸塞州州长迈克·杜卡基斯出席了《你在何方》节目;前总统克林顿在竞选中甚至跑到一个晚间秀节目去吹萨克斯管……这一切都说明,政治在西方国家正在不可避免地被娱乐化。

在一些西方学者看来,政治娱乐化带来了如下的问题:一是政治家作秀的倾向越来越严重。政治家为了吸引选民及获得媒体的支持,他们不仅要以讲故事的形式传播自己的政治主张,而且要使出各种手段进行包装。在这个过程中,吸引选民的注意力成为核心任务,而政见和价值原则变得无足轻重。二是政治运作过程越来越市场化。各种民意测验专家、媒体顾问、演讲写作人、广告制作人、游说辩士、助选名嘴,他们横跨调研、形象包装、文宣策划、政策分析等多种领域,既懂政治又了解新闻媒体的需求②,选举过程中的巨大商业利益,驱动着政治家与媒体人一起将政治引向娱乐。三是对公众的恶劣影响。公众可能因为过分关注眼花缭乱的政治表演,而忽略了政治话题的复杂性和严肃性。这种娱乐精神的泛化最终会使人们丧失精神的独立性,从而沦为国家机器的附庸品。正如美国西南大学法学院教授巴特勒·谢弗在《作为娱乐的战

---

① 〔美〕尼尔·波兹曼:《娱乐至死》,广西师范大学出版社,2004,第87页。
② 孙哲:《美国有多"美"?》,《21世纪国际评论》第8页。

争与政治》一文中所指出的："政治和娱乐相辅相成，它们都在刺激公众对于幻觉和空想性思维的需求。这种精神的坍塌，导致一个娱乐——而非批判性探索——占据主流地位的社会逐渐产生：它为人卸下了思考的重负，同时却也使独立思考的精神日趋式微。娱乐培养了一种被动意识，它使人心甘情愿地'悬置自己心中的怀疑'……我们应该明确的是，一旦我们的心灵变得被动，演员和政治家说什么，我们就信什么，将我们对正在经历的现实事件的判断束之高阁，娱乐就成了使我们的思维被他人控制并支配的主要方式之一；一旦我们满足于被娱乐（将注意力从现实转移到幻想），让自己的情感被那些精于调动无意识心理动力的人所利用，我们就会被制造这场'秀'的人所操纵。"① 尼尔·波兹曼也在《娱乐至死》一书中从四个方面概括政治娱乐化带来的负面影响，即损害了政治生活的严肃性、人类思维的深刻性、信息与人生活的相关性以及社会道德和价值观念的纯洁性。

从有关西方学者们的论述中不难看出，他们对政治娱乐化的评价基本是负面的，对政治娱乐化发展的趋势充满了忧虑与担心。

二 政治娱乐化在中国的具体表现

改革开放以来，西方国家对中国的经济、政治、文化等方面形成了全方位的影响。特别是伴随着电视与网络媒体的发展，西方的政治娱乐化也对中国社会形成了日益强劲的冲击。具体而言，主要表现为以下三个方面。

首先，从公众生活的内容来看，消遣"政治"成为公众生活的重要组成部分。在传统的中国社会中，无论是政治人物还是政治事件，更多代表的是一种严肃与权威，要把与政治相关的议题作为消遣的内容是

---

① Butler Shaffer（美国西南大学法学院教授）：《作为娱乐的战争与政治》（来自 http：//www.lewrockwell.com/shaffer/shaffer19.html）。

犯忌的。因此，普通民众只能在一定范围内有限度地议论政治话题，绝不可能把消遣"政治"作为大众的娱乐性活动。然而，随着电视及网络媒体的普及，中国也逐渐出现了政治信息的娱乐化倾向。在最初寻求新闻信息的过程中，人们并没有太多娱乐性的需求，只是试图通过电视或网络了解信息，将个体从孤陋寡闻的生存状态中解脱出来，实现个体的社会化。而后，随着媒体的赢利需求不断增强，为了吸引眼球，媒体倾向于把更多具有趣味性的政治事件或政治人物作为新闻主题。特别是在很多国际政治事件中突出了一些娱乐因素，从而更多地调动了大众接收政治性信息过程中的娱乐需求。例如，美国前总统布什吃饼干被噎、法国总统萨科齐的浪漫、意大利总理贝卢斯科尼的婚外恋，这一切都成了有闲暇受众消遣的内容。

如果在上述过程中，观众只是被动接受媒体所设定的议程，那么，大陆游客到台湾旅游，热衷于坐在宾馆里看台湾"名嘴"主持的政治评论性节目，则表现出了人们主动寻求政治娱乐的倾向。众所周知，台湾政坛发生的种种有趣和古怪的事情，辗转迂回，极大地吸引了大陆人民的兴趣。主持人的有趣解读，使曾经神秘而严肃的政治变成了极具观赏性的娱乐节目。近年来，各国领导人的选举，特别是美国的总统选举，也成为中国广大电视观众关注的话题。甚至有人戏称，选举使美国总统成为中国老幼皆知的明星。特别是在2008年的选举中，从民主党内提名过程中的内部争斗，到共和民主两党之间的互相揭弊，都构成了重要的娱乐消遣元素，而且高潮迭出，吸引人们持续关注。对观众而言，观看电视节目，满足了其娱乐和消遣的需要，同时，也了解了世界各国的政治动态。尽管这种了解是片面的，但是，如果他有兴趣，完全可以借助其他媒体获得更多的认识。

其次，在公众讨论议题的设置上，娱乐性特征日渐凸显。社会精英的政治讨论只有借助媒体才能被大众所关注。由于电视遥控器和鼠标都掌握在大众手中，人们随时可以转换关注的内容，因此，政治话题必须是大众有兴趣关注的，而且必须具有一定程度的娱乐性因素。例如，香港凤凰卫视的很多节目，"一虎一席谈""锵锵三人行""总编辑时间""有报天天读"等，虽然大多讨论的都是政治性议题，但是，其中很多设计都引起了观众的兴趣，使观众愿意长期锁定其节目。因为，无论是电视媒体还是网络媒体，其生存的基础就是吸引更多的观众，因而必须了解受众的需求。那些能够对人们形成视觉冲击力，让人们在众多的信息中辨认、筛选出来并对人造成影响的信息，才是最具有赢利价值的信息。而今，网络媒体使争夺眼球的战争变得更加激烈。网络的普及降低了公民关注政治的成本，但是，网络要赢利，必须使用各种手段吸引大众的注意力，能够引起大众议论的人或者话题才能成为公众人物或热点新闻。如果大众对你的话题不感兴趣，要影响大众是非常困难的。因此，任何传播主体要想引起其他人的关注，都不可避免地使网络时代的政治比电视时代具有更强的娱乐性。

最后，讨论的方式必须使用娱乐的方式。从公共议题的讨论来看，电视与网络已经成为重要的讨论形式。如果说过去政治议题的讨论是社会精英的专利，那么，由于电视和网络媒体的出现，这种特权已经日趋衰弱。公共议题的讨论，不仅通过媒体设定议程成为大众话题，而且，媒体赢利的内趋力，决定了讨论的方式必须与娱乐相融合。由于时代的特点，现今所有的政治讨论都是借助媒体实现的。从电视媒体来看，它必须将持有不同观点的专家、支持不同专家的观众有效地融合到电视的表现形式中去，还需要考虑到电视观众的心理感受。因此，这种公共议题的讨论并不一定是真实观点的阐述，而是需要具有一定的表演性质，才能使政治讨论得到电视观众的持续关注。这种以电视节目形式进行的公共讨论，已经难以与娱乐划清界限了。随着网络媒体的发展，公共议题讨论的娱乐性被进一步强化。新兴媒体并不是针对特定的群体，而是针对所有网民。它不仅调动了人的所有感官资源，而且，与以往媒体最大的区别在于其交互性。在网络上，无论是新闻发布、观点陈述及讨论，都可以直接从网络中了解受众的感受，并把自己的看法与他人即时分享。不过，由于这种对话具有虚拟的性质，人们并不受日常言语规范的限制，而是使用讽刺、玩笑甚至放纵的口吻进行对话。特别是在公共论坛上，人们对一些有悖常理的现象或行为，往往通过讽刺的方式表达意见，而不像在现实中的发言那么深思熟虑、字斟句酌，从而使公共讨论以轻松、调侃、诙谐的方式进行，体现了一种娱乐性。

简言之，从现象层面看，由于受技术进步与外来文化的影响，中国社会政治在一定程度上亦表现出庸俗化、非理性和非道德的特点，与西方的政治娱乐化有某些相似之处。

三 政治娱乐化对中国社会发展的影响

尽管中国的政治娱乐化与西方形似，但并不意味着二者作用完全相同。那么，政治娱乐化对中国有哪些方面的影响？未来的走势是什么？这些都是亟待人们深入思考的新课题。笔者认为，中国与西方的现代化进程并不完全一致，中国的政治、社会、文化环境与西方国家区别很大，因此，我们没有理由认为，被西方学者视为灾难的政治娱乐化，一定会危害中国。相反，人们不难看到，中国的政治娱乐化不但没有造成灾难性后果，反而还起到了一定的积极作用。

首先，在娱乐中，人们的民主意识不断觉醒。一方面，人们通过娱乐的方式表达政治见解。近年来发生的数起执法事故，在网民中引起了极大的反应。他们创生了"俯卧撑""躲猫猫""70码""被自杀"等网络流行语来表达自己的政治诉求。尽管这种表达方式在某种程度上可以解读为一种无奈，但不可否认，这是中国社会公民意识觉醒的重要标志之一。另一方面，人们通过娱乐方式实现政治监督。政治娱乐化和娱乐政治化如同一个铜钱的两面，当人们投入网络讨论时，其最初的动机并不是参与政治，甚至大部分人就是为了消遣（如"华南虎"事件）。但是，随着事件的演变，网民们越来越多地看到了某些地方官员行为的不当，从而激发了他们参与讨论，并将具有娱乐性质的讨论转化为对政府公信力的拷问，至此，娱乐变成了政治。同时，由于网络媒体具有平等性特点，只要有发言的意愿，每个人都有表达意见的机会，不受身份、年龄、资历等条件的阻碍。网络媒体的这种平等性使网络政治具有强烈的反权威色彩。网民的政治参与，已经成为公众实行社会政治监督的重要手段。例如，南京市江宁区原房管局局长周久耕，曾因表态要"查处低价销售楼盘"而"名噪一时"。他的这一论调引起了网友的关注，在经过"人肉搜索"后，有网友曝光他抽每条1500元的"九五至尊"烟、戴天价名表、开凯迪拉克，甚至戏称他为"周至尊"。最终，周久耕被免职、双开、起诉，直至因受贿而被判刑，充分体现了网络监督的力量。

其次，在娱乐中，人们的政治认知趋于理性。当中国人只能从书本中了解西方时，往往是靠想象力塑造西方形象的。因此，改革开放初期，不少人不仅是西方物质文明的崇拜者，更是西方民主政治的崇拜者。电视及网络媒体的发展，使得没有条件迈出国门的人们对西方世界有了更加具体的了解。如果说过去国民对于现代西方存在着带有虚幻色彩的刻板印象的话，而今，通过电视新闻、影视产品、地理风光等多角度的了解，人们的认知更趋于全面和客观。例如，通过不同途径，我们了解到西方社会中的种族问题、道德问题、吸毒问题、黑社会问题、恐怖主义等，这些问题使得热切融入西方的年轻人，对该社会形成了更为务实的认识。特别是东欧剧变后，国际社会乱相丛生。俄罗斯周边国家的"颜色革命"、中东地区以推翻专制为名进行的战争、泰国选举与政变所带来的政治震荡，这些被冠以民主之名的争斗，既给中国的媒体和受众提供了可讨论和消遣的议题，也给中国人以重要的启示：西方式民主并不必然能为所有国家带来稳定与富裕。再比如电视观众及网民对国外政治事件的关注。政治性的电视新闻所提供的图像信息，为中国人了解西方民主政治提供了清晰的图像，尽管这些图像是片段式的，缺乏完整的体系。从积极的方面看，透过一些娱乐节目，外国人表达意见的内容及方式，都会在一定程度上影响中国人。例如游行，美国人也会表达不满，但是，其游行是要经过政府批准，而且大多是和平进行的，这为中国民众采取理性方式表达意见提供了某种示范。至少在观念层面，人们认同这种方式代表着现代政治文明。

最后，在娱乐中，社会政治环境趋于宽容。尽管人们对中国政治环境的改善还抱有很多期待，但不可否认的是，当下已经是中国历史上非常开放的时期之一。我们可以从经济上的对外开放来解释环境的改善，但是，也应该看到，政治娱乐化对社会政治环境的"柔化"，的确起到了一定的作用。

一方面，政治娱乐化提高了政府对不同意见的容忍度。在网络讨论中，如果讨论议题更多具有娱乐色彩，而不直接表达人们的政治诉求，就会得到政府的默许。以眼下时兴的"被代表"为例，实际上这种用法暗示个别人大代表不为人民谋利益，在这个意义上，"被代表"成为一种不失幽默的批评。娱乐化的公共讨论成为公众的一种政治智慧，也是一种策略，它柔化了人们的政治诉求，使其以委婉的方式体现出来，不触及官方对于民间政治活动的底线，在官民的互动中逐步培养人们的忍耐度和认同感，在客观上起到了缓和干群矛盾的作用，提高了政府对民间意见的容忍度。另一方面，民众对不同意见的宽容度逐渐提高。不同意见的讨论在中国常常容易带有感情色彩，而网络讨论的匿名性，使人们在讨论中没有多少顾虑。在一种"任何意见都可能被人骂"的语境中，人们了解到世界上各种古怪的想法存在的现实性，因为见多识广，所以"见怪不怪"，更容易对不同意见存有包容之心。

无论如何，正如尼尔·波兹曼所谈到的，媒介"更像是一种隐喻，用一种隐蔽但有力的暗示来定义现实世界。不管我们是通过言语还是印刷的文字或是电视摄影机来感受这个世界，这种媒介－隐喻的关系为我们将这个世界进行分类、排序、构建、放大、缩小、着色，并且证明一切存在的理由"[①]。从一定意义上讲，笔者认同他对媒介作用的描述。但是，对于技术发展带来的政治娱乐化问题，特别是在中国的影响，似

---

① 〔美〕尼尔·波兹曼：《娱乐至死》，广西师范大学出版社，2004，第12页。

乎并不像西方学者的观点那么悲观。与之相反，在娱乐中，中国公民的参与意识被更多地激发出来；在娱乐中，人们偏激的认识不断得到矫正；在娱乐中，人们从狭隘变得包容；在娱乐中，人们从浅薄变得丰富。政治娱乐化的种子或许在中国会收获不同的果实。

第十六章　朝鲜考察观感

对于习惯于开放的中国人，朝鲜是个神秘的国度。然而，它却是一个一直对中国实施开放政策的国家。笔者仅仅想通过记录这一过程，让自己更多体会当下生活的幸福感。

2005 年 10 月 1 日

我们在 2005 年 9 月 30 日下午 5 点 30 分乘火车，于 10 月 1 日早上 7 点 30 分抵达丹东市，找到了接站的旅行社。导游一路叮嘱我们去朝鲜的注意事项。首先，把我们带的手机拿走（因为事先知道朝鲜不让带手机，为了减少麻烦，我们 4 个人只带 1 个手机）。后来又了解到，电脑、望远镜和收音机等都是不允许带的。到了朝鲜的特别行政区新义州后，海关方面对来访者进行了严格的检查，先是用探测器搜身，特别是对男士检查比较严格，后又检查行李，一些箱子要打开检查，翻看箱底。当然，开始比较严格，后来就有些应付差事了。坐在火车上，沿途是不允许拍照的，也不让随便给车下好奇的朝鲜人扔吃的东西。据说，朝鲜人很讲自尊，给东西应该是双手递到对方的手中，绝对不能扔过去。尽管如此，还是有一些好奇的中国人把自己的摄像机或照相机打开，趁着列车员和朝鲜导游不备，偷拍一些录像或照片。越是禁止的事情，人们越想做，或许这就是人的本性吧。

车开得比较慢，不时还要停下来等对面的车过去。由于是短轨，火车的噪音很大，而且由于路基年久失修，人们坐在车上不仅左右摇晃，还上下颠簸。个别地方的路基和枕木比较危险，火车还要倒着开一下，这是我生平头一次坐倒开的火车。沿途的田园风光很不错，放眼望去，是一片片金黄色的稻田、远山、江河。铁路沿线很少见到高大冒烟的烟囱，完全是一片农业国的景象。交通道路基本上是土路而不是水泥柏油马路。在田间，一些稻子已经收割完毕，一些正在收割。在中国已经很难见到的一大群人干活的情景，在朝鲜依然存在，而且田头上还插着几面红旗，社员们干到哪里，红旗插到哪里。朝鲜的农民仍然采用工分制，据说，最能干的人每年可以挣600工分，而一般的人只能挣200～300工分。看到大片的即将收割的稻子，我终于理解，为什么朝鲜今年不再接受粮食救济，应该说今年是朝鲜的粮食丰收年。从此也能感受到朝鲜民族的特性，不到万不得已，是不愿意接受他人的援助的。但是，同车的人说，朝鲜的稻子今年虽然丰收，但产量并不高，因为他们看到稻子长得非常矮小，大概是因为没有施肥。因为现在我们国内的粮食大量使用化肥，已经很难吃到正宗口味的粮食了，什么东西吃了都找不到原来的味道。所以，我真希望朝鲜将来开放后，能吸收中国发展的经验教训，不要过多地使用化肥和农药，免得东西的味道都变了。

在火车上，列车员给每个人发了一份盒饭，里面很丰富，有米饭（看着很亮，吃着很香）、鱼、鸡蛋、黄瓜、洋葱、面酱、泡菜和一点小干鱼，外观很诱人，饭菜也很健康，没有中国菜那么多的油。如果中国人天天这样吃饭的话，大概就不会有这么多大胖子了。饭菜都是凉的，这对于我们这些吃惯了热饭的人来说，真有点担心。不过，这本来就是一次"忆苦思甜"之旅，哪能开始就不吃饭呢？所以，尽管有些担心，我们还是勇敢地把饭吃了。之后在车上我们都在担心会有某种肠胃反应，但是，直到下车后大家都安然无恙，看来人还是可以吃凉饭的。

除了随饭菜发的一瓶矿泉水外，车上没有供水服务，既没有热水也没有凉白开，就连冲洗厕所的水都没有。从早上9点多上车到下午4点多下车，爱喝水的人，真是要小小体会一下"上甘岭"的味道了。好在大家都有准备，也没有太多的抱怨。

因为车开得慢，车上的人都站在车厢的通道上，向沿途很多在田间劳作的朝鲜农民招手,而朝鲜人民也都很热情地挥手回应。他们观望火车上的人的眼神,就像我小时候回老家时,村里乡亲的感觉,很好奇。他们的身材似乎都比较瘦小,脸色比较黑,但是看起来很健康,没有以前听说的那种面带菜色的感觉。到中午我们看到了不少放学的学生,穿着统一的校服,上白下蓝,男孩子是蓝裤子,女孩子是蓝裙子,戴着红领巾,看着比我们中国的学生精神。中国学生把运动服当校服,穿起来都很邋遢,一点也不好看。孩子们看到火车上的人,都很高兴地挥手致意。由此我们感受到中朝人民之间还是很友好的。朝鲜的导游也告诉我们,朝鲜的普通民众对中国的印象都很好。但是,他们只知道中国在改革开放,却不知道具体在做什么,报纸和广播基本不介绍。

  沿途有些民居,感觉还不错。灰色的屋顶和白色的墙面,看着很干净。但是,当看到"半成品"的住房时,我们感觉有些不太好。因为缺少砖和水泥,他们的建筑材料主要以木头和土坯为主,后来到了首都平壤,看到一些大楼也是这样,真替朝鲜人民担心,万一有地震怎么办。当然,因为都是远远地观看,不清楚这些土坯的硬度。

  平壤的火车站台还是很漂亮的,很宽大、地面光滑。除了我们这一车的中国人,基本上没有其他的火车进站,所以,车站很清静。但是,因为规定不允许拍照,所以,也没人敢把相机拿出来,真是很遗憾。出站的地下通道电灯很昏暗,让人极不适应。好在没有多长就走出去了。整个平壤火车站就有两个站台。估计将来开放后,一定会重建或扩建。

  看惯了北京车水马龙的大街,出了平壤火车站,感觉街面上很安静,车和人都很少,只有几辆接中国游客的旅行客车停放在广场上。恐怕在中国很难找到如此安静的地方了。恰好大家都是比较好静的人,我们庆幸选择了朝鲜作为考察的目的地。

  平壤地方不大,很快我们就到了下榻的宾馆——西山宾馆。该宾馆坐落在朝鲜运动村(相当于我们的亚运村)旁边,导游告诉我们那是一级宾馆,相当于中国的4星级。旅行社说以前来朝鲜的外国人,都要住羊角岛宾馆,那是特级宾馆,据说相当于中国的5星级酒店。它建在大同江上似羊角的岛上，有一座小桥与外界相连。据说，以往外国人都住到岛上，晚上没有特许，就无法离开岛屿，而现在不让住了。听说是因为那里开了赌场，是中国人开的，消费者主要是中国人。

经过大半天的旅途颠簸，大家都很想回到房间洗把脸，放松一下。导游把房间钥匙发下来，大家都各奔自己的住处。到了卫生间，让我们这些习惯洗漱的人大吃一惊，住在15层，居然没有水。想想接下来的3天将无法洗漱，太恐怖了！我们马上给服务台打电话。还好，过了一会儿，听到水龙头里有了水声。虽然没有热水，但总比没有水好啊！后来又被告之，晚上8点钟以后有热水可以洗澡，这对于我们这些刚过几年有独立卫生间生活的人而言，已经很知足了。

稍微休整了一下，我们想去侦察一下旅店周围的环境。西山宾馆有些偏，离平壤市中心比较远。站在宾馆的阳台上放眼望去，一片以灰色调为主的建筑，只有电厂的两个烟囱在冒烟。客观地说，平壤的空气是一级的。走在宾馆周围的树木茂密的小路上，我们尽情地做着深呼吸。在经历了工业化的过程后，在北京市区，要想如此呼吸已经是一种奢求了。如此想来，可持续发展本身真是不容易。发展工业与污染环境似乎是一对孪生兄弟。我们喜欢富裕的生活，同时我们也喜欢清新的空气，不知道未来北京的空气是否可以变得好一点。

晚饭是在宾馆吃的，依然是很简单的几样菜。但是，确实如网上所说，吃饱没问题。所以，我们这些现代媒体的信奉者都没有带太多的食品。比那些怕没有饭吃、带很多方便面的人要轻松很多。吃过饭，我们仗着人多，大胆地朝宾馆外走去。四周黑漆漆的，真是伸手不见五指。远处偶尔有车辆驶过，发着微弱的光亮。下午出来的时候看到的一只小狗，此时可能无法忍受中国游客的喧嚣，大声地叫着，声音传得很远。抬头望去，繁星满天，如同孩提时代在农村所见到的那样，这已经是十分遥远的记忆了。尽管大家都已经年过不惑，依然从心底发出了惊讶的呼喊：好美啊！这不禁使我想起过去学过的一篇《新概念》中的课文：城市的人们都喜欢农村的浪漫的田园生活，但是，真正的农村生活却是很不方便的。平壤是城市，却依然保持着农村的淳朴和恬静，真不容易。

散步后，大家都回到房间休息，毕竟已经经历了二十几个小时的辛苦奔波，这一夜，虽然是在异国他乡，却没有陌生感，除了睡前听到几个东北人醉酒后的争吵声和小狗受到惊扰的狂吠声，就没有其他的声音了。或许是因为比较疲劳，我睡得很香。

2005年10月2日

早上吃过饭，我们准备南下前往开城，也就是所谓的"三八"军事分界线，这是南北朝鲜的军事分界线。从1991年苏联解体后，冷战的遗迹在世界上已经很少了。但是，"三八"线依然保持着停战谈判后的样子。或者说，这里是冷战的最后遗迹。高速公路上，除了我们的旅游车外，基本上没有其他的车辆。好空旷的路啊！令我想起"非典"时北京路面的空旷。在北京时，我们都很烦堵车，现在终于理解了一种说法，堵车是经济发达的标志。的确，在朝鲜没有堵车，四处都是静悄悄的，那也就意味着没有人流和物流，人们的主要交通工具是步行、牛车或拖拉机，依稀也能见到20世纪50~60年代的大卡车，所以，人们很难走远道，只能限制在一定的村落里，在土里刨食，因此大家依然在贫困线上挣扎。或许我们应该为自己生活在有堵车的国度而感到骄傲。

现在的"三八"军事分界线，在北朝鲜一边，要去板门店的军事分界线则需通过一个大门，还要开车走一段路，路的两边都有高高的台子，台上有用钢丝吊着的圆圆的大水泥柱。据说，如果有外来入侵，把钢丝解开，水泥柱就会落下来阻塞道路。不知道现代战争中，这些东西是否有用。不管怎样，给自己一点安全感吧！水泥柱子外侧是铁丝网，网外是农田，有很多的人在田里劳作，收割稻子。我们问了导游，才知道那些都是军人及其家属。既要守住要塞，还要自给自足，真是挺能干的。一个2300多万人口的国家，要养活一支100多万人口的军队，20个人里就有一个军人，可能除了这样也没有别的办法了。虽然冷战结束了，但是，高度封闭的国家，依然笼罩在战争危险的恐怖之中。美国把

第十六章 朝鲜考察观感

贫穷的朝鲜的强硬态度当作威胁，而朝鲜也会因为惧怕强大的美国入侵而加倍地武装自己。地区的紧张局势或许就是这样在虚幻的威胁中被创造出来的，通过各国的渲染而进一步恶化。在朝鲜，所有涉外商店的商品标价都是用欧元，而不是美元；而且也绝对不发给美国人入境签证，据说是因为特别仇恨美国。通过在朝鲜境内两天的观察，朝鲜的确是一个缺少电力的国家，利用轻水反应堆发电，改善电力供应情况，是朝鲜的真实需要，而美国却是不断阻挠，言而无信。到底谁是"无赖"，在这个缺乏公理的世界上是说不清的。

我们去了停战谈判的纪念地，有两座房子，一个是谈判用的，稍微小一点；另一个是签停战协议用的，房间比较大。在我们的宣传中，没有中国人民志愿军肩并肩地与朝鲜人民军作战，朝鲜战争是无法胜利的。而朝鲜的谈判遗址，只保留了朝鲜和联合国的旗帜，中国在这里已经被淡忘了，似乎朝鲜战争是自己打赢的。或许弱者都是通过这种方式找自信吧。

我们终于看到了军事分界线，却不允许拍照，必须到一座楼的阳台上去拍照，远了很多。朝鲜这边的军人看着都神情严肃、立定站着、纹丝不动，而韩国的军人感觉比较随意，不时地拿着望远镜向我们观望。不知道没有外人的时候，两边的兄弟们是如何相处的。想到同一民族因冷战而分离，不禁有些替他们感到难过。60 年的光阴，多少朝鲜的家庭被分隔南北不能团聚。人间的亲情被意识形态的分歧撕裂。有时，我真的不理解为什么人类总是创造出一些怪异的东西来折磨自己。

为了证明自己来过板门店，大家都纷纷找朝鲜军人合影留念，我们也不能免俗。从表情上看，朝鲜军人很不耐烦。但是，也架不住友好的中国人民的热情邀请，一次又一次地跟大家拍照，最后不堪忍受，也不再放哨了，落荒而走。因为语言不通，也不知道他们临走时说的什么。而我们却似获胜般高兴地在各个角度拍照，在管制中偶尔得到一点自由，让人感到很惬意。

中午饭是在开城吃的。一个外表不太起眼的饭店，进去后却挺漂亮的，尤其是桌子上摆满了各种金黄色的小碗，上面都有盖子，摆得很有秩序，看起来让人很有食欲。待大家坐好后，服务员把碗盖一一打开，一份份精致的小菜，色彩诱人，但可以看出是凉菜。每个人一大碗米饭，似乎每个朝鲜的餐馆都把泡菜当作主菜，所以，无论是住的宾馆还是吃饭的餐馆，一进门就可以闻到一股浓浓的泡菜味道。虽然我不太喜欢吃辣，但是，想到朝鲜人民把最好的菜都贡献出来，我还是吃了很多饭菜。看来要想靠到朝鲜游览来减肥，也不是一件容易的事情。吃过饭，我们到餐馆的外面走了走，远处有一个金日成的巨幅雕塑，我们一路走上去，在金日成的塑像前照了相。高大的塑像在一个高坡上，俯视着开城的芸芸众生，验证着在朝鲜到处可见的箴言："伟大的领袖金日成主席永远和我们在一起。"朝鲜人民依然爱戴并崇拜着他们的领袖。在我们来朝鲜的路上，每一个小火车站上，都悬挂着金日成的照片，用朝鲜语写着两句话，一句是上面提到的，另一句是"21世纪的太阳金正日将军万岁！"看到这些东西，恍惚间又回到了"文革"。我们也有过狂热的崇拜经历，虽然今天看来，这种崇拜有点傻，但是，今天中国这样拜金的、没有信仰的商业社会也让人感到很忧虑。看到朝鲜人民的崇拜，我突然间产生了一个疑问，即使一个信仰是错误的，它是否也比没有信仰更好一些呢？不然为什么世界上很多人都在为信仰而战，即使是为了私利也要打着信仰的旗号呢？

　　下午我们返回平壤。我们先参观了"祖国统一三大宪章纪念碑"，该纪念碑上的图案是两位女子共同捧着一个圆形物，上面有朝鲜南北地图，标志着朝鲜人民希望祖国早日统一。该纪念碑是2001年8月建成的，高30米，占地面积10万平方米。在蓝天和白云的衬托下，甚为壮观。接着，我们参观了被朝鲜捉住的美国间谍船。船上有电视，循环播放着20世纪60年代后期，美国83人的间谍船闯入朝鲜海域，被7个人民军俘虏的故事。

　　之后，我们去参观金日成主席的故居——万景台，这是金日成早年生活的地方。据说，他早年学习十分刻苦，为了不打扰别人，他一个人跑到马厩里掌灯读书。他14岁时就写下了"朝鲜独立"四个字，表明他少年时期就把追求民族解放当作自己的奋斗目标。他的父母很穷，万景台是个坟地，他的父母因为给富人看坟才住到这里。他的家人与毛主席的家人有些类似，几位家人都为革命牺牲了。导游带我们到这里，大家都把这里当作旅游景点，只是看看热闹。在这里我们也看到了很多朝鲜人来参观，他们把这里当作圣地，每个人都身穿正装，表情严肃地听导游介绍他们的伟大领袖的少年时代。走到稍远的地方观赏，觉得金日成住的地方的建筑风格有点像韶山。或许世界上的伟人的出身都有点相似，西方的耶稣不也是诞生在马厩里吗？至少有一点我们可以认识到，艰苦的生活，有利于人的成材，造就划时代的伟人。

晚上去一个餐厅吃饭，终于有一个热菜了，大家都很高兴。更让人感到意外的是，餐厅的服务员个个都能歌善舞，不仅可以唱朝鲜歌，而且中国的很多流行歌曲也唱得很好。大家都说，其中的任何一个到中国来，包装一下都可以当歌星了。真没想到朝鲜有这样出色的餐厅服务员。我们的赵老师把她带来的口红分给了3个服务员，他们都很感激，很高兴地与赵老师留了影。

2005年10月3日

早上我们去参观了坐落在平壤市中心的万寿台大纪念碑，那里耸立着高大的金日成铜像，大概有20米高，铜像的背景是长白山，朝鲜人叫白头山。导游在车上就告诫大家一定要给金主席行礼并献花。卖花姑娘站在车门边，等着大家买花，一把花20元。我们拿着花站在不同的角度拍照，这个广场设计得很好，错落有致。因为有梯度，视野更加开阔。不时有一些上班的朝鲜人到铜像前鞠躬，然后继续匆匆赶路。金日成的一只手在挥舞着，似乎在指引着朝鲜的前进方向。但是，参观的人已经被告知不能模仿这个姿势，据说这是对伟大领袖的大不敬。为了尊重朝鲜人民的感情，我们的旅行团中，没有人违反这一规定。在广场上，还可以看到一幕独特的景象：一群群朝鲜中学生，手拿扫帚，在广场上认真地扫地，大概是一种表示崇敬和景仰的仪式，为领袖拂去地上的尘埃。可以说,在平壤为金日成主席献花与扫地,已成为市民生活的重要组成部分。

接下来的行程是妙香山。听导游说,那里的自然风景十分优美。但是带我们去那里,并不是为了观赏风景,而是为了参观国际友谊展览馆。在朝鲜,参观所有的地方都是不收门票的,而且大部分都是与金日成家族成员有关的纪念馆。大家都戏称,我们这一次是"保先之旅""缅怀之旅""革命传统教育之旅"和"忆苦思甜之旅"。由此我想到,其实中国在这方面还需要向朝鲜学习,一些有关中国历史遗迹或革命传统教育的地方,真不应该收费。例如,圆明园遗址,不但进大门收费,里面的小园还要单独收费,很多游客都放弃了,也丧失了接受中国近代屈辱历史教育的机会。很多的历史遗迹收费都很高,要不是实在想看,大家就都选择不看了。我们用高收费的方式,把公民与传统、文化隔离开,使一些应该有的教育机会流失掉了。

妙香山有两个展览馆,它们依山而建,主体在山洞里,外面有一个两层的观赏台,可以看看周边的自然风光。仅仅是金日成主席展览馆的大门就有16吨重,上面镶嵌着金日成花。纪念馆内富丽堂皇,与这个国家的经济实力似乎太不相称。进去的时候要穿一双布制的鞋套,可能在参观的同时也可以把大理石的地面拖得更干净一些或担心损坏地面的光洁吧!展览馆里主要陈列着各国政要或民间团体送给金日成和他的夫人以及金正日的各种礼品。礼品有21万多件,据导游介绍,假如在每个礼品前停留5秒钟的话,要想观看完所有的礼品,需要1年半的时间。礼品大到斯大林送的火车,小到一支金笔或一枚金戒指,真是应有尽有。似乎他们接受的所有礼品及所有的人送的东西都按照赠送的日期被陈列出来了。有一个礼物的赠送者的名牌写着:一位北京公民和北京公民的妻子。居然没有姓名,真是很有意思。由于时间关系,我们只参观了中国礼品馆和亚洲与欧洲馆。在此,我突然想到,如果中国的领导干部也都把友人送的纪念品陈列出来,也就不会落个贪污受贿的罪名了。

中午,我们在妙香山附近的一个餐馆吃饭。餐馆有一个院落,七拐

第十六章 朝鲜考察观感

八拐才进到饭堂，饭菜与以往差不多。吃过饭，我们也想在周边转转。院落外面有一个"永生塔"，上面的字依然是"伟大的领袖金日成主席永远和我们在一起"。周围的房子明显比较破旧。当有几个人想走到远一点的地方拍照的时候，朝鲜导游非常着急地把他们召唤回来，并告诉他们那里是不允许拍照的。同时，我们也看到，几个穿蓝衣服的人中，有两个蹲在不远的路边，还有两位徘徊在院落外。由此我们也体会到，我们处于一种被管制的状态。有一点想不通的是，他们为什么不让拍照？中国导游说："是怕把他们不好的地方给宣传出去。"我感觉很好笑，朝鲜的贫穷还用宣传吗？似乎地球人都知道。不管怎样，他们还是受到"家丑不可外扬"观念的影响。其实，这种观念挺害人的。为了让别人瞧得起，不惜造假、说谎，这已经成了惯性。这确实说明，一个民族或国家或一群人的自信不够。或者在这种体制下，大家更多的是想如何把别人糊弄过去，而不是想如何让自己过得更好。或许这种高度集权的体制，说谎者更容易生存。唉，这真是社会主义国家的悲哀啊！说起管制，不但我们外国人被管制，朝鲜本国人也被严格管制。我们的旅行团一共30多人，不但有正导游，还有一个副导游。副导游除了刚开始时为大家唱了两首歌以外，一路上几乎什么也不管，更不介绍情况。从其眼神可以判断，他的主要工作恐怕就是既监视大家，也监视同伴。大家都说他是"克格勃"，但他自己却矢口否认。我们的旅程大约都是早出晚归，多在晚上八九点钟返回宾馆。送走客人以后，每个团的朝鲜导游都在沙发上或台子上奋笔疾书，也许是在写"思想汇报"吧，必须当天晚上交上去。此外，我们沿途所经过的主要路口，几乎都能看到军人持枪把守，检查来往的过客。据说，如果没有得到许可证，一般的百姓是到不了外地，更到不了平壤的。真让人感到这是一个军事管制的国家。大家都缄口不谈政治，特别是涉及领袖的话题，只是每个人的正装的左上方，必须佩戴金日成的像章。据说凡是14岁以上的朝鲜公民，必须佩戴。外国游客们非常想买一枚，但是他们绝对不卖，都是政府配给的。

下午我们去参观中朝友谊塔——中国志愿军烈士纪念碑。友谊塔内保存了抗美援朝战争中牺牲的中国人民志愿军烈士的名册,上面记载了在朝鲜战争中牺牲的烈士名单。因为人多地方很小,我们没有办法看到名册,只在旁边听着别人念那些熟悉或不熟悉的阵亡烈士的名字。友谊塔坐落在一个山坡上,据说是金日成主席和周恩来总理亲自选定的地方。站在塔前可以眺望远处的千里马铜像,据说有23米之高,它象征着朝鲜人民以一日千里的速度建设自己的国家。不过,另一个方向的尽头处是一座未完工的高大建筑。在火车还没有驶进平壤站时,我们就看到了那个像金字塔一样的灰色建筑。有100多层,300多米高,据说是德国在10年前投资修建的平壤最高的宾馆,后来因为没有资金而停工。10年了,至今建筑用的起重机依然安置在最高处。现在要把它弄下来都不容易。中国的导游说,这个建筑已经成了"烂尾楼"(危楼)。而朝鲜的导游却在刻意回避这一话题,不知道其中究竟有什么故事。

接着我们又参观了凯旋门。朝鲜导游骄傲地介绍说,大家听说过法国巴黎的凯旋门吗?大家一致回答:"没去过。"他接着又说,我们的凯旋门比它还高10米。大家抬头望去,的确,朝鲜的凯旋门很壮观。据说,凯旋门是1982年为纪念金日成同志七十寿辰而建造的,高60米,宽52.5米,整座建筑用1万多块精雕细琢的高级花岗石砌成,规模宏大。门柱正面镌刻着白头山、《金日成将军之歌》和金日成投身革命到凯旋回国的年代"1925""1945"的字样。门柱边缘有70块金达莱花纹浮雕石板,标志着金日成主席的七十寿辰。

之后,我们参观了一所中学。朝鲜实行11年义务教育,学前1年,小学4年,初中3年,高中3年。无论农村还是城市都一样。高中毕业后,一小部分人可以上大学,其他的人则由国家统一分配工作。学校基本上是小班教学,一个班大约有20多名学生。学校是半天上课,下午是自由活动。学校有各种兴趣小组,我们参观的学校有外语、化学、手工、体育等课外活动小组。手工组都是女生,绣的各种人物和花卉都很漂亮。在一个很大的体育馆内，有十多张乒乓球台，很多学生在这里打乒乓球。一些游客不甘寂寞，走上去跟朝鲜学生一起打球。接着我们到了一个能容纳400人左右的礼堂，看中学生排练节目。一些学生多才多艺，不仅会演奏乐器，还能歌善舞，让人颇感意外。我突然感觉到，似乎朝鲜才真正符合我们提倡的素质教育理念，而在中国我们已经离素质教育太远了。或许正是因为他们的人民受教育时间长、水平高，才会有朝鲜社会良好的秩序。上车都排队，秩序井然；大街上干干净净，没有人乱扔东西；大街上的车很少，偶尔有一辆车过去，但是，没有人横穿马路，都走地下通道。倒是我们这些中国人，看惯了车水马龙的大马路，很少见到如此清静的去处，纷纷走到马路中间拍照留念，把女交警急得够呛。在平壤市内，所有的交通警察都是女的，平壤之外的则是男的。漂亮的女交警成了平壤街头的一道亮丽的风景线，据说她们都是大学毕业的高材生。她们执法很严格，我们的旅行车停错了地方，一个女交警很厉害地过来斥责，但似乎还没有学会使用罚款的手段。但是，当一个韩国代表团的车停在他们的凯旋门里时，她们却一点不生气。我们问导游这是什么原因，导游说因为我们是兄弟。兄弟就可以手下留情，真是一个人治的国家啊，一些人必须严格遵守规定，而少数人则可以随意违反规则。

从学校出来，我们参观了主体思想纪念塔，塔高170米，坐落在大同江畔，上面有两个朝鲜字——"主体"。据导游介绍，所谓主体就是人是自己命运的主体或主宰者，依靠人可以创造美好的社会与美好的未来。塔的正前方有一个3个人的塑像，一个人手里拿着锤子，一个手里拿着镰刀，还有一个人手里拿着一支笔。也就是说，他们崇尚的主体是工人、农民和知识分子。雕塑的造型是锤子和镰刀左右交叉，笔则立在中间。真是一个很好的寓意！也就是说，他们与中国"文革"时期最大的不同是，并不排斥知识、教育和知识分子，而是把他们放在中心的位置。

晚上我们到朝鲜五一体育场观看有十万人参与的大型团体操《阿里

郎》表演。据说它是亚洲最大的体育场，可以容纳15万人。我们在去朝鲜前被告知，《阿里郎》的表演从9月15日涨价，从200多元人民币涨到450元。而且，每个旅行团都必须看，在去新义州前，就在车站收钱。如果拒绝看《阿里郎》，就不发签证。每个人都不得不把钱掏出来。不过，看了之后，还觉得这钱花得挺值的。在当今世界，恐怕很难有哪个国家能够组织起这么多人，进行如此高水平的演出了。无论是它的艺术构思、舞台设计、服装、色彩、灯光、动作、背景画面，还是有序的组织，都堪称世界一流。据说参加演出的都是平壤的各界人士。有小学、中学、艺术团体、人民军等共计10万人，整个平壤的人口是100多万，差不多每十个人里，就有一个人要参加《阿里郎》的演出。从4月演到10月，除了周日，一周要表演六场。难怪其动作的整齐划一、表演的流畅达到了空前的程度。最感人的场面是，有一群韩国的游客被安排在一个特殊的看台，他们都整齐地挥舞着三角小旗入场，朝鲜同胞们给予热烈的鼓掌。特别是当演到希望南北朝鲜统一的节目时，全场呐喊与欢呼。表演结束后，我们的旅行车徐徐开动，可以看到一股股人流向不同的方向移动，这是我们在朝鲜看到的最多的人。他们都是步行，周围一片漆黑，没有路灯，已经是晚上9点多钟了，只是在重要的交通路口，能看到女交警挥舞的警棍所闪烁的红光。我真佩服朝鲜人民的毅力。如果在北京，不知道大家是否还有如此的热情和耐心做这样的事情。表演《阿里郎》是平壤人民最大的政治活动。

2005年10月4日

今天，我们要结束在朝鲜的行程了。清早我们趁着集合之前，去了一趟江边。这是我们在朝鲜的唯一的自由活动，而且活动半径超出了1000米而没有遭到干涉。路上，人们都行色匆匆，很多人的自行车上都夹带着各种色彩的花束。据说他们正在为10月10日国家独立日的庆祝活动排练节目。朝鲜族是能歌善舞的民族。我有个朝鲜族的同学，她对我说过，他们很重视各种节日庆典，只要有机会，大家就会聚到一起唱歌跳舞。朝鲜的导游也介绍说，他们几乎每个月都有国家级的节日或庆典。例如，除了元旦和五一国际劳动节以外，还有 2 月 16 日金正日的生日、4 月 15 日的太阳节（金日成诞辰日）、4 月 25 日的朝鲜人民军建军纪念日、6 月 25 日的（朝鲜战争）开战纪念日、7 月 27 日的祖国解放战争战胜纪念日、8 月 15 日的解放纪念日（日本宣布无条件投降）、9 月 9 日的国庆节（建国纪念日）、10 月 10 日的朝鲜劳动党创党纪念日和 12 月 27 日的宪法节等。或许正是这些盛大的庆典和民族的特性使他们能够暂时忘却物质生活的困苦，忘我地投入精神生活的享受中。

在我们上楼拿行李的电梯里，操作电梯的人很友好地问："吃方便面？"我们一开始没有理解，后来搞懂了，他想要方便面。我们让他等一下，他居然听懂了，一直等着我们从房间出来。大家把各种剩下的食物都给了他，他十分高兴。后来，我们听说他还向别的旅客说："抽烟。"有的旅客给了他香烟。

终于，我们踏上了回国的归途。但有三个上海人想从导游嘴里套情报，头天晚上请导游喝酒，想着导游喝醉了自然会流露出一些真话。谁知朝鲜的导游海量，结果人家没有被灌醉，他们自己却喝多了，已经过了出发时间还没有起床，急得导游上楼去叫醒他们。因为这个小插曲，我们旅行团到车站的时间比较晚。其他的车厢都满了，只有最后的一节朝鲜人的车厢还有一些空座。没有办法，我们被安排在这个车厢。当我们刚把行李放好，不知道为什么，朝鲜的列车员想把我们赶到前面去。但是，大家都有行李，不愿意动了。最后他们也没有办法，经过交涉，终于同意我们可以在此就座。但是，他们来了四五个人坐在最后面的地方，估计是监视大家，不希望看到两国普通百姓的交流。

走到半途中，车厢前部的朝鲜姑娘们不甘寂寞，大声地唱起了《阿里郎》，恰好昨晚刚刚看了《阿里郎》的演出，中国游客们都兴奋起来，应和着一起唱起来。列车员走过来加以干预，这一下，可惹火了中国的游客，大家更大声地唱起来，朝鲜的姑娘不唱了，中国的游客自己唱。最后，在车厢里形成了中朝人民对歌、对舞的局面。后面的列车员见势不妙，一溜烟儿地都跑掉了。获得自由的人们，更加高兴地卖力唱起来。直到唱累了，也不知道该唱什么了，才回到座位上休息。一次寂寞而枯燥的旅途，因为这样一个小插曲而充满了乐趣。大概是车走得比较顺畅的缘故，到新义州时才下午两点多。由于边检人员还没上班，我们一直等到四点，才得以过江。

抵达中国的丹东火车站后，感觉明亮多了，人也多了起来。由于车票紧张，当天和转天返回北京的票都没有了，导游帮我们预订了5日从沈阳返回北京的车票，这样我们就需要在丹东住一夜。虽然是一个陌生的城市，但是，毕竟是祖国的土地，我们又回到了自己的家。夜晚，鸭绿江边的景色很美，路边上灯火通明，跟对岸黑漆漆的朝鲜形成了鲜明的对比。曾经被日本炸断的中朝铁桥，中国一边已经变成了供游客参观的断桥，票价20元。此时不禁有些怀念朝鲜不需要买票的游览了。或许人就是这样，一方面的进步伴随着另一方面的失落，真的很无奈。

2005年10月5日

看到旅馆的宣传册，才知道丹东还是有一些去处的。在虎山有一段长城，据说是中国长城最东部的起点，还有中朝边境的"一步跨"，大家都想去看看，这样我们就乘车来到虎山长城。到了长城，才知道它真实的意义。从长城往下看，远处是鸭绿江，江心有一些小岛礁，听说过去大多属于中国，而今大部分挂在朝鲜名下。而江边靠中国的一方，还有两个江岔口，形成两个细细的支流，有一片土地将两个支流分割开。中国与朝鲜的边境是以外侧的小溪为界。每当枯水季节，就变成了一步可以跨越的国界。在那片土地上，居住着一些朝鲜居民，还有他们耕种的农田。有时他们也会到边境找中国居民要些东西。由此，我们就理解了修建长城，其实就是让历史做证，长城内的这片土地的确是中国的。在国家利益问题上，即使是一起浴血奋战过的战友，也会兵戎相见。中越关系已经是前车之鉴。所以，小心翼翼地采用现实主义的态度，运用各种外交手段处理国际关系，还是非常必要的。

第十六章　朝鲜考察观感

辛苦的朝鲜之旅结束了，勾起了很多我们对往昔的回忆，也使我们感受到今天中国生活的美好。虽然我们的国家经济发展不均衡，但是，它在坚定地往前走；虽然我们生活中有很多的不如意，但是，我们享受到的自由已经足以让朝鲜人民羡慕。或许我们应该十分庆幸自己生活在这样一个时代、这样的国度。

第四篇
中国社会的文化生存感受

第十七章　从多个角度看社会信仰

对外国人而言，中国人的信仰是众多难以理解的事情之一。中国人是否有信仰，中国人信什么，中国人如何实践自己的信仰等问题，一定像谜一样困扰着对中国有兴趣的人。但是，要想说清楚现代中国人的信仰，其实并不容易。现代中国人不仅继承了传统中的信仰精神，还吸收了很多外来的因素，并将其很好地融合到自己的文化信仰之中。因此，我们力图从多角度对中国人信仰的图像进行描述，以便不同文化背景的人对这一问题有真实的了解。

一　"月映万川"——中国人对宗教的理解

在中国，究竟有多少人信教，始终是一个没有办法搞清楚的问题。有人说是1亿人，但马上有人出来反对。他们说，在全世界60多亿人口中，有48亿人信教，12亿人不信仰任何宗教。如果中国13亿人中，信仰宗教的约1亿多人，近12亿人都不信教。如此说来，全世界不信教的人几乎都集中在中国了。也有人说，现在中国信教的人有3亿人，或者更多一些。但是，不管怎样，对外国人来说，在中国似乎不信教的人要更多一些。于是，他们往往会产生很多疑惑：没有宗教信仰的中国人过的是一种什么样的生活？在他们看来，没有宗教信仰就意味着一个人的心灵没有寄托，这是一件非常可怕的事情。其实，要说中国人没有信仰，那也是不现实的。世界上所有的民族，都有安身立命的精神依托，对此，中国人同样有自己的理解。在中国，我们有着五千年的文明历史，有着五千多年的文化，中华民族在这种文化背景下，产生了儒教、佛教、道教，还融入了基督教、天主教等，多元的宗教信仰一直是中华民族文化发展的现实。

信仰代表着一种"至善"的境界，而人类对"至善"的追求是一种基于人性的普遍需求，因此，中国人也不例外。但是，与西方人在宗教问题上的固执相比，中国人对于信仰问题，有很多灵活与变通之处。中国人相信这个世界有统一的"宇宙精神"，犹如德国哲学家黑格尔的"绝对精神"一样。而世间的人们之所以有不同的信仰，就如同"月映万川"，虽然是同一个月亮却可以寄托不同的情感。中国人承认"至善"的存在，只是中国人的表述方式没有那么较真儿。在我们看来，既然知道它是一种"至善"，那么用什么词来称谓，是真主、上帝还是菩萨，其实都没有什么关系。因此，作为中国人，也很难理解西方历史上的宗教战争，为宗教信仰去打仗，真是一件不可思议的事情。甚至在今天，同一宗教的不同派别，也摆出一副势不两立的样子，更是让人匪夷所思。"犯得着吗？"这种疑惑大概最能代表中国人对宗教冲突的态度。

就现实的人生状态而言，信仰作为人类精神支柱，它揭示的是人类生存的目标和意义。它既包括人类对现世和彼岸幸福的定义和期盼，同时也包含对自身和社会的期待和要求。中国人"穷则独善其身，达则兼济天下"就是根植于儒家文化土壤中的信仰，它体现了中国人对现世"正义"的追求，对自身的"善"的期待。但是，中国人恪守的规范，并不是以一种组织或教义的方式出现，而是借助上古先贤在他们的经典著作中，对人生哲理和行为方式的阐释而世代相传，其中所阐述的民族文化在历经数千年之后仍然滋润着这片土地并陶冶着中国国民的性格。

二 兼容并蓄并持续创造——中国人对神的态度

在单一信仰的国家里，人们常把自己信仰的神当作唯一的真神加以顶礼膜拜，而把其他的神看作假神或者魔鬼。中国人对此很不以为然。中国的神很多，而且从身份、作用上都与西方不同。我们大致可以把中国的神分成四类。一是关于民族起源的神话神，如女娲、盘古等，它们大都与远古时期华夏民族的形成有关。二是宗教创造类，比如如来佛、观音菩萨、玉皇大帝、太上老君等。这些神大抵都与中国传统精神文化相关，当一种学说成为一种信仰，便会产生出一些需要敬拜的神灵，如儒家、道家的创始人在一定意义上都成为宗教意义上的神灵。再加上印度佛教传入中国后，经过一段时间的本土化所形成的神灵，基本上构成了中国儒、释、道三种不同的宗教意义的神。三是文学创作类，如托塔天王、哪吒、比干等，这些都是根据文学创作的形象，而拥有了不同的功能。比如《封神演义》主题做恶惩奸，借用"神"的名义只是为了突出善的力量，同时增加小说的戏剧性；又如《西游记》的天庭诸神，则完全是"反面角色"，用以讽刺封建等级制和统治者的无能。四是民间习俗类，如灶神、门神、财神等。传说门神就是秦琼和尉迟恭，这二人因为唐太宗做噩梦时，在床边守了一夜，从此被百姓封为门神并广为流传。尽管今天人们已经不清楚这两个门神的来历，但是，在小城镇中，至今仍经常能看到普通民居门口贴着两个霸气十足的门神。

与西方人自始至终地相信某一个神的传统相比，中国人在不同的时期，都会根据自己的需要创造出新的崇拜对象，而且常常是把历史中真实的人当作神来敬拜。比如说关羽，是个实实在在的历史人物，然而就因为其骁勇善战、重情重义，又长了一张红脸，因此后世的人们就把他奉为"关帝爷"，在中国的很多地方都有"关帝庙"，甚至有些民众还将关羽的塑像放在家里，以保佑一家老小平安。在中国社会中，这种神化历史人物的造神方式是非常普遍的。除关羽之外，还有屈原、包拯等，很多人都因在具体历史时期的特殊功德而被百姓尊为祭拜的对象。而且，即使在现代社会，中国依然不断在进行着造神的运动。笔者在安徽旅游的时候，曾经听到这样一件事情：湖南人要造一座毛泽东的塑像，在运输塑像的过程中，路过井冈山，汽车突然没有理由地抛锚，而第二天却又神奇般地修好了。人们说:"是毛主席想要在井冈山停留一夜。"而后,在塑像落座的过程中,因为用绳子捆绑塑像,塑像无论如何也吊不起来,最终,人们是通过很有敬意的方式才让塑像安然落座的。当地的群众都说,毛主席是神啊,不能随便得罪。据说在毛泽东的家乡湖南,很多人都把他当作神仙敬拜。

至于中国为什么没有产生一个如西方那样的有权威的统一神,这其实与中国特定的文化相关。因民间自发传播而形成的宗教信仰,作为一种能影响人类意识形态的思想力量,与其他的思想一样,是需要自由的舆论环境来保障的。而自秦朝开始,中国就进入了大一统的封建王朝时期。对于一个幅员辽阔、民族众多的封建国家的统治者来说,控制舆论、限制言论自由当然是最立竿见影的统一意识形态的方法。所以不论秦始皇的焚书坑儒,还是汉武帝的独尊儒术,乃至后世两千多年的封建社会,历代统治者都不遗余力地让百姓闭塞视听以接受自己的教化,从而做个"顺民"。从某种程度上讲,中国人出现统一的宗教的可能性,是被中央集权扼杀了。在扼杀"非正统"宗教的同时,统治者也试图为大众逐步建立起一个可信仰的"神祇"——他们选择了"天",并以"天子"之名来建立统治者的权威,同时也为其专制提供了借口。然而,按照儒家的讲述,"天"并没有神性,而是"自然规律"。百姓对于"天"的概念是含糊的,只知其神圣高远、敬它畏它,却因不知道它与自己有什么关系而始终没有达成对"天"的信仰。

三 中国人对鬼神的看法

在西方的信仰中,总是试图拉近人与神的关系。例如,人们信仰上帝,并在现实生活中尽可能行善,最终,就可以获得上帝的应许而进入天堂,与上帝一起享受天堂的快乐。而在争取去天堂的过程中,你必须有毅力与考验你意志的各种魔鬼做斗争,如同耶稣要在旷野中经历40天各种严峻的考验一样,最终将获得上帝的喜悦,而得到接纳。

中国人是用生死定义人生的，无论如何，生都是一种值得追求的目标，所以，才有"好死不如赖活着"的说法。而且，对于死后的灵魂，中国人更能接受一种轮回的说法，认为人的生存是一种轮回，如果此生你做好事，那么，将来可以再投生到一个更好的人家，享受更多人生的乐趣；而如果你不行善积德，来生恐怕就要变为牛马等畜生，任由他人役使。因此，此生的功德其实是为来世积累。

就信仰而言，中国人常常把"鬼神"等词语等同起来，表达一种超自然的力量，同时，与西方相似，中国人有时也用善恶的境界来界定二者。但是，西方人谈到魔鬼时极度憎恨，把魔鬼当作需要斗争的对象。而中国人并不刻意地挑动人与鬼之间的斗争，而是用一种"息事宁人"的态度，"敬鬼神而远之"。甚至，在中国的传统文化中，还把那些因受到现实迫害而死的人称为"屈死鬼"，他们在阴间可以作法，向人间讨个公道。在中国著名的古典名著《聊斋志异》中，很多鬼都具有善良的本性，而且向往美好的生活。而且，还可以使用它超自然的能力，帮助好人惩罚坏人。如果人是含冤而死，他可以在阴间向阎王申诉，而最终得到公正的判决。在这个意义上，阴间的阎王并不完全等同于西方的魔鬼，同样具有执掌判断是非善恶的能力及一种惩恶扬善的功能。从一般的意义上说，与西方人一样，中国人对鬼神的态度并不是"信仰"，更多的是"敬畏"。对待鬼神，中国人的基本态度就是宁信其有，不信其无。

中国人相信的神灵很多，从自然现象到社会权力，从天上到地下，从死人到活人，只要能够崇拜、信奉的，能够从此信仰中建立利益互惠关系的，人们都会烧香磕头、下跪许愿，从而建构中国人独有的"利益信仰模式"。人们根据自己的现实需要，赋予各路神仙不同的功能。灶王爷负责看灶；门神负责看门；送子观音负责解决生育问题；花娘娘替人出天花、出麻疹；财神爷帮助人赚钱；妈祖保佑人航行顺利。

在今天的中国，伴随着中国社会主流意识形态影响力的淡化，古代的文化在回潮。虽然人们并不热衷于讨论终极性的东西，但是也不反对，更多的人奉行一种以我为主的灵活的多神论。一次，当我问烧香的人是否因为信仰而敬拜时，他说："我连'释迦牟尼'四个字怎么写都不确定，所以，也难说什么信仰。但是，每次进到寺庙，我总喜欢在佛像前跪拜一番，双手合十许个愿，希望佛祖成全。有的时候我自己都觉得挺对不住佛祖的，有事了想起来求求，没事就忘到脑袋后面去了。"这大概就是普通的中国人最典型的对待信仰的态度。在饭馆里，香几上可以同时供奉着财神、关公、寿星，有的甚至还有玉皇大帝和招财猫；一个遇到困难就祈祷"上帝保佑"的人照样可以对着佛像磕头许愿——不可谓不虔诚，但也绝不是信徒式的信仰——这就是中国人对于"神"的态度。这些"神"之所以能被人们记住，完全是因为人们的现实需要。换句话讲，门神除了看门镇宅之外什么也不是。中国人只有在遇到困难时才会去烧香拜佛，也就是所谓的"临时抱佛脚"。

由于中国民间对宗教一直持一种十分功利的态度，因此，也没有人太在意一个人真正的信仰是什么。一个中国人的宗教信仰可能是十分混乱的，他可以同时信仰佛教、道教，甚至是基督教。在中国人的葬礼上，有财力的家庭一般既请和尚，又请道士，一起来为死者超度，这种宗教形式对中国人来说是很平常的事。因为他们并不真正地信仰某一宗教，在他们的心中也根本无法肯定到底是哪位主神在主管着世间的一切。因此，对中国人来说，任何一种宗教都是可信的，也都是不可信的。因此，拜神仙对他们来说，是韩信点兵，多多益善。

在中国人看来，神的作用就是祈福避祸，只要能够达到这一目的，就不必计较是哪路神仙。如果你有时间、有精力把所有的神都拜一遍，是有益无害的事情。财神爷可以保佑我们升官发财，观世音菩萨和上帝能够救苦救难，灶神爷能让我们衣食无忧，关老爷能保护我们不受欺负，总之，一切神从某种程度上来说都是为中国人过上幸福快乐的生活而服务的。在需要的时候我们可以祭拜他，但是一旦发现这个神并没有起到应有的作用,那么我们也不畏惧把他砸碎。

四 中国信神的人们

(一) 旅游与拜神

"从前有座山,山里有座庙,庙里有和尚与老道……"这曾经是儿时听到的老人哄孩子很老套的语言,从来也没有想过考察一下这话的真实性,但是,在中国走的地方多了,却突然发现那老妇口中哄孩子的话,却是如此的真实。当旅游成为中国时髦的事情,大家都愿意游历一下祖国的名山大川。无论走到哪里,只要走进了山,恐怕都会遇到庙宇及和尚和道士。

在中国,与西方最不一样的地方,就是西方的教堂常常地处闹市,也是人们日常聚会的场所;而在中国,寺庙一般都坐落在僻静而风景秀丽的大山之中。因此,除了虔诚的信徒之外,一般人恐怕很少能定时去某个寺庙祭拜。现在,人们大多把旅游与拜神联系起来。如果你在旅游的时候恰好走到了佛教名山,那么,就自然要拜一拜菩萨;如果你恰好走到了道教名山,那么,拜拜太上老君也是必不可少的事情。

通常旅游的人在导游的引导下进入了庙堂,导游在介绍了庙堂的来历之后,总会告诉人们某菩萨在求子、求美满婚姻、求事业有成等方面有多么灵验,而游人在导游的怂恿之下,便忍不住要掏腰包进香祭拜了。一张张虔诚的脸、一双双满怀渴望的眼睛,在烟雾弥漫的香火中,向菩萨叩拜、馈赠之后,便心满意足地离去。同样这些善男信女,刚在前山的佛堂中祭拜过,到了后山的另一个庙堂也许就进了道观了。同样的虔诚祭拜,无限的希望也同样拜托给了道中仙人。这就是中国人的信仰。中国人的心胸太博大,可以容下世界上所有的神。别管是属于哪个民族、有何背景,只要人们相信神的灵验,总会把无限的信任通过香火毫不吝啬地奉献出来。因此,中国人对神的态度是很包容的,彼此之间很少因为信仰不同而大打出手。

（二）中国的和尚

一个朋友的孩子要考大学，考前感觉没有太大的把握，一家人到一座佛教名山去拜菩萨，他们承诺只要孩子考中了理想的大学，一定要来还愿。而后在孩子上大学三年级的时候，终于有机会再一次游历该山，为了还愿，她花了大价钱买香，谁知碰到一个黑心和尚，看她是个肯掏钱的人，居然还要多收她的钱，她很愤怒地责备和尚不该玷污了佛门的圣洁，而和尚却摆出一副地痞无赖的样子耍横。毕竟是在深山密林中，看到一个凶恶的和尚也真有点让人胆怯，同来的人打着圆场，她终于平安地离开。

在中国西北的甘肃藏区，有一个非常著名的寺庙，名为拉卜楞寺，在那个寺庙所在的镇上差不多有8万人，大约有3万人在寺庙学习。有些人从很小就待在寺庙里学习佛经，如果能够学成得道高僧，会有非常光明的前途。不仅在寺庙的僧人中享有很高的地位，而且还会成为博学的医生，帮人解除疑难杂症的痛苦；藏人家有人去世请高僧做法事的时候，请到高僧念经也是非常不容易而且是很昂贵的，也许要倾其一生的积蓄才有能力请高僧做一次盛大的法事。因此，那种荣耀并不是所有的和尚都可以得到的。但是，这对遁入佛门的人而言是一种类似俗世的成功境界，也成为和尚们立志的目标。

在中国的各个地方，分布着名气不同的庙宇，庙宇的名气大，香客多，自然收入也多。在今天，中国的和尚也不单纯是一种信仰，而更像一种职业，和尚穿着袈裟、拿着手机，有的地方和尚还有自己的私家车，与文学作品中所描述的为了逃避尘世的不如意，或者为了冥思默想的哲人相比，今天中国的和尚与世俗社会生活的融合度要高得多。

（三）中国的普通信众

在今天的中国，究竟有多少人信教，这并不是一个容易了解的事情，主要原因就是很多人并不明确自己信仰什么。或许对中国的民众而言，自由地进出不同的庙宇、敬拜不同的神仙更符合他们的心意。但是，无论如何，今天愿意到庙堂走动的人的确越来越多了。中国改革开放后，社会竞争给普通人所带来的生存压力以及浮躁的社会氛围给人们带来的紧张和烦恼，都成为人们选择宗教安慰的心理原因。然而，就不同宗教而言，佛教对普通民众的影响最大。由于政府在文化上的宽容态度，越来越多的普通中国人在家里都供奉着佛龛，并把吃斋念佛当成生活中重要的寄托。可是，这些佛教徒修炼的程度如何，那就不敢妄断了。例如，邻居李老太是一个佛教徒，她每天都要烧香拜佛，每个月还有固定的时间要吃素食，她相信她的虔诚能够感动菩萨，进而保佑她的子女幸福。平时，她也是乐善好施的，看到附近做生意的人中午没有吃饭，她会特意多做一些送给人家吃，或者邻居有困难，她也会尽所能帮助。她相信她的善行会让菩萨看到。一天，一个生活困难的邻居被人骗走一百元真币，她除了自己掏腰包资助人家50元之外，还自告奋勇地拿着假币，到附近的商铺，希望店家借着卖东西的机会把钱再流通出去。当然，商家不会做这样的傻事，李老太的行为也遭到家人的批评。但是，她却是一脸的无辜，她的信念是：我看人家太可怜了，所以动了恻隐之心。在她心里，同情成为全部行为的动因，而没有任何其他因素的考虑。至于是否合法以及假币真的被流通出去会给其他人带来什么痛苦，已经不是她所能考虑的问题了。

基督教在中国一直被称为"洋教"，由于近代一些历史原因，中国人在接受基督教方面总是有些心理障碍的。但是，在今天，中国社会已经在两个方面有了非常大的改变。一是知识基督徒。他们或许从不去教堂做礼拜，但却接受了基督教的一些基本价值观念；还有一些普通民众，或许有一些历史原因或特殊的机缘，使他们接受了基督教信仰。他们会一起学习《圣经》或去教堂做礼拜，但是，根本无法了解基督教精神。一次，一个新加坡人很有兴趣了解中国的基督徒，要去北京的教堂看信众做礼拜。由于人很多,一个北京大妈大声地嚷嚷着维持秩序,让人感觉如同置身于居委会的办公室。那种待人的傲慢方式,与虔诚教徒的谦卑与温和,根本就是风马牛不相及。甚至还听到一个更荒唐的事情,在某地的农村,很多的农民信众,片面地理解《圣经》中耶稣关于说方言的话语,错误地认为谁的方言说得好,谁的信仰就更虔诚,所以,大家比着说不同的方言。此事被传为笑谈。

五 中国人的道德信仰

纵观中国历史,对中国传统文化产生深远影响的就是儒家精神,其整体功能就是维持现世的人伦秩序。被历代统治者所推崇和发展的儒家思想,强调所谓的修身哲理和实践。经过千百年的发展使社会性的人际规范——"礼"成为人们所关心的重心。"礼"包括整个社会伦理道德的方方面面。虽然改革开放以来中国受西方观念的影响很大,但"礼"作为中国传统文化的重要组成部分,无时无刻不在发挥着重要的作用。因此,中国的传统礼教伦理观念,具有与宗教等值的约束行为、规范秩序的作用。

然而,与西方的宗教信仰不同,中国人的儒家信仰并非表现在神灵的虔诚方面,而是表现在对一种道德信念的坚持。特别是在知识分子阶层,传统所积淀下来的道德信仰,已经融化于每一个人的血液中,烙印在看似平常的言谈举止中,体现在人生哲学和处事精神上,是民族性格的一部分。

首先,从道德信仰的境界看,它是可进可退的。儒家文化以圣贤之书教化人,鼓励"入世",鼓励"学而优则仕",主张"内圣外王"。这些思想在今时今日看来似乎有些陌生,但其作为核心思想和价值判断尺度的职能却早已随着历史长河流入每一个中国人的潜意识中,潜移默化中左右着我们看待问题的方向和角度。其基本精神意向是"明知不可为而为之"的强烈的社会道义感和责任感,其职责在于"维持社会正义秩序，弘扬高尚的道德情操，保持健康的人生态度"①。这是中国人对于国家责任、民族精神的一种"先天下之忧而忧，后天下之乐而乐"的信念。中国历代士大夫崇尚"杀身成仁""舍生取义"，宋明理学的代表人物张载"为天地立心，为生民立命，为往圣继绝学，为万世开太平"的名言，被许多人看作中国士大夫崇高信仰的集中体现；而对于普通民众，顾炎武的"天下兴亡，匹夫有责"则对"信仰"做出了很好的诠释。但是，中国人对这种信仰的理解，更多的是一种道德自觉，而不是出于对某种神秘力量的畏惧而必须遵守的戒律。因此，"穷则独善其身，达则兼济天下"则成为中国人进退自如的人生信仰。

其次，就道德信仰的具体要求而言，克己修身、宽以待人则是儒家的践行原则。他们希望通过克己修身，使人能够具备"恭、宽、信、敏、惠"这五种品质，以便做到"恭则不侮，宽则得众，信则人任焉，敏则有功，惠则足以使人"②。为此，儒家制定了一整套修身养性的方法，如"修身、齐家、治国、平天下""吾日三省吾身：为人谋而不忠乎？与朋友交而不信乎？传不习乎？"③"见贤思齐，见不贤内自省也"④；并指出，只有通过不懈努力，克己发奋，"劳其筋骨，饿其体肤，空乏其身，行拂乱其所为，所以动心忍性，增益其所不能"⑤"富贵不能乱我之心、贫贱不能变我之志、威武不能屈我之节"⑥，才能到达理想境界。较高的自我期待使得中国人谨言慎行、内敛坚韧，他们这般现世中的自我修行，便可看作一种信仰，一种成就理想人格、不断完善自身的"成人"的信仰。

最后，中国人的道德信仰的原则更多的是用于调节人与人之间的关

---

① 张瑞涛：《论先秦儒家"成人之道"》，《中国石油大学学报（社会科学版）》2007年第5期。
② 《论语·阳货》。
③ 《论语·学而》。
④ 《论语·里仁》。
⑤ 《孟子·告子下》。
⑥ 杨伯峻：《孟子译注》，中华书局，2008。

系，它讲究待人之道，尽量体现出君子的道德理想，并将"忠恕"作为处理人际关系的基本方法。"忠恕之道"的特点就是"能近取譬，推己及人"，即"设身处地，从自己的感受欲望推想到他人，进而推知自己施加于人的行为之善恶属性"①。这样的一种推己及人，使得中国人尚礼让、隐忍，这是中国人对于自身道德修为的要求，是一种依然成行的标准。依据这样的标准，儒家提倡："己所不欲，勿施于人。"② 也就是说，自己不愿意做的事情不让别人做，自己不想接受的东西，也不要给别人。就今天的了解来看，这种理解是从消极的意义上来诠释人际关系。其实，在现代社会中，在中国，人们越来越多地意识到，"己所不欲，勿施于人"并不意味着你可以"己所欲而施于人"。这大概就是在现代社会中，由于社会中人的平等意识逐步增强而产生的变化。

随着今天中国人平等意识的不断增强，由儒家思想所引申出的由下而上的顺从思想已经越来越淡化。因此，"己所欲而施于人"已经不再是值得赞赏的做法。或许未来，在"己所不欲，勿施于人"和"己所欲而施于人"之上，应该有一种更高的境界，那就是"人所欲，则施于人"。也就是说，如果别人需要帮助，你也有能力帮助，就应该给予别人帮助。相反，如果你没有能力帮助别人，或者是别人不需要帮助，你就不用去帮助别人，也不必承担道德责任。在中国社会中，关于人际关系的道德信仰正在朝着理性和平等的方向演变。

六　中国人的祖先崇拜

问一个从美国来的学生，中国哪些方面给他留下的印象最深刻，他回答说，是中国人家庭成员之间紧密的联系。在美国，孩子一旦成人，都要搬出父母家，到比较远的地方独立谋生。只有在感恩节或圣诞节时

---

① 周兴茂：《入世与出世——儒家文化与基督文化之比较研究》，《武汉科技学院学报》2002年第4期。
② 《论语·卫灵公》。

第十七章 从多个角度看社会信仰

才有机会回家看父母。至于子女生活如何,那完全是自己的事情,与父母无关,而父母的生活一般也是靠父母自己维持,很少依靠孩子资助。到老年,一般都要到养老院,靠社会的力量来养老送终。与美国人不同,以儒学作为核心价值体系的中国,为人们创造出一套由君权、父权、夫权为主要组成部分的等级体系,这其中包含许多可以"信仰"的人生意义,比如"忠孝节义""礼义廉耻"等。这其中最有群众基础、对后世影响最大的是对祖先的顶礼膜拜。他们信仰"祖先保佑",这恐怕也是世界宗教中非常独特的现象。

首先,延续香火是中国人生命中的大事。中国人对祖先的感情是相当特殊的,虽然后代与列祖列宗从未谋面,但是却怀有一种类似信仰的情感。之所以人们都盼望着家丁兴旺,其实与延续敬拜祖先的香火有很大的关系。有谱系的中国人,无论搬家至多远,祖先的牌位总是随身携带。即便是家中失火,很多时候都是先抢救祖先的牌位。为什么?因为这些中国人相信祖先在天之灵可以保佑他们。中国人相信在人死后,这些灵魂会影响一些事、一些人,会做到人在活着的时候做不到的事,这就是超人的力量。再比如,中国人很讲究风水,为什么呢?因为祖先要葬在这里,这里风水好,祖先在地下就会有个好归宿,祖先在地下好了就能保佑在"地上"活着的人。在中国,一直有在清明节祭拜先人的传统。清明节在中国的地位仅次于合家团聚的春节。祭拜祖先、看风水、建家庙(祠堂),也许这就是中国衍生出的最普遍的"宗教"。现今的中国,已经将清明节定为公共假期,相信这对于祖先崇拜的传统的延续会有一定的促进作用。

其次,荣耀祖先是中国人追求成功的内在动力。记得有一次我与一名美国教师聊天,问他哪些人对他最重要,他说在他的生命当中,最重要的是神,其次是他的妻子、孩子和父母。对中国人而言,这样的答案十分奇怪。第一,神是大家的,并不是自己的,为什么神对他最重要呢?第二,对一个家庭而言,最重要的应该是父母,如果没有父母就没有自己,又怎能说老婆孩子最重要,之后才是父母呢?这都是中国人与西方人有不同理解的地方。

古代的中国人考虑周边关系的顺序，是家、国、天下。在家庭中应该是父母、孩子和妻子。在中国的传统文化中，曾有"父母在，不远游"的说法。父母死后，也有要守孝三年的风俗。而且，"不孝有三，无后为大"。也就是说，保持家族的香火延续，才是一个中国人最重要的事情。一个中国人一辈子最幸福的时候就是"洞房花烛夜，金榜题名时"，因为它体现了中国人"光宗耀祖"的追求。

现代中国有所改变，因为实行独生子女政策，很多家庭只有一个孩子，特别是如今第一代独生子女已经成人，在中国形成了典型的四个老人、两个中年人、一个孩子的情形。因此，家庭结构的变化对文化最大的影响就是"孝子"现象，也就是孩子已经代替了老人成为家庭守护的中心。代际关系的变化，将过去中国人单向的成就动力变成了双向激励的机制。也就是说，长辈给予孩子近似过去对父母般的敬重，而孩子以荣耀家族作为回报。因此，虽然时代变迁，但是，中国人荣耀家庭的核心思想并没有改变。

最后，祖宗遗训被当作不能违背的律令。如果是大家族，祖宗遗训是一种千年不能变更的铁律，任何人稍有触犯，必将家法伺候。即使是位高权重的皇帝，一道"先帝遗训"压下来，不管多么骄横的皇帝也不敢有违抗之意；而对普通百姓而言，生不能入家谱，死不能入祖坟是最令人唾弃的惩罚，在古代中国也算是对人打击最大的事情了。

而今，中国市场经济的发展，已经使过去以家族为核心的社会结构趋于瓦解，或许只有从每年春节的民工潮中人们才能感受到现代社会中家族的力量。无论路途多远，无论车票价格多贵，哪怕把在外一年挣的钱都搭上，也要回家看看。因此，尽管时代变迁，家族依然是中国人的精神寄托，一个家族垮掉了，一个人的精神宝塔也就彻底坍塌了，人也就变成了无根的浮萍随波逐流，一个人生命的意义也就全部丧失了。

七　中国人的迷信与信仰

（一）中国关于字义与字音的禁忌

在中国关于数字有很多的说法。比如，人们很喜欢带"6"或"8"的电话号码或车牌号，取个六六大顺和发财之意，因此，拥有"6"和"8"的车牌或电话号码要比一般的卖得贵。而人们不喜欢带"4"的号码，因为它总是让人联想到"死"这个字，不是很吉利。而"4"从音阶上看，它是"发"的音，应该是个好意思，但是，不知道为什么最终都把"4"当作死的寓意。一般人家结婚，也要挑选吉利的日子，都是要把阴历、阳历等都算好，最好的日子就是从任何一个角度看，都是成双的日子。也不知道从什么时候开始，西方关于13的禁忌传入中国，中国人也把13当作一个不吉利的数字。其实，谁都知道，这些数字与人的生活并不相关，哪一天结婚也不能决定新人未来的日子是否能过好，但是，谁也不愿意犯这样的禁忌，以免未来会发生一些莫名其妙的事情。最可笑的是，在草原上有一种植物，名为发菜，因为酷似"发财"而变得身价百倍，为此，很多的草原都因为挖"发菜"而遭到破坏。在中国，棺材是用来装死人的。按理说，如果做梦梦到棺材，应该是件坏事。但是，棺材的发音偏偏有"官"又有"财"，因此，梦到棺材便成为一种吉祥的预兆，居然这种说法也能为普通的百姓所接受。

（二）中国关于命运的禁忌

一个美国人来到中国，一个会算命的人要给他算一卦，谁知美国人根本不领情，他说，人的命运都是由神决定的，人只要相信神，他一定会给你安排最好的命运，哪怕是经历磨难，那其中所体现的也是神的美意。

而中国人没有这样的信仰，对自己的未来又很好奇，因此，算命先生在中国的生意一直不错。因为13亿人里总有人不如意，也总有人愿意了解何时可以改变命运。一次，一位女士闲来无事到卦摊算了一卦，算命先生说："你今年的运气不好，所以，一定会出大事，不是离婚就是出车祸。"女士很担心，请算命先生出招化解。算命先生在收够了银子的基础上，不紧不慢地说："你最好离婚，这样才能避免车祸。"该女士在如此凶险的预言面前，只好选择了离婚。在中国，一般人都是"倒霉上卦摊"，遇到不顺心的事情，为了求得心安，总想找个人说说，或者让别人帮忙分析一下，算命先生也就成为最好的人选。也有些人会到寺庙中烧香拜佛求签，从中得到一些启示。因此，尼姑、道士大概都可以称为中国最早的心理医生。

而这些知道"天机"的人，尽管可以把别人的命运说得头头是道，但是并不一定能够完全把握自己的命运。如同医生治不了自己的病一样，算命先生也无法预知自己的命运。某大学教师，可以用《周易》精算他人的命运，很多人都佩服他的能力。然而，当他如愿以偿地得到赴美的邀请函后，却在进行出国前的例行体验时被查出得了癌症，他很不甘心这样的命运。因为家里有医生，所以，他希望赶紧做手术，然后再去美国。然而，在他住院后，再也无法摆脱病人的身份，而且在不太长的时间里，他就辞世远行了。周围的人无不唏嘘，为他感到惋惜。而更多的人半开玩笑半认真地说："人常说'天机不可泄露'，而他却泄露了天机，也难怪上帝要招他回去了。"

总之，虽然中国人对信仰不如某些国家的人虔诚，但是，基本上也还是有信仰的。尽管大多数中国人还达不到某些较高的境界，但是，对于宗教信仰所涉及的禁忌人们还是很愿意接受的，至少不去违背。在今天的中国，不仅是本土的宗教信仰有了更多的信徒，而且外来的信仰也吸引了越来越多的人尝试去相信。因此，如果某些西方人以中国社会没有信仰自由而批评中国，那是太不了解中国了。笔者的意见是，中国今天的信仰太多元，几乎难以辨认哪是主流，哪是支流。因此，今天中国信仰重建的任务，不是打开国门让更多的信仰进来，而是应该像鲁迅所说的那样，通过"拿来主义"，建立与本国文化相适应的信仰体系。

第十八章　国人的面子与生存状态

说起中国人的生存状态，可是一个大话题。中国人很多，不同地区的差别也很大，要用一种简单的方式来概括并不容易。不同的时间、不同的地方、不同的心境和视角，都可能有不同的生活状况。笔者选取了生活中的不同场景和片段，希望能够更全面地展示当下国人的生活。

一　抗拒诱惑

在《圣经》的记载中，耶稣在约旦河受洗后，进入了冷漠荒芜的旷野。他在旷野中整整四十昼夜，一点东西也没有吃，腹中饥饿难忍。而这时，魔鬼撒旦走上来对他说："你若是上帝的儿子，可以吩咐这些石头变成食物。"而耶稣却说："经上记载着——人活着，不是单靠食物，而是靠上帝口里所出的一切话。"撒旦看到耶稣没有上当，把耶稣带到了耶路撒冷，叫他站在圣殿山上，对他说："你若是上帝的儿子，可以跳下去，因为经上记载着——主要为你吩咐他的使者，用手托着你，免得你的脚碰在石头上。"而耶稣又对他说："不可试探主，你的上帝。"撒旦不甘心失败，他把耶稣带上一座高山，将世界上的万国及荣华富贵，全都指给他看，最后对耶稣说："上帝已经把这一切都交在我的手里了。如果你俯伏在地，向我跪拜，我就把这一切全都赐给你！"耶稣拒绝了撒旦。

对这个故事，我不想做宗教意义的解读，我宁愿把耶稣当作英雄。这个故事很有意思，它所指向的都是人的弱点。自古以来"人为财死，鸟为食亡"似乎就是千古不变的定律；或许有人"不为五斗米折腰"，那么，光宗耀祖、人前显贵，也是重要的精神支撑；而对世间万民的统治，那更是各种有统治能力的社会精英都渴望的。因此，在人的生命中，饮食、荣耀、权柄其实都是人所需要的，没有信仰的人，其中的任何一项都可以诱惑他。撒旦用这些去诱惑耶稣，大概也是看中了人的这些弱点。对于又饿又穷、又没有权力的耶稣而言，为什么不去接受这些可以给他带来荣华富贵的东西，而去选择背负那沉重的十字架，因为他有信仰、有责任，还有对芸芸众生的爱。

由此我也想到了战争年代的共产党员，他们不惜牺牲生命，勇敢地去追求理想，大概也是因为他们的信仰与责任。由此看来，信仰什么其实都不要紧，条条大路通罗马，任何信仰其实都是通向"至善"的路，不动摇、不怀疑，都可以在实现理想的过程中得到一种幸福感与满足感。

那么，世间最危险的人应当算是没有信仰的人了，不知道自己为什么而来，也不知道自己向哪里去。为了不同的利益，亲人、朋友、路人都可以横眉冷对，都可以落井下石，浑浑噩噩地在世间追求饮食、荣耀、权力，在得失之间计较着、痛苦着。我深感重塑信仰对中国社会的重要，但是，出路在哪里呢？

二　穷人与富人

小时候听过一个故事，一个人吃过饭后出门，就会有人问他："吃的什么饭啊？"他会很自豪地回答："大米饭炖肉。"人家看到他嘴上亮晶晶的油，自然深信不疑。然而，正在他吹牛之时，他的儿子急着向他报告："你用来擦嘴的肉皮被猫叼走了。"这无疑让他大窘。这是贫困时代的黑色幽默，但是，今天的我们是否已经摆脱这样的心态了呢？

与"文革"时代不同，在当下，富有不再受到蔑视，而是变成了可以夸耀的资本。房子、车子，一切可以证明自己富有的东西，都成为垫高身份的筹码。我们生活的逻辑有时很奇怪，有什么、没什么，在意的不是自己的缺乏，而是别人的评价。日子本来是给自己过的，安安静静过日子却感觉不太快乐。对那些成功者而言，成功只有传播出去，得到别人的羡慕与恭维才是真正值得骄傲的。而对于没有太大能耐的人，把自己的一分成就说成十分，虽然不能增加成就，但是可以凭借"叙功"得到别人的赞赏。我们太在意别人的看法，所以，"不蒸馒头争口气"常常是落魄人出头的动力。而鄙视别人的人，也常常要因过去曾经小瞧了谁而做出态度的调整，媚态百出，"大丈夫能伸能屈"大概就是此类人最好的安慰。而那些"后来居上"或"东山再起"之人，一朝翻身，加倍惩罚鄙视过自己的人，自然也在情理之中。中国人活得累，并非因为人多，而是这样一种为别人活的心态。个人的价值都要从别人眼中的羡慕、嫉妒、怨恨读出来。

从报纸上，我们经常看到一些有关个人财富排名的消息，但是，因为自己是穷人，自然难以想象世界上的富人是如何生活的。偶尔我们也会关注一些世界巨富生活方面的消息，如他们如何教育孩子节俭、如何教育孩子独立、如何打理个人的生活、如何为慈善事业捐款等。但是，毕竟是在不同的环境里，我们似乎也难以理解他们在某些方面的吝啬与在某些方面的慷慨。有朋友去美国、加拿大、欧洲，常常会有奇怪的发现，所谓发达国家用的很多东西都落后我们好几代了。例如，我们现在使用DVD，而他们还在用磁带和录像机，我们在比谁的汽车贵和新，而他们却宁肯使用低档省油的旧车。

或许因为我们是穷人，所以，我们需要借助外在的富有与豪华来提升我们的自信，或许因为他们是富人，他们已经没有必要用这样的方式来证明自己的富有了。

三 城里人与狗

在我的童年记忆中,养狗总是与农村生活联系在一起的。养狗的人家,大多是用狗来看家护院,使家人有安全感。在夜深人静之时,如果有孩子哭闹,大人总是说:别闹了,再闹狗来咬你。而远处传来悠悠的狗叫声,也颇为有效地制止了孩子的哭闹。因为大家平常很少吃到肉,看到了狗,居然就产生了吃肉的念头,农村中会有一些业余的打狗队,不时将在街上溜达的狗打死煮肉吃。因此,在农村,如果家里没有足够的人气,养狗是一种很容易惹气的事情。而在城市中,则绝少见到有人养狗。哪怕一些偷偷地养了几只鸡的人家,也会因为无知的小鸡学会了打鸣,从而暴露了行踪,被居委会以"爱国卫生运动"的理由清理掉。

而今,观念的传播异常迅速,西方的爱狗之情,轻而易举地传染给了中国人。今天爱狗之人在中国颇为广泛,不仅吃狗肉被指责为侵犯狗权,而且,狗与人的关系也发生了重大变化,它从看家护院的畜生,变成具有孩子身份的"宠物"。某日见一群妇女在遛狗,看到一男子过来,其中一女子对狗喊道:"宝贝儿,快看爸爸回来了。"行人侧目,人居然拥有了"狗爹"的身份,令人哭笑不得。狗不仅登堂入室成为宝贝儿,而且像人一样知道了冷暖,穿起了衣服。

走在北京的大街小巷,到处都可以看到牵着狗遛弯的人。虽然牵狗的人彼此之间并没有交流的意愿,却架不住狗之间的亲热,不想打招呼的人却因为打招呼的狗而互相致意;在一个小区中看到一些人聚众聊得火热,原以为发生了什么公共性事件,走到近处,却听到人们都在谈论"养狗之道";听到一个人在喋喋不休地说话,以为在跟人聊天,走过去才知道,她在与狗交谈。看着那一副认真的神气,不由得感慨城市中人的寂寞。是啊,孩子大了,都离开了家,父母该如何排遣寂寞呢?并不是所有的人都可以自我调节的。狗已经成为中国城市中人际沟通的桥梁和人排遣寂寞的有效工具。美中不足的是,一些养狗之人,不能善尽

"狗爸狗妈"之责,让狗随地大小便,甚至在某些区域已经有泛滥之势,行人稍不留神就会踩一脚狗屎。因此,对行人而言,需要小心回避的不仅是痰,还有狗屎。也不知道到什么时候,中国的爱狗之人,都能有良好的养狗之德,替自家的狗收起狗屎。也好让那些不养狗却踩了狗屎的人,放下"烹食狗东西"的愤怒意念。

四　胡同里的梦

住了十几年的楼房,曾经有过的胡同记忆越来越模糊了。坐公共汽车,总能看到一个介绍北京胡同的广告,在胡同里,可以找到玩伴儿的孩子们在尽情地玩耍,而在四合院门口的石台阶上,一个慈祥的老人在轻轻地摇晃着竹车里的婴儿。我不禁想象着在四合院里人们的生活,老人们在枝叶茂密的大树下摆上一个小桌儿,打扑克、下棋、拉二胡、喝茶,多么美好的一幅生活画卷啊。电视上的温馨画面让人们不由自主地遐想那些胡同中四合院里的人们的浪漫生活。

因此,当北京的胡同越拆越少的时候,我们总在设想一种都市田园生活方式的丧失,在不知不觉中,很多人都加入了胡同保卫战的行列。但是作为一个个人,我们深深了解一个人在抗拒潮流中的有限性,因此,在忙里偷闲时,人们蜂拥地去追寻着都市里的胡同梦想。一天,终于我也有机会像来北京专门进行胡同游的人们一样,走进那魂牵梦绕的胡同。

北京的大部分胡同不算窄,胡同两边的房屋更多的是一些大杂院,蜿蜒伸展,看不到尽头,其实也怕住在里面的人受到惊扰,我没敢太往里面探询。胡同的路不太整洁,不时可以看到丢弃的垃圾,还有人们刚刚购买的过冬的燃煤。估计住在这里的人们还没有用到集体供暖的设备。

对于我们这样住过大杂院的人来说,最不方便的问题恐怕还不是取暖,而是上厕所。当大批的住宅楼盖起来的时候,北京市的很多人家都有了自己的独立卫生间,甚至有的人家还享受着几个卫生间的待遇,而住在胡同里的人们,依然要忍受到外面上厕所的痛苦,是否排队没有经过考证,不敢多言。但是,无论是冬是夏,刮风下雨,都要到外面上厕所,对谁大概都不是一种很舒服的感觉。

而且,住平房最担心的是房子漏了。记得在刚结婚的时候,我曾经借住别人的平房,结果下雨的时候,外面大雨屋里小雨,不得不把锅、盆都摆出来接雨水。当叮叮当当的水声吵得人无法入睡的时候,我们夫妻俩就开玩笑说当自己睡在泉水边了。

原以为走在胡同里,会让人产生一种都市田园的惬意。然而,当我逛过了北京西城的多条胡同之后,心里却不知不觉地生出一种负罪感。住在高楼大厦之中,却总想追寻胡同的梦想;早已逃离胡同的杂乱无章,却一本正经地说着应该保留胡同;当享受着集体供暖设备带来的温馨时,却期待看到大杂院里冒出袅袅青烟,来丰富我们对都市田园风光的想象。估计积极倡导保护胡同的人,大多不是住在大杂院里的人,不知道当这些人真的住在大杂院的时候,是否还有如此的坚持?如果自己没有住在其中,而要坚持胡同文化的保护,是否有些虚伪呢?

总而言之,城市是为人而存在的,无论是高楼大厦,还是胡同院落,只有心中想着人的生存,想着人类的延续,总可以让人们得到一点安心。

五 脸面与幸福感

20世纪60~70年代,即使在城市里,也很少能见到外国人,偶尔有外国人来访问,都需要提前设计欢迎路线,打扫好卫生。为了让外宾不受到更多人的围观,学校必须把学生圈在校园里,一直到外宾离开。而负责接待外宾的学生,也必须穿出最漂亮的衣服。通过别人的肯定来体会我们的幸福感,大概是那种做法的主要动机吧。而今,中国改革开放已经有30多年,外国人满街都是,谁也不会为有什么人参观什么地方而刻意回避，我们也不用为谁来参观而特意打扫卫生了。但是，我们依然很在意别人的看法。我们很不服气在今天的世界上我们不能成为一流的国家，特别是输在过去的学生——日本人手里，更是难以让我们接受。因此，超过别人成为经济大国，是中华儿女的共同梦想。然而，经济大国是什么样？

GDP总量高，那好，我们就拼GDP；人均收入高，那么，我们就提高人均收入。发达国家有私人轿车，我们要有，发展轿车工业，可以一举两得，国家可以多收税，居民可以提高生活质量。现在呢，街上的汽车越来越多，交通拥堵已经成为中国城市发展的瓶颈。发达国家有私人住房，我们也迅速把房屋都卖给百姓，房子越盖越多，价钱却越来越贵，为什么呢？城市已经没有地皮了。而还有很多城市居民需要住房，不得以搬到郊区住，每天上班要忍受拥挤的公共交通之苦。还有很多城市居民买不起房，每天在生活的重压下呻吟。发达国家居民受教育程度高，我们也要提高教育发展速度。大学迅速扩招，无论是重点还是非重点，都使出了浑身解数来招生，学生来了，没有地方住、没有地方吃，也没有地方学。教师每天筋疲力尽，学生忍受着十年寒窗苦读之后梦想的破灭。而后，众多的毕业生还要面对就业市场的激烈拼杀。而在巨大的人才浪费背后，是基础性的、技术性的劳动者的缺乏。

有时，我们过于在意某一结果，而忽略了事情的过程。在评价德国战后的崛起时，法国总统戴高乐有一句评价说：德国的奇迹是徒工创造的。一个国家的成就并不在于它超过别人，而在于它实实在在的能力。如果有能力，即使落后了，也可以再赶上，如果你不是真强，即使在某一时候、某一事情上超过了别人，你依然还会落后。

设想，在我们发达后，天空混沌了、河水污浊了、青山枯黄了、草原退化了，那又怎样？国家的强大不是为了让人们过得更幸福吗？如果发达带来了更多的不幸，我们到底在为什么呢？

从北京的二环路上走过，突然眼前一亮，过去因风吹日晒而掉皮的楼房，被刷上了一层暖色的油漆，路边的景色霎时间亮丽起来。为了奥运会，我们依然要用装点门面的方式，获得别人的好感。其实，日子过得好，首先是为自己，我们不是为了让别人看到才要让自己过得好。我们可以把自己的家收拾干净，为的是给自己创造一个舒适的环境；我们可以有一辆汽车，那是为了让自己提高工作效率；我们可以住一所大房子，那是为了让自己提高生活质量。而这一切，如果我们仅仅是为了做给别人看，是通过别人眼中的羡慕来提升自己的幸福感，似乎就没有必要了。

六 平凡的坚持

在全球化时代，我们自认为改变了很多的中国人，常常会忧虑金发碧眼的西方人能有本事让我们忘了祖宗，但是，当我们沉下心来，却发现我们的改变并不多，特别是作为深层文化本质的脸面，依然是我们生活中最看重的东西。

在我小时候，记得最有面子的人，是家里有自行车、手表、收音机、缝纫机的人。尽管不一定用得着，女儿出嫁的时候，为了面子上好看，也要凑足这些东西。到了我上大学的时候，面子的标志就是电视、洗衣机、电冰箱等电器；今天，大概就要算别墅、汽车什么的了。记得老祖宗说过：人往高处走，水往低处流。为人一世，如果不能赶上时代潮流，丢了面子大概是国人最痛苦的事情了。

平常同事们一起坐班车，常常会问起回家吃什么，我经常的回答是"面条"。时间长了总会遭到同事们的责备：为什么总吃面条？有什么营养啊，儿子都要考大学了，为什么不给他补补？而我总是笑笑，因为我相信，我做的面条可以让儿子吸收到的营养并不少于特意进补的人。鸡汤、猪骨汤、羊排汤、西红柿、芹菜与牛肉、肉末炒黄瓜、五花肉炒豆角等，都可以成为面条的辅料，让一家人吃得舒舒服服。但是，在朋友们看来，我却是一个过于节俭或者吝啬的人，还不时做出一种"接济"的举动，让我十分尴尬。

第十八章 国人的面子与生存状态

回家过年，从大年三十开始，父母就把精心准备的鱼虾及各种肉食摆上来，让一家人一饱口福。但是，妈妈自己却是一个吃斋念佛的人，她的做法就是把一两样很少的青菜摆在自己面前说，你们多吃肉啊。这样下来，只需要一两天，大家的肠胃就都不舒服了。特别是儿子，总是嘟囔：姥姥怎么这样自私啊，把青菜都放在自己面前，让别人一点也吃不到呢？我苦笑道：让你吃肉是心疼你啊！话是这样说，为了让儿子多吃菜，我还总是忍不住抵制母亲的做法，这让母亲很不高兴。终于前年我们发生了争吵。她说："谁家过年不是这样啊？天天吃菜干吗，让人家看了不笑话我们吗？"母亲的震怒让我退缩，不敢再坚持什么。大年三十我们依然要面对肉多菜少的局面，终于母亲也不好意思地说："要不是怕过年客人来，看家里没肉，让人家笑话，真的没必要炖这么多肉了。"唉，好可怜的肠胃，居然也成了面子的牺牲品。这一两年，北京也时兴去饭店订年夜饭了，不同的档次代表了成功的程度，人们努力地让自己像一个成功人士般一掷千金地消费，只是不知道在挣足了面子后，如何恢复那因为消化不良而损伤的肠胃，又如何平息以勤俭为本的人因过度奢侈带来的心痛？

同学聚会，40多岁的人聚集一堂，个个都是志得意满，每个人都有辉煌的业绩。只有我，二十多年如一日地教书，除了脸上多起来的皱纹，代表着我也有与人相同的沧桑，似乎没有什么成就可以与诸君媲美。带着一颗祝福的心，默默地分享别人成功的喜悦，已经是20多年练就的良好心态，却总是禁不住被问：为什么不买大房？为什么不买车？我笑笑说："买房没必要，因为有房住；买车也没必要，因为有班车。"说完了，也禁不住心虚，似乎那些买房买车的人也不一定要解决我说的那些问题。那么，大家在为什么呢？好困惑啊！

我认为生活中人是可以有自己的喜好与坚持的，我喜欢平凡，平凡的穿着，平凡的饮食，平凡的追求，平凡的心态。只是这份平凡的坚持有时有点伤面子，以至于我总有一种向往，带上几本自己喜欢的书，住到没有人的大山里。那样的话，如果自己不嫌没面子，大概会过得很平静吧。

七　让自己成为快乐之源

　　世界上的人大都想快乐，而不愿意承受烦恼。对穷人而言，似乎有钱就会有快乐，但是，某些人有了钱去赌博、吸毒、嫖娼，不仅要把挣到的钱都搭上，还要欠很多的债务。有钱不仅没有成为快乐的根源，反而成为灾难的根源；还有人说事业有成就会快乐，然而，在别人眼中事业有成的人却总觉得不完美，总想再得到更多的东西，但是，世界上的东西却不是你想要什么就可以得到什么的，想要而不得，便生出了无限的烦恼；有人说儿女绕膝是快乐，然而，当年迈的父母不得不为维持下岗的儿女支付生活费用，使自己的生活无以为继的时候，似乎父母也难以快乐。那么，如何才能快乐呢？

　　首先，快乐取决于你看世界的方法。正如美学理论中所说的，美感是因人而异的。同样看到盛开的鲜花，有人赞叹、有人悲伤，人们面对世界的景物是相同的，对于世界的感受却是千差万别的。人对生活的感受也是一样的，很多时候人们都会羡慕一些成功人士的生活，但是，过了一些时候却听到那被羡慕的人已经痛苦地自杀了。快乐来自人对世界的理解。你生活得很辛苦，但是感受很美好，你就会很快乐；而你生活很富裕，而感受很烦恼，也同样得不到快乐。因此，快乐是从心而生的。

　　其次，快乐来自于给予。人的本性是自私的，谁都想得到而不想给予。然而，如果你给予别人的是烦恼而不是快乐，那么，你就是一个烦恼的信号，快乐的人因为不想让自己的情绪受到不良影响而远离你，而烦恼的人因为接近你会更加烦恼，也只能远离你。因此，你要想快乐，首先要给予别人快乐，当他人因你而快乐时，自然也会给予你快乐的回报。

　　最后，快乐是情绪的累加。如果你的情绪正面并稳定，你就会越来越快乐；如果你的情绪经常是负面并起伏不定的，那么，负面情绪的不断累加，只能使你越来越不快乐。因此，要想快乐，就尽量排解负面情绪。如果你做错了一件事情，不断地懊悔，甚至破罐破摔，这样，你就会越来越烦恼，还不如潇洒地说：错了就当交学费吧，以后尽量往对的方向做。放下了心里的包袱，人就可以轻松地迎接未来的快乐了。

八 人生的痛苦

一位哲学家曾说，人生有两大痛苦，一是想做自己而不能；二是想做别人而不能。想一想，的确如此。人生在世，谁都有自己的人生设计，谁都想按照自己的意愿做一些事情，但是，我们经常不得以改变自己的初衷而迁就别人。比如说父母，有的时候我们并不认同父母的意见，但是在中国的环境下，不听从父母的意见就会被认为不孝，而这种罪名又没有谁愿意承受，所以，作为孩子就要压抑自己的意愿听从父母的意见。在社会生活中，我们也同样要有这样的压抑。在工作中，领导的意见并非都是对的，但是，因为是领导，我们就要尊重，因此，即使你是正确的，也不能按照自己的意见做。这样的迁就还很多，比如家人、朋友等。每个人都在为周围的人改变自己。这种改变究竟是否有价值，或许只有到走到生命终点的时候才能清楚。但是，在生活中的每一天，我们都必须做一些痛苦的改变。

或许有些人是厌恶做自己的，他们喜欢向别人学习，喜欢不断地按照别人的样子改变自己。有一个故事说，一个人养了一只猴子和一头驴，猴子整天上蹿下跳的，主人看了很高兴，总是夸奖猴子聪明。驴看了，很不服气，也想得到主人的夸奖。因此，当看到主人过来的时候，它又蹦又跳，谁知道惹得主人很生气，大骂了它一顿。驴很委屈，不明白为什么同样的行为，主人的态度却是如此不同？其实，猴子与驴的生活方式是不一样的，猴子的蹦跳是符合它的本性的，或者人们认为猴子就应该是蹦跳的；驴是拉磨的，就应该循规蹈矩，而它偏要像猴子一样蹦跳，人们无法接受这样的行为。

人在生活中也是一样，我们常常看到别人的嘴巴很乖巧，也想让自己变得乖巧一点，但是，因为不习惯说，有时候话说出来自己听着都别扭，更不用说别人了。或者看到别人投机取巧能有好的结果，不会偷懒的人觉得心里不太平衡，也想懒散一下，却总是在刚刚想偷懒的时候就被发现了。我们经常想按照成功者的模式塑造自己，但是，那些事情并不是自己所擅长的，为了让自己接近成功，有的时候我们不得以像驴一样，扭曲自己的本性做一些事情，结果却是"东施效颦"，遭到别人的耻笑。

其实，无论是做自己，还是做别人，如果我们仅仅是为了追求人格的完善，而不是一些现实的功利性目标，或许不能说是什么错事；而一旦与功利结合在一起，心中有很多杂念，无论做谁，自然都难以让人舒服。

九　妥协的价值

台湾作家柏杨在《丑陋的中国人》一书中，把"窝里斗"作为中国传统的劣根性提出。十几年前读柏杨的书，被其入木三分的刻画所折服。经历了"文革"的人，特别是作为当年的"造反派"，很多人回忆当时的情景，只觉得那时的处境很为难，要坚持某种特定的立场、原则必须要有所表现，也就是说迫害别人是无奈之举。而今，我们已经摆脱了纯政治化的生活，或者说很多人的生活已经远离政治，但是，他们生活得是否平安呢？君不见，为了经济利益、名誉、权力等，不同的团体、不同的人之间同样是争得你死我活。人们不禁要问：没有了外在的强制压力，也不是你死我活的生死抉择，为什么人们依然要陷于无休止的"窝里斗"呢？偶然一日，在一本书中读到"妥协精神是民主的条件"，我突然体会到与我们的传统文化有所区别的东西。在我们的记忆里，坚持原则作为一种道德品质是我们大加赞扬和欣赏的，而妥协则被看作一种低贱和背叛的行为。因此，在我们论断是非时，常常忽略了特定视角和立场的偏执，而把偏见当作原则。事实上，大到国家争端，小到个人恩怨，最终要解决问题，都要通过谈判、协商和妥协，从这种意义上说，没有妥协就没有和平与安定。那么，妥协在现实生活中对我们有什么价值呢？

其一，妥协可以达成共识。社会中的不同群体有不同的利益，这是毫无疑问的。所谓民主，就是让大家通过坦诚的谈判，把各自的意见摆到桌面上，通过谈判、协商，最后通过各方的妥协达成一致的意见。也就是说，不同利益的代表无论通过什么方式讨价还价，最后的目的都是要达成共识，而不是强迫对方接受自己的观点，或者说对方不能接受自己的观点，就情愿不达成任何协议。

其二，妥协是合作的前提。竞争与合作是人类交往的基本形式。而在同一种文化背景下，合作的条件还是很多的，要达成共识也是有条件的。双方的出发点一定要建立在自己活也要让别人活的基础上。因此，为了达成基本层面的一致，在一个集团内部，要认识到与他人合作是获得个人利益的前提，并借此形成合作的文化氛围。在任何团体中，保持基本层面的意见一致，是社会正常生活也是政治民主的前提。

其三，妥协才能改变别人。稍有常识的人都知道，在激烈的对抗状态，如果双方势均力敌，根本就无法改变对方。只有在宽容的妥协气氛下，人们才会考虑是否自己也有错误。指责不能改变别人，只能带来对抗。

其四，妥协不仅是宽容别人也是怜惜自己。了解个人能力的有限性，了解我们生活好的条件是尽量为别人提供好的生存条件；了解到宽容对待别人就是饶恕自己，是个人摆脱仇恨痛苦心境的前提，我们还有什么理由不妥协呢？

十 编书的故事

20世纪80年代末期，无论是工作还是家庭生活我都处于刚刚起步的阶段。我和先生都在学校教书，自然同样面临着评职称的问题。看着别人左一本、右一本地编书，我心中禁不住有些焦急，总对丈夫念叨，什么时候我们也编本书，否则评职称时就麻烦了。他总是敷衍说："等着吧，总会有机会的。"

1988年秋季的一个细雨霏霏的夜晚，我们无法带孩子出去玩，一家三口只好坐在床上拼积木。百无聊赖中，听到一阵敲门声，一个白发苍苍的老者走进来，对我先生说："我想写本现代外国哲学的书，你是否愿意参加？"先生朝我望了望，我急切地用眼神暗示他答应下来。他勉强地答应了。待客人走后，他对我说："你不了解情况，他早就通过别人找过我帮他写书，这种帮忙不但没有稿费，还要自己交600元出书的钱。想当副主编也成，但要多交钱。此外，等书出版后，还要包销300册。"我一听就傻眼了，想让他把这件"编书的事"推掉，但他却不紧不慢地说："你不是想'青史留名'吗?！我也得成全你呀。得，接下算了。我来写，你负责料理家里的事。"

此后的一个月中，先生每日跑图书馆查资料，家里的事不再过问。我每日任劳任怨地带孩子，收拾家务，买菜做饭。终于，书稿编出来了，先生毫不犹豫地将我的大名写在上面。此后又过了一年多，我差不多已经忘记了此事。一天，先生下班回来，背着一个大提包，我疑惑地看着他问："什么东西拿回这么多？"他一本正经地说"我把你的宝贝带回来了。"我好奇地上去打开袋子，我的天，全是书！打开书，我们的名字印在章节目录的后面。我感到很高兴，终于我也有满足虚荣心的资本了。高兴过后，我开始发愁：只有十多平方米的房子，活动的空间只剩下两平方米，这么多书放哪呢？先生似乎看透了我的心思，对我说："下学期我多讲些课，顺便卖些书。有两个学期就卖完了。"谁料事事多变，我考上了研究生，我们举家迁到北京。那一袋子书同我们一起搬到父母家。一日，先生收到一位素不相识的人写来的信。信中提到那位冒雨去我家的老师，在此书编成之后，终于有机会申报教授，只是在还没有批下来时，他已身患癌症去世了。在他去世之前，还再三嘱咐："××曾拿走300本书，没有交书钱，一定要找到他说清楚，其他参与编书的人都预交了钱,只让他包销300本书,够照顾他了,一定要让他把书钱交上来,好还给其他垫钱的作者。"看了这封信,我们心中很不是滋味,半晌谁也没吭气。尽管我在上学,每月只有70多元的助学金,先生的工作还没有着落,每日去夜大找课讲,孩子上幼儿园又经常生病,已经使我们囊中羞涩,但我们仍咬着牙凑够了书钱,寄给了逝者指定的人。我们当时的想法是:无论自己怎么穷,也得让死者瞑目呀。

此事已过去了多年,那些卖不掉的书静静地躺在墙角边,它们成了我们家产的一部分,悠然自得地占据着那个角落。而我,每当在无意中瞥到那个落满灰尘的旅行袋,就会有一种说不清的感受涌上心头。

十一 对"造假"的反思

时下,作为寻常百姓,衣食住行都要自己小心打理,真是够费脑筋的。原因在于如今的假货太多,一不留神就会上当,让自己懊悔不已。如果一件衣服是假的,尚且算便宜,如果不慎买了假食品,麻烦就大了,轻者跑肚拉稀去医院,重者或许丢掉性命。所以,造假使消费者学聪明了,越是大的、看着漂亮的东西越不能买。就这样,尽管现在百姓手里也有一些钱,尽管大家也有享福的欲望,人们还是在维持最低的消费标准,不去碰那些诱人的商品。当商家望眼欲穿地等待消费者掏腰包的时候,为什么消费者的心那么硬,眼看着企业倒闭而见死不救呢?一言以蔽之,上当上怕了。

香港出版的最新一期《远东经济评论》指出,这种"欺骗的文化"已经对社会产生了恶劣的影响。在中国签署的贸易合同中,有一半没有履行;2/3的国有公司谎报业绩(并以此业绩上市融资),该国生产的40%的产品是假冒伪劣。作为中国人,我们为"造假"上升到文化的层次感到羞愧,但是,我们也需要反思,为什么人们如此热衷于造假?

记得"文革"时期,老师让我们写作文,要揭示自己做好事时的内心斗争,其实,我们都是为了得到老师的表扬而去找好事做,但不能说，只好编一套说辞：看到别人有困难不想帮助，但一想到毛主席的教导，就克服了不良的念头，做了一件好事。在班里，经常有这样的好学生受到老师的表扬，让每个人都学会了用虚假的内心斗争获得老师的表扬。

如今，"文革"已经过去了 30 多年，我们已经不必为了争取政治上的进步而造假，或者说这样的人越来越少了。但是，当市场经济的大潮涌入中国大地时，我们造假的文化本能又被发掘出来了。强大的经济内驱力把更多的人投入到造假的行列。事到如今，欺诈、制售假冒伪劣商品已经成为最低级的造假术。假发票、假车票、假文凭、假警察、假明星、假政绩，只要能获得利益的地方，都有假货的踪迹。这就是说，造假不会受到损失，而且还会得到利益，这大概就是造假猖獗的原因吧。那么，我们的制度在造假中到底起了什么作用？是否能制止作假呢？

当一个干部的升迁与他的"政绩"直接相关，而且领导又只关心结果，而没有时间关心过程及实际效果时，造一个假样板就成为必然，假文明村、假先进乡、假标杆校等就会应运而生。由此看来，官僚主义是造假者最好的土壤。

造假不仅影响了当下的经济发展，而且对未来的负面影响日益加大，甚至正在直接威胁中国经济改革的成果。从地下工厂生产出来的产品，涉及吃、喝、穿、用各个方面，充斥了中国的市场，而且蔓延到其他一些国家，给国家名誉造成巨大的损失。造假不仅影响经济发展，而且毒化人们的思想，尽管人们在自身利益受到侵害时，也会愤慨，但在生活中的某一场景中，也会热衷通过造假达到一些目的。倘若有王海般的"打假英雄"，也会被淹没在假货的汪洋大海中疲于奔命，或者落得精神崩溃的下场。

十二　体验人生

在生活中，我们常常要做很多选择，人在选择的过程中，常常会因为无法取舍而痛苦。其实，人生如同有着很多戏台的剧场。你选择了一个戏台，就必须放弃另一个戏台。你选择了当观众，其实就放弃了做演员的机会。最痛苦的人，在于他想当观众，却不甘心看别人演出。所以，游走于台上台下，十分辛苦。最幸福的人，莫过于有明确选择的人，他安心做观众或演员，一心一意做好自己的事情。

但是，生命的过程是一种巨大的空间，它需要有东西充填，每个人由于对于生命意义的理解差异，会寻找不同的填充内容。从这种意义上说，是游戏一生还是为功名利禄奔走一生，都会起到填充的作用。但是，社会却是不宽容的，在不同的时期，人类都确定了不同的成功标准，当演员意味着有更多成功的机会，也就是按照世俗的标准，给自己的生命空间填充一些在别人看来有价值的东西。当观众，似乎只能用空虚与无聊来填充自己了。

或许，如果人们不是很介意这种标准的衡量，那么，标准对于人的打击也就不会很大了，但是，恰好我们又是如此爱面子，如此在乎别人看自己的眼神。所以，生活在痛苦中便是必然的结局了。成功的，还觉得世界有亏欠，凭他的水平应该得到更多；而没成功的，却是期待有一点收获。人所期待与追求的，总是世界上比较紧缺的资源，所要的并不多，只是比当下的多一点点而已。人们总是把已有的当作应得的，把缺乏的当作目标。在人生的游戏中，人们有时得到了自己缺乏的，又失去了他原有的；再去追求那失去的，而又要损失已有的。如同狗熊掰棒子，最终能够留下的，只是当下的那一个。如此想来，过于计较人生中的得与失，意义何在呢？

想想20年以后，或许今天的壮年人将有人作古，剩下的人将延续今天的老人们所做的事情，遛早、聊天、种花、看电视。无论曾经当过教授还是局长，对于死去的人都不再有意义，而对于结伴聊天的人，看重的则是有兴趣的话题，而不是过去的历史。对于已经结束或即将结束的生命而言，曾用什么填充生命都丧失了意义。

十三 "只争朝夕"的反思

  20世纪70年代，人们的生活很匮乏，吃的东西很少，读的东西就更少，无奈我却是一个喜欢读书的人，什么样的书都不计较，甚至父母买水果回来，装水果的纸袋子上的文字也不放过，拆开来一样可以看得津津有味。但是，最让人兴奋的事情莫过于从同学那里借一些时髦的小说了。如《艳阳天》《沸腾的群山》《金光大道》，还有一些手抄本的小说，无论是什么书，都能让我舍弃吃饭和睡觉。记得有一次，我在看一本借的书，妹妹要抢走，我们的动静太大了，吵醒了因上夜班在睡觉的母亲，她愤怒地把一只鞋扔过来，把镜台的镜子打得粉碎。我和妹妹都因此饱尝母亲的暴打。但是，我并不伤心，父母上夜班走后，我挑灯夜战，终于看完了一本厚书。上大学后，正是伤痕文学流行的年代，哲学系的我，却对文学产生了痴迷般的热爱。每天晚上自习，都守候在阅览室的门口，等图书管理员一开门，立即冲进去，抢到《十月》《收获》等连载小说的刊物，花最少的时间把想看的故事读完，满足好奇心之后，再去找一些专业杂志看看。所以，多少年来，看书对于我，如同打仗一样，总是匆匆忙忙的。久而久之，形成了一个不好的读书习惯，读什么书都不会慢慢地品味，拿来一本书总是看看开头、结尾，再翻中间一些有意思的地方，一本书就可以称为"看过了"。

  前几日打电话，问儿子看什么书，觉得他说的书名似乎已经看了很久，一问果然如此。我用一种略带嘲讽的口气说他，为什么一本书看这么久？是否准备写读后感之类的。儿子的回答也别致：我只想享受看书的过程，没有想读书的目的。听了儿子的话，我陡然觉得有些惭愧，似乎读书在我，从来就不是一个享受过程的事情。今天，在大学教书，因为要备课，因为要写文章，所以，总是要看一些书，看的时候，也会拣选一些有使用价值的内容，而无关的东西很少光顾。我在匆忙中读，又在匆忙中写，目的很明确，只是完成任务而已。要考核了，所看重的是科研积分名列前茅，尽管说不太在意，如果能靠前一些，也能得到虚荣心的满足。过去，自己曾经接受"知识分子是社会良知"的信条，也曾想为改良社会的弊端而呐喊。然而，在一个世俗化的社会中，在一个追求名利的环境下，习惯于浮躁的我，不仅难以静心读书，而且也难以承担"社会良知"的责任。在一个人静下来的时候，良心似乎也在追问：你是否惭愧？你是否已经堕落为追求名利的机器？我疑惑，不知道在精神上营养与消化都不良的一代人，是否可以拥有历史上知识分子应有的"担当"？

十四　西部生存

我从来没有去过西部地区，因此，到西部地区游览，一直是我的一个心愿。今年，终于有机会出行甘肃，然而由于时间的限制，只安排了5天的行程。

第一站我们来到了兰州，据说兰州是唯一一座黄河穿城而过的城市，兰州城建在河堤的两岸。按说水是生命之源，有水的地方总让人感觉到有灵气，让人产生一种亲近的感觉，但是，看到黄河却让人感到畏惧。那滚滚的泥浆，汇成了一股巨流奔向远方。河面上几乎没有船只，只有很少的几只羊皮筏在招揽着游客乘坐。然而，坐羊皮筏也是一种挑战，试想，如果真的落水，灌到肚里的不仅是水，还有泥沙，想想也让人胆战。在河岸边有一个雕塑，名为"黄河母亲"，雕塑寓意很好，只是，我很难将那温柔的母亲与令人畏惧的黄河联系在一起。我觉得，把黄河比拟为父亲或许更为适合。在兰州，最难忘的记忆是吃兰州拉面。听兰州人说，很多人早上都吃拉面。拉面对于兰州人也就有了特殊的意义。恰好前不久，因为兰州拉面涨价，闹得全国都知道。此时，来兰州品尝拉面也就有了特殊的意义。吃过了才知道原来在学校里吃的拉面很正宗。

第二天我们到了刘家峡水电站，见惯了黄黄的河水，初见那一汪清水不免有些兴奋。我们乘上快艇，一路上欣赏着风景。天很蓝，云很白，只是远山看起来有些苍凉，光秃秃的没有生气。同行的余老师大概好久没有见过如此清纯的天与云了，不断地变换着角度拍摄白云。大约一个小时，我们上岸来到了丙林寺，看着周边山峰的顶部，明显有被水浸泡的痕迹，不知道在何时，高峡出平湖，而山体的多处都被先人凿成了洞穴和佛像。美丽的自然风景与传统文化遗产的景观相结合，构成了游览的基本要素。因先人曾经在某处留下生活的遗迹，我们这些后来人则有了游览深山峡谷的理由。

回到刘家峡，我们又乘车奔临夏，30公里的山路，泥土、沙石是路面的主要材料。一路颠簸、黄尘滚滚，路过一些村庄，还有几个十多岁的孩子站在路边兜售一些当地的水果。看到这么小的孩子卖东西，心里总是感觉酸酸的，可是，也没有办法。这么大的国家，这么多的人口，又有什么办法能解救所有贫困的人呢？

晚上住临夏，当地的一个校长接待我们。这里的风俗很有意思，请别人吃饭，先让客人吃一些凉菜，在上热菜的时候开始敬酒，而且敬酒的方式也很特别，他们不是采用主客共饮的方式，而是让客人一口气喝四杯。他们的理由是，过去临夏比较穷，因此，酒用来招待客人，而主人一般是不舍得喝的，由此形成了该地敬酒的风俗。吃过晚饭回到房间，听到外面很热闹，拉开窗帘看到前面的住宅楼，一阵阵卡拉OK的声音传过来。虽然当地人说话听起来很困难，但是，唱起歌来的歌词却能够听懂。由此也理解了美国人为什么让我们通过听音乐来学习英语，大概因为通过音乐表达的语言是最容易被人接受的，也是最容易学习的。

第三天我们接着赶往夏河的拉卜楞寺，拉卜楞在藏语中是皇宫的意思。这是甘南地区最大的一个藏传佛教的寺庙。来这里的人，有朝拜的香客，也有我们这样的游人。寺庙里据说有1000多名注册的和尚，再加上没有注册的3万多人，就占了夏河1/3多的人口。听说一般藏民的生活比较艰苦，但是，他们的信仰还是很虔诚的，他们把自己挣的钱大多都捐给了寺庙，没有任何怨言。

寺庙里传出一阵阵的诵经之声，从各地来的僧人都在这里学习佛学及其他方面的知识，虽然是出家之人，但也可以有自己的功成名就，听导游说，这里最高的学问也可以达到博士水平。而且如果在学习佛教的经典方面有突出的能力，就可以成为得道高僧。有了名望后，被人请去念经的次数多了，身价自然也就高了。在庙宇中游览，真的很佩服这些僧人，可以在如此艰苦的地方坚持学习很多年。也许信仰的力量可以让他们忘却恶劣的自然环境吧。

下午我们到了草原，一片片的草场都被围上了铁丝网，如果你愿意进去游览，那些坐在草场边悠闲地嗑着瓜子的藏族小伙子或姑娘，就会走过来收费，一个人交1元或2元钱，就可以进去随意转。毕竟是市场经济了，淳朴的牧民也学会了利用自然资源来赚钱。但是，他们依然很善良，不会漫天要价，讹诈旅游者。

第十九章 中国与国际社会的互动方式

在我们的思维方式中,"以和为贵"是我们处理人际关系的基本原则。我们爱好和平,喜欢结交朋友,我们坚信,在我们看来,朋友是不应该经常吵架的,更不能容忍诉讼法律,如果有人那样做,我们就会认为他们是别有用心的,肯定不是真的朋友。

如同我们会把自己最爱吃的东西当作别人的最爱奉献给人一样,我们也常常会用自己的思维方式理解别人的行为。记得几年前看过一个故事,说一个在德国的中国人,与周围的邻居相处得很好,他会忍让邻居家的吵闹之声。然而,当他家里偶尔因为来了客人出现了吵闹的声音后,邻居把警察叫来制止。从此,他就觉得很郁闷,觉得邻居很阴险。而在德国人看来,有了问题找警察解决是非常正当的方式,没有什么不妥。这就是中国人与西方人思维方式的不同。我们觉得有事情应该私下沟通,而西方人觉得应该大家事先把规则讨论好,大家一起按照规则办事。如果你吃亏了,你应该找个仲裁者,帮助你维护利益,如果你放弃了,那是你自己的事情,别人没有义务陪你一起放弃权利。因此,要想在国际经济活动中维护我们的利益,我们必须转变思维方式。

一 享受融合的世界

地球上有人的出现,是一件很神奇的事情。人从哪里来?是否有造物主?还是自生自灭?这些问题一直困扰着人类,到今天都没有人把这件事真正地说清楚。过去在西方历史上，曾经有过"地心说"，后来天文学发展了，人们又提出了"日心说"，在今天看来，无论是地心说还是日心说都是人自我中心的一种反映，也许在广袤的宇宙中，本身就没有什么中心。

人类历史证明，每一个拥有悠久历史的民族，都习惯把平凡的自己同神圣的起源联系起来，都会认为自己的存在是神奇而正当的，理所当然地把自己当作天之骄子。那么，假如你生活在一个与世隔绝的地方，你会如何看待偶然闯入的人呢？其实，无非是两种态度，一是热情地招待。比如印第安人，他们热情地招待从大洋彼岸来的客人，却遭到无情的屠杀。二是戒备与敌视。更多的民族是用一种戒备和敌视的态度来对待陌生人的，他们会无情地回击侵入自己地盘的人，甚至受到人性欲望的支配，他们还会攻城略地，使自己的领地不断扩大。

英国思想家霍布斯曾经有一种假设，他说，这种人与人之间的不断征战，使得人类无法维持正常的生存，所以，他们为了自我保存的目的而订立条约，成立了国家。然而，人类的本性并没有改变，过去不同群体之间的戒备与敌意转移到国家之间。近代以来，不同国家的战争惊心动魄，特别是20世纪的两次世界大战，使8000多万人死亡。"一战"波及的人口有15亿，"二战"波及的人口近20亿。残酷的战争促使人类反思，最终人类放弃了以冲突为主的方式，而更多地选择了竞争与合作。"二战"结束后的国际规制的建立，从一定意义上说，就是人类反思的结果。

美国的著名人类学家房龙曾经说，如果从月亮反观地球，地球是一个蓝色的水球，因为地球上更多的是水，在一片汪洋中，漂浮着几块陆地，而在几块大陆上的某些地方，聚集着一些人群。因此，人对这个地球而言，不过是无法逃脱的囚犯。假如真的有上帝存在，他看地球上的人，一定如同我们看地上的蚂蚁一样。对宇宙而言，人的存在其实是微不足道的。因此，作为地球的囚徒，人类有共同的命运，又何必自相残杀呢？这样的想法，不断激励着不同民族和国家的人走向宽容，他们在竞争与合作中，创造了一个越来越繁荣的世界，同时，也越来越紧密地把不同国家的人联系在一起。一个联系起来的世界，让我们体验了很多。

首先，是自然的神奇。地球上的每个地方，都有一些美得让人不可思议的景色，从美国旧金山起飞，没过几个小时，太阳似乎就要消失在遥远的天际了。总以为天要黑了，但是，那红红的晚霞却一直伴随着旅客的行程。旅途中的人似乎在穿越时空隧道，万水千山在我们的眼中都完美地结成了一体，跨越了高山与大海，也跨越了不同的民族和国家。

其次，事的神奇。为什么有的民族文化犹如昙花一现，而有的则可以延续几千年？为什么有的国家与民族可以时而战、时而合，而有的民族却可以把仇恨延续几千年？在不同的历史时期，都会有不同的国家崛起与衰落，其内在的原因又是什么呢？

最后，还有一些不可思议的人。人的思维方式、生活方式、话语方式，真是千奇百怪。为什么有的人会认为在鼻子上穿个环是美的特征，而有的人会把拉长的脖子当作漂亮的特征？为什么人类要说不同的语言？

面对这样的世界，我们该如何作为呢？

第一，融入世界。如今，人类已经进入21世纪，由于技术手段的完善，说地球是个村落，已经不再是幻想中的夸张。地球真的太小了，走在世界的任何一个角落，你都有可能遇到你熟悉的人或结识有共同认知的人。在这样的世界中，如果我们依然封闭自己，就会让自己变得十分可笑、滑稽。因此，不管你是否能够适应这个世界，至少你应该让自己了解真实的世界是什么样。在这种认识过程中，或许你可以不断地解除敌意，或许你可以知道应该对什么样的人释放你的善意；或许你可以更清楚在哪些环境里你应该坚持自己的主张，在哪些条件下选择退让放弃。

第二，体验世界。人之生存，犹如在不同的洞穴，每个洞里有不同的风光，但是，也会受到不同的局限。世界的融合给我们提供了出洞的机会。人们在出洞、进洞的过程中，通过对比，了解了自己的优势与局限，同时也了解了其他人的优势与局限。你会明白一个道理，好与坏，如同一个硬币的两面，任何一种生存方式，它的优点就是缺点。没有一种可以十全十美的存在。或许美国的社会比较自由，但是，由于人与人之间有太多的独立空间，在这样的社会中生存，人会感觉孤独；中国社会人与人之间的关系比较紧密，你遇到困难的时候，会有很多温暖的手伸出来帮助你，但是，你会因为这种紧密的关系而感觉到压抑。因此，在你了解了不同的生活方式的优劣后，你就不会幻想着把不同的东西嫁接到一起，而是根据自己的价值偏好，选择接受某种东西，而对其他的东西也可以用一种欣赏和宽容的态度去面对。

第三，创造世界。人作为一种有限的存在，时常会因为生活条件及眼界的局限而自卑。重要的是你不要看别人做了什么或者如何做，而是要看自己能做什么或者怎样做。所谓创造，就是不断证明自己自我超越的能力。在你的生命中，今天比昨天过得好，明天比今天过得好，这就是一个不断实现幸福的过程。而在一些时候，人没有办法直线地实现自己的梦想，经常会使自己的生命充满了波折。即使这样，我们也不必为生命中的这些波折而沮丧，因为，在挫折的过程中，你体验了一种不同的人生。生命面对的每一个波折，都可以变成一种财富，让你受益无穷。

二　向世界展示我们的善意

在遥远的过去，人们做什么或不做什么只与自己及周围的人有关。而今，世道变了，人们一不小心，就会成为世界知名人士。贵州瓮安，如果没有那个不幸落水的少女，不知道还需要多久才能为世界所知。但是，一个偶然的事件，让一个贫瘠的小城，进入了世界的视野。因此，在今天如果有人说什么自己的事与他人不相关，那就要看公众和媒体的兴趣了。别人想了解的事情，想瞒也瞒不住；别人不想接受的事情，努力去说，依然没有办法让别人接受。在这样的世界中，从国际传播的角度，我们应该做什么或如何做，才能塑造良好的形象呢？

其一，主动向世界释放我们的善意。一个从美国来的大学生很苦恼，他说，在美国他都是主动跟别人打招呼，其他人也会很热情地回应。在中国，他还是同每一个遇到的人打招呼，但是，别人的反应常常是有些吃惊。似乎是说：我不认识你，你为什么要同我说话？从文化的角度看，中国人与美国人不同，美国人开放，而中国人含蓄。不同的民族的交流方式是有差异的，但是，毕竟我们要面对一个开放的世界，如果我们不能主动对外说明自己，那就只能让别人按照他们自己的想法来理解。因为缺乏信息的交流及对错误图像的矫正，我们只能接受一种被扭曲了的国际形象。当然，要想改变中国人含蓄的习惯，主动与人家打招呼，会让我们自己很不舒服。但是，在别人有交流愿望或需要帮忙的时候，主动回应一下，还是应该的。除此之外，我们应该主动地向世界说明中国的传统文化，还有中国人的现实生活、中国人的烦恼及中国人对外国人的看法。

其二，转换理解他人的方式。生活在当代的中国人，感受最深的莫过于中国与世界之间的相互影响。我们很在意外国人对我们的评价，美国的一个正面评价，可能会让我们高兴很多天，并心存感激地不知道如何回报人家的善意；法国的一个负面评价，同样也会让我们愤怒很多天，特别是被我们视为朋友的人的恶意，会让我们受到加倍的伤害。其实，从一定意义上说，世界上不同国家的人，由于生活环境、文化信仰及社会习俗的区别，看世界的方式是不同的，甚至还有很大的差异。从这种意义上说，人对任何问题的看法，都可以称为成见，因为没有人能完全摆脱自己的视角去审视世界。犹如苏格拉底在洞穴之中，无论他怎样说洞外的世界是多么精彩，洞中的人无论如何发挥他的想象，依然无法理解洞外的世界。在对外交流的过程中，我们常常为别人的成见中的敌意所痛苦，却不知道这种成见是基于生活经验的差异而不是敌意。在这种情况下，我们只有提供更多令人信服的材料，让人家了解，或者等待哪一天，洞中之人有真实的出洞需求，这个问题才能解决。因此，在没有说服别人改变成见之前，平静接受别人的成见是我们必须做的，而没有必要把一切成见都理解为敌意。

其三，加强交流特别是普通人之间的交流是消除偏见最有效的方式。一个美国人说，他很喜欢中国文化，也很喜欢中国人，但是，他不喜欢中国政府。当询问他原因时，他说，因为中国政府很专制而且还是老人政治。当问他是否了解现在的中国领导人时，他说："我只知道毛泽东。"后来，当谈到美国媒体报道中国的方式时，他才承认美国媒体对中国的报道是有偏见的，因为他们很多都有政党倾向，例如CNN拥护共和党，而NBC则拥护民主党。由于媒体的政党倾向及不同国家本身存在的文化差异，要想改变西方媒体的偏见是比较困难的。因此，推动不同国家之间普通人的接触，可以快速地促进不同国家人民之间的了解。当美国人来到中国，特别是走进中国人的家庭时，他们都会不由自主地修正偏见而喜欢中国。同时，美国人对自己的国家及生活的阐述，也可以修正我们对于美国的一些不正确的想法。例如，在大多数人的思想中，美国是一个非常富裕的国家，尽管我们有时也听到美国的两极分化非常严重，但是，也经常会把这样的问题与种族差异结合起来。而当我听到一个美国白人孩子讲述他从13岁就离开吸毒的母亲而开始独自谋生的时候，对美国的穷人就有了真切的了解。尽管很贫穷，在这个孩子身上，你却看不到哀怨和消沉，他热情地讲述着他关于未来的梦想：当一个联合国的职员，给世界上的穷人提供更多的帮助。从这个美国的穷孩子身上，我感受到的是美国人所特有的乐观和积极向上的精神。我想人与人之间的交往大概是增进国家之间理解最好的方式。

其四，不要怕国际媒体揭弊。一方面，西方国家的媒体是独立的，并不完全听命于政府。因此，我们不能简单地把媒体对中国的攻击当作该国政府对中国的敌对行为。西方媒体一直把"揭短"当作自己的社会责任，当然也是他们谋利的手段。为了利润，吸引受众的眼球是他们最重要的任务。由于西方读者只关心自己周围的或本国的事情，因此，只有把新闻报道弄得危言耸听，才能吸引受众。一个报道观点再正确，如果不能引起读者的关注，就没有生存的空间。因此，即使对本国政府要员，西方新闻媒体也不会轻易放过，政策失误、口误、花边新闻等，都可能成为媒体用来吸引受众的噱头，更不用说对非西方国家了，他们只能变本加厉。从这种意义上说，我们要体会西方媒体生存的艰难之处，没有必要天天为西方媒体对中国的负面议论而忧虑和愤怒。另一方面，从国际传播的角度看，一个国家能够引起国际媒体的关注，说明你对于世界已经是一种重要的力量，没有人能忽视你的存在。同时，我们也应该看到，揭弊可能是让人丢丑的事，但是，丢丑的过程也不一定都是坏事，还有可能出现坏事变好事的情况。例如，四川地震是个坏事，但是，对地震的报道，让世界更加全面地了解中国的情况，看到中国政府领导人如此快速地处理自然灾害，对照他们国家领导人在处理类似问题上的失误，反而产生了很多正面的效果，让那些蓄意丑化中国形象的人没有用武之地。今天，我们已经接受了要快速公布事实真相的新闻价值观。接下来的事情不是表现得过于焦虑，把防范失误当作头等大事，而是在做好防范事故出现的同时，设计出有效的应对方式。争取把负面消息对中国的损害减到最低，这也是我们目前需要做的。在一定意义上，官员的危机处理能力的展现，是现代国家中树立良好国家形象的重要方式。

因此，学者能够做的，就是用笔写出东西来说明；而官员能够做的，就是用执政的成就证实。后者要比前者重要得多，因为一个用宣传塑造出来的形象，可能被一个几秒钟的行为所损害。因此，言与行两者都不能偏废。

三 话语方式与国家形象塑造

在中国改革开放遇到挫折的时候，邓小平同志曾经教导中国人处理国际问题的原则应该是"韬光养晦"，虽然 30 年过去了，中国的实力已经今非昔比，但是，笔者认为，这依然应该是我们处理对外关系的重

第十九章　中国与国际社会的互动方式

要原则，同时也应该成为中国学者在讨论国际问题时应该遵循的原则。具体而言，应该有以下几个层次。

首先，据实而言。尽管中国的经济总量已经居于世界前列，但是，由于地区发展的不平衡，还有地区处于落后状态，中国依然是发展中国家。从宣传的角度看，要承认这种现实是需要勇气的，因为被表扬是大家乐见的；承认落后，也许只有在争取财政补贴的时候，人们才能欣然面对。而笔者认为，中国社会多样性的现实，不仅应该自己有清醒的了解，也应该让世界了解。或许听到对中国强大的赞扬声会让人感觉很舒服，至少虚荣心得到一些满足，但是，这并不能解决什么问题。况且，在赞扬中国强大的声音之后，就有承担更多相关责任的要求。这样说，并不是要让中国回避承担相应的国际责任，而是要承担与自己的实力相当的国际责任，而不是被人"忽悠"了，去承担本该由其他国家承担的责任。

其次，据理而言。在现代社会中，每个国家都可能面临自然或社会的危机。化解危机的过程，其实是消除各种误解、统一认识的过程。这里面很重要的技巧就是使用理性分析的方式说事实讲道理，而不能采取人身攻击的方式。我们的媒体在报道某"疆独"分子时，有这样一段描述，"从幕后跳到前台，在国际媒体面前大放厥词，颠倒黑白，混淆视听，继续煽动，上蹿下跳，这个'疆独'分子，成了国际反华势力的新宠儿、新玩偶……不过此人水平很低，没有什么文化，至多充当一个小丑，成不了什么大事"。这样的说法，不仅很难让人了解她究竟干了什么对不起国家和人民的事情，难以汇集反对"疆独"分子的社会舆论，还会造成一些困惑。如果她的水平那么低，为什么能当全国政协委员，还能成为新疆首富，还会在《华尔街日报》上发表长篇文章？是媒体在贬损她呢，还是我们的环境又成全了一个骗子的发迹？因此，这种方式不仅不利于化解危机，甚至可能带来非常负面的影响。同时，我们也不能仗着手中拥有的权力资源，封闭所有的逆耳之言。我们应该认真分析对手言论中的漏洞，揭穿其伪善的面目和谎言，让世界上更多的人了解事实的真相。网络时代,有多少媒体都在争夺受众,该你说话的时候你不说,别人就会抢走话语主导权,或者该你说话的时候,你说错了,被别有用心的人拿去炒作,后果同样会很严重。因此,"在合适的时间说正确的话"是当下确立良好国际形象的重要要求。

最后,据"德"而言。所谓的"德"也就是我们的价值观念,是我们阐释一切问题的核心原则。或许有人会说,国际社会遵循的是实力逻辑,道德根本算不了什么。但是,笔者认为,中国古人所说的"公道自在人心""得人心者得天下"并非只适用于国家内部,同样也适用于国际社会。做大国和强国,不仅要强在实力,而且要强在做人做事的道德尺度。这里必须注意几个方面的一致性,一是注意解决国际与国内问题所遵循价值的一致性。价值标准的混乱必将导致逻辑矛盾,最终会作茧自缚。以美国为例,在国内主张民族融合,淡化种族身份,在国际上却以维护少数民族权利为借口,到处插手制造分裂和战乱,引起了国际社会的公愤,至今奥巴马还在努力修复因此受损的国际形象。二是言与行的一致。现代社会最重要的变化就是信息传播手段的变化,那种多说少做,甚至说了不做、弄虚作假、采用欺骗手段获得利益的方式付出的成本会很高。因此,老老实实地做人,踏踏实实地做事,有一说一,有二说二是在国际社会中赢得信任最基本的方式。三是口与心的一致。在国际交往中,我们并不怕与他人有分歧。因为每个人来自不同的文化环境,有不同的利益诉求,因此,观点上有差异是难免的。重要的是,我们坚持的,应该是我们从自己内心就坚定信仰的,这样,即使你的观点得不到其他人的认同,至少也可以得到他人的理解。但是,如果我们没有自己的原则和标准,完全根据自己的情绪随意地在不同的问题上表达意见,就无法让别人识别哪些是我们自己真实的想法。这样的结果可能是两方面的,一方面让别人觉得我们不容易理解;另一方面让人觉得我们不值得信任。

总之,树立良好的国家形象或者改善形象,都不是一朝一夕能够完成的,需要付出艰苦的努力。因此,当今中国在国际社会上,既不能主动挑衅他人，也不能轻易地放弃自己的原则。无论别人出于什么动机进行诋毁，只要我们认定正确的事情就要坚持不懈地做下去，相信坚持真理与善意最终会得到他人的理解与认可。

四　我们应该如何回应西方

最近，全世界的华人都在愤怒地抗议西方媒体对中国的不公正报道，这既是中国人民爱国主义热情的体现，也是全世界主持公道正义的人民力量的展现。然而，在某些媒体上也出现了一些不太理性的声音。在遭到西方的误解的时候，我们应该如何回应呢？

首先，要用宽容的心态回应西方国家的批评。英国思想家密尔曾经指出，人们之所以要容忍不同的声音，是因为如果你禁止的是真理声音，那么你就错过了真理；如果你禁止的是谬误的声音，那么你也会有与错过真理同样的损失，因为人丧失了辨别谬误的机会，而它在时机成熟的时候，还会再冒出来。应该说，中国是一个发展中的大国，在我们的国内依然存在着很多问题。别人的批评无论是善意还是恶意，只要是我们存在的问题，我们都应该认真对待。我们可以把外来的批评当作一面镜子，不断地检讨发展中的问题，使我们更好更快地发展。而且，能听到西方对中国的批评，说明中国的发展已经引起了西方的关注，如同一个演员，被骂得最多的一定是火爆的明星，而不是无名小卒。

其次，我们没有必要用西方的方式对待他们。近一两年，西方媒体不断造谣中伤中国。有人说，西方媒体给中国抹黑，损害了中国人的形象，因此，中国应该改变"慎言"的方式，笔者以为不然。西方某些国家的政府及媒体，已经为他们的谎言付出了巨大的代价。而且，如果他们继续用抹黑的方式对待其他国家，就一定会遭受更大的损失。无论世界如何变化，谎言终归会被戳穿。中国在国际传播中是弱势，我们必须靠老老实实的方式积累我们的信誉与实力，我们否定西方道德权威的方式，就是自己站在道德的制高点上。也就是说，我们可能是在"与狼共舞",但是,人要战胜狼,靠的是智慧,而不是与狼一样的凶狠,如果要与狼斗狠的话,最大的可能就是被狼吃掉。而在经济全球化的条件下,世界各国之间的联系日益加强,各国的关系是立体的而不是平面的,是网状的而不是点状的。如果一遇到问题,我们就采用极端的方式,把矛盾扩展到一切领域,甚至骂人家的祖宗八代,虽然可以逞一时的口舌之快,却无助于解决我们与西方国家之间的矛盾,甚至会加深国家之间的误解与敌意。这与我们创造和平发展国际环境的努力是背道而驰的,也不符合中国人民的根本利益。

最后,我们是在为自己、为朋友而不是为西方国家办奥运。国人之所以对西方的不公正如此愤怒,其实是有原因的。中国改革开放以来,我们一直把西方国家当作榜样来学习、当作贵宾来招待。因为我们太想在西方国家面前有完美的表现、太期待别人的赞扬、太怕别人的批评。可是,不管我们如何努力,西方国家中总会有一些人对中国说三道四,这无疑给想用真诚的笑脸拥抱世界的国人以巨大的挫折感和羞辱感。圣火传递过程中出现的问题,恰好为被压抑的怒火提供了一个出口。如果我们降低对西方国家的期待,放松心情,好好地享受一下人类冲击运动极限的盛会带给我们的快乐,我们还怕别人的诬陷与漫骂吗?

总之,理性地表达情感,是人类自信与成熟的标志。中国是一个大国,也是一个文明古国。西方一些人用侮辱人格的方式激怒中国人,正好说明了中国的发展已经让某些自认为理性的人丧失理性了,我们难道不应该为这样的成就感到高兴吗?

五 关于未来的好日子

20世纪70年代的时候,人们的日子过得都很苦。但是,现在想起来,人们却是苦中有乐的。现在想起来,这其中最大的乐,就是人之间的平等。记得在我们的居民宿舍中,有一个1938年参加革命的老干部,一个月有140元的工资,他家有5个孩子,人均生活费用是20元。而我父母加起来的收入，共120元，我家的人均生活费用是30元。这在工厂的宿舍区，已经属于比较富裕的人家，再加上物质的匮乏，其实有钱也买不到什么东西，很多东西都是定量供应，因此，每一家生活的真实差距并不大。例如，如果商店有咸带鱼卖，那么，家家户户都会去排队买带鱼，当暮色降临，你在整个宿舍区就会闻到一阵阵煎臭带鱼的味道。因为没有比较，觉得那时过的是其乐融融的日子。

改革开放时期，社会发生了巨大的变迁。我们打开国门才发现，社会的发展需要有动力，这动力就在于拉开人收入的差距。只有让能者多劳多得，才能避免滥竽充数的现象。所以，20世纪80年代初，邓小平提出：鼓励一部分人先富起来。这样，就在中国形成了第一批富人群体。人之间的差距有多大呢？在1983年，大学毕业生一个月的工资是56元。而有一个厂长，他拿出了1.8万元买了一套房子，那肯定不会是他的全部积蓄。就这样，20多年的时间过去了，现在中国的GDP已经是世界第三，中国商店里的商品越来越丰富，但是，却出现了一件很奇怪的事情，中国在外贸关系中承受着巨大的压力。其实，中国有13亿人的潜在市场，奇怪的是，为什么老百姓都把钱存起来不花呢？是中国人的消费观念在作祟吗？过去中国人相信，新三年、旧三年、缝缝补补又三年。中国人现在还信这些吗？如果不信，为什么就不出来花钱呢？现在有各种说法，有人说，中国的消费无法拉动，是因为80%的财富掌握在20%的人手里，还有5%的人掌握着90%的财富。不管怎样，贫富分化已经成为中国社会经济发展中面对的难题。

在30多年前，我们看到，西方国家的工厂有效率，首先因为它是私有的，这样，资本家是根据成本来核算的。而我们的企业之所以效率低，是因为它的制度，因为公有，所以谁都不对它负责，因为公有，所以要承担着接受劳动力的任务，而不能根据自己的需要增加或裁减工人。看清楚了这一点，我们这些年的改革，主要是围绕着制度的变革而展开的。如今，中国的国营资本与民营资本的数量已经差不多是平分秋色了。而从吸引就业及提交利税方面，据说民营企业已经超过了国有企业。

但是，随着技术的改进，企业效率的提高与劳动力的多少并非直接相关。例如，纺织行业改进了技术，就不再需要以前那么多的纺织女工；地铁改进了检票系统，就不再需要太多的检票员；现在人们更多地通过电话联系，邮局中分拣信件的人也不需要这么多了。这些人就应该下岗。而对于一个人口大国来说，如果我们不断改进技术，那么全国的事情只需要一半的人来干就足够了，另一半人做什么，他们靠什么生存？而从国家的角度来说，社会失业人员过多，意味着社会不安定。

如此看来，毛泽东用大锅饭的方式来解决中国社会发展的问题也不是没有道理。因为我们的文化信仰是：不患贫，患不均。目前，解决这些问题的方法有两个：一是维持比较低但是相对平等的政策，尽量安排劳动力的就业；二是按照需要安排就业，国家承担失业保障。到底什么样的日子才是好日子呢？有差距可以让人有动力，但是，差距过大，会带来社会的动荡；差距小可以让人感受到平等；没有差距又让人丧失了追求的目标。看来社会的发展走哪个极端都不好，最好的方式就是面对现实，不断进行改良。

六 打造实力的方式

在这些年中，中国发展了，我们盼望着国际社会多一些对中国肯定的声音，少一些否定的声音。但是，我们却无法左右别人的想法，因此，我们不时会听到国际社会中有一些对中国不太友好的声音。为此很多热血青年都感到愤愤不平，他们通过现代媒体表达发自爱国本能的不满。他们经常使用的表达方式是：我们的国家实力还是不够，如果我们国家强大了，他们敢这样对待我们吗？这或许只是少数人的想法，而更多的人则采取了一种理性的态度。他们认为，中国在国际上受气，必须学习越王勾践，别人对我们如何，我们都必须忍耐，等以后国家强大了，我们再计较，正所谓君子报仇十年不晚。因此，发展起来，应该成为我们的首要目标。这种意见虽然比较有理性，但是，在实践操作中，也会出现一些误区。

　　首先，一个国家实力的增长，是一个循序渐进的过程。如同一个人的生长，饭要一口口地吃，肉要一斤斤地长，我们不能期待一口吃个胖子。从现代健康的角度看，胖子也未必是健康的，我们为了达到真正健康的目的，还需要将赘肉练下去。因此，我们不能因为要同别人较劲，而迷失自己的目标。记得20世纪50年代末，我们为了甩掉落后的帽子，赶英超美，频放卫星，曾在历史上留下了惨痛的记忆。50年的时间过去了，中国迎来了大好的发展时机，但是，一些人急于求成的思维方式并没有改变，所谓高速发展、跨越发展，都显示了我们内心的急躁，而急躁的态度是无法夯实千秋功业的。因此，我们应该好好地筹划发展的步骤，扎扎实实地走好每一步。因此，国家也好，个人也好，关键是寻找自己适合的位置，做自己适合做的事情。

　　其次，我们常常会认为，有实力就是争到第一的能力。以体育为例，我们从全国的孩子中拔尖子，从小对这些孩子进行专业训练，最重要的目标就是让他们冲击国际比赛，拿到名次，为国家争光。这样做虽然并不算错，但是，这是否标志着我们体育的实力呢？笔者认为，体育的实力来自国民的体质与参与竞技活动的能力，虽然我们国家可以拿到很多世界赛事的奖牌，但是，我们国家大众的体育运动水平并不高，这也并非是国家真有实力。而有的国家虽然没有太多的专业队伍训练，但是，临时组织一个队就可以拿到比较好的名次。这样一来，谁有实力自然是不言自明。因此，增强实力的方式并不仅仅是争第一的能力，而是要普遍提高国家在某一领域的整体发展水平。

　　最后，我们很想出人头地，也并非因为这对我们很重要，而是想获得别人对我们的承认或者尊重。但是，是否能够获得承认和尊重，并不在于别人说什么，而在于自己做什么。很多到海外留学的华人都有体会，在发达国家，他们通过努力，可以获得基本的生活保障，但是，要真正出人头地也并不容易，这并非因为他们的能力比别人差，而是因为周围的人对中国人的偏见。但是，他们并不能因此而不断地去挑战别人的蔑视，而是要通过自己的努力工作，赢得别人的赞誉。因此，当你的实力没有被别人所认可的时候，心中也不用存有太多的不平。因为愤恨会使人的行为变形，而招致别人更多的蔑视。因此，我们根本犯不着为美国说了中国的好话而雀跃，也没有必要因为日本说了我们的坏话而暴跳如雷。其实，但丁的一句话应该是我们最好的原则：走自己的路，让别人去说吧。国家也好，个人也好，其实最重要的是自尊，你自己拿自己当回事，别人才能拿你当回事，自己作践自己，别人也不会尊重你。

七 从"问题商品"现象看如何应对公共外交危机

近一段时间，关于中国商品危害的情况特别是食品安全问题屡屡发生，引起了世界各国媒体的广泛关注，中国商品的质量状况一时间成了媒体报道的热点，这些"问题商品"现象的出现，使中国企业陷入了公共外交的危机之中。

这些"问题商品"现象为：先是巴拿马发生有毒感冒糖浆中毒事件，造成上百名病人疑似中毒死亡；之后美国食品药品管理局发布进口警报称，从中国进口的牙膏中检出了最高含4%的二甘醇化学物质，并扣留了这些牙膏；接着，美国消费品安全委员会发言人宣布，回收由中国生产的150万件木制小火车。他们认为，铅是一种严重危害人类健康的重金属元素，儿童对铅毒特别敏感，当接触含铅玩具后，铅通过呼吸道和消化道进入体内，沉积于骨骼并随血液流动遍及全身器官，引起腹泻、贫血、呕吐等中毒反应。最近，美国食品药品管理局表示，他们将扣留从中国进口的养殖鲶鱼、巴沙鱼、石斑鱼、鳗鱼和虾共五种海产品，以确定它们不存在有毒物质残留。

在国内，一些人把这些问题归结为中美贸易争端的另一种表现形式，笔者认为，这种思维方式不仅过于简单，而且有一定的片面性，是非常危险的。因为当危机来临时，任何一种对它回避和漠视的态度，都极有可能会引发更严重的危机。因此，我们有必要从公共外交的角度来审视危机，并给予妥善的处理。这样，不仅可以化解危机，而且可以有效地提升中国的国际形象。笔者认为，针对"问题商品"现象，要从以下几个方面应对。

其一，正视存在的问题，冷静面对危机。随着经济发展日益全球化的趋势，像中国这样一个庞大的国家，有着巨大的对外贸易额，当然也不可避免地要面临很多问题。但无论出现什么样的问题，我们都要坦诚面对，不逃避、不推诿，配合有关部门进行全面深入的调查，并将调查结果及时公布于众，这样就可以重新赢得世界各国的尊重。

在今天通信高度发达的时代，我们已经无法做到"家丑不外扬"，但可以通过有效的措施把损失降到最低。首先，中国媒体要及时报道事件，而不是任由外界猜疑，扩大事态。其次，媒体要通过调查了解，客观地反映事件的起因及动机，并给予当事人一定的解释权，从而让人们更全面地了解信息，做出理性的判断。为了消除误解，对于公关危机事件，我们可以邀请国际媒体派记者进行采访，澄清事实。这样一方面有利于国际媒体了解事实真相，做出与事实相符的报道，更直接地消除不良影响；另一方面，也可以利用国际媒体的公信力，使受众消除误解并改变态度。再次，由权威部门对调查的结果进行公开发布，降低危机带来的形象损害。例如在调查"巴拿马药品中毒事件"中，中国国家质检总局副局长魏传忠5月31日在国务院新闻办举行的新闻发布会上介绍调查结果时指出，巴方误将这批来自中服公司的化工原料"TD甘油"当作"药用甘油"，用于26万瓶感冒药的生产，最终致上百人服用有毒止咳糖浆后死亡。这种事后的澄清，有助于误会的消除。

其二，以诚待人，完善公共形象。长期以来，由于意识形态的偏见和文化背景的差异，西方国家一直习惯戴有色眼镜看中国，出了问题要想让西方媒体对中国的问题"善意推断"，在短时期内恐怕难以做到。因此，西方的记者会专找一些令政府和企业难堪的话题提问。对此，我们必须有充分的思想准备，冷静对待。首先，在危机出现后，必须有人出面来解释，不能拖延时间，避而不见。其次，善于运用外交辞令，在这里，最重要的是要表现出诚意，说话留有余地。一些企业的领导在面对媒体的询问时，常常会说出一些推卸责任的话，这不仅会激怒别人，让受害者反感；而且，一旦自己的产品真有问题，政府和企业都难辞其咎。毕竟在食品问题上，无论是给人吃的，还是给狗吃的，都应该是有益无害的，而不应该给生命造成伤害，甚至威胁到生命的存在。从这种意义上看，我们应该本着"有则改之，无则加勉"的原则，表达认真对待、及时处理的态度。

其三，采取有效措施，积极应对危机。在美国食品药品管理局下令回收含有毒物质牙膏后，中国卫生部组织专家曾对牙膏中二甘醇的危害性进行评估并指出：二甘醇属低毒类化学物质，进入人体后由于代谢排出迅速，无明显蓄积性，迄今尚未发现有致癌、致畸和诱变作用的证据。欧盟食品科学委员会制定的标准规定，每人每天摄入不超过 0.5mg/kg（千万分之五）的二甘醇不会对人体造成危害。早在 2000 年我国专家就曾对 1965 人进行过流行病学研究，结果表明，长期使用二甘醇含量低于 15.6% 的牙膏不会对人体健康产生不良影响。目前，没有因使用含二甘醇牙膏而直接导致人体中毒的案例。

这种解释对于化解危机是必要的，但是，笔者认为还远远不够。我们还应该进行同类产品的国际比较。假如二甘醇是牙膏必须有的材料，其他国家是否在使用，他们的使用含量是多少？截至目前，世界各国只知道中国的牙膏中含有二甘醇，却不知道美国的牙膏中是否有？假如其他国家的牙膏没有，那么中国的牙膏掺入这种有毒物质的理由是什么？尽管我们的官员宣布有毒物品的含量不会危害人的健康，在选择多样化的市场上，消费者为什么要选择有毒产品让自己感觉不舒服，而不选择更安全的产品呢？因此，我们不能被动地等待别人来揭露我们的问题，并不断地辩解自己没有做错，而是要了解不同地区商品生产的标准是什么，在法律法规方面有哪些规定，并将这些材料提供给国内的厂家，让他们的商品尽量符合进口商品国家的质量标准并让消费者满意。

其四，加强质量监管，维护国家形象。国内的媒体在对宠物中毒事件的报道中指出：美国媒体对中国有偏见，"菜单食品"公司所用的麦麸来自三个国家，但绝大多数美国媒体在报道时，都只强调中国是麦麸的供应商，而没有提到其他国家。这对中国是不公平的。美国发生大规模宠物中毒事件已经不是第一次了。2006年5月，美国76只狗因食用钻石牌宠物粮死亡。该宠物粮厂商位于加州。此次宠物中毒事件，尽管没有那次死亡惨重，却被美国媒体称为"美国历史上最严重的宠物中毒事件之一"。中国的专家猜测，美国媒体如此花大力气渲染有毒成分来自中国的消息，与中美两国贸易摩擦近来不断升温有关。

其实，不管其他的麦麸的供应商是否有问题，我们都应该首先检讨自己的商品，而不是反问别人为什么不去追究其他的厂商。或者你过去也有中毒的事件发生，为什么仅对这次的问题穷追不舍？笔者认为，不管美国因为什么样的理由刁难中国商品，如果我们的商品是无懈可击的，那么，它又如何能找到攻击的理由呢？因此，监管责任部门在这样的危急时刻，不能出于狭隘的维护短期利益的动机，而对一些不利于中国产品的舆论"辟谣"，指责其他国家"贸易歧视"。这样做，从眼前看，可以长中国人的志气，平息西方国家的批评，但是，也会纵容一些不法厂商，给他们传递错误信号，即政府在出口商品的问题上是维护生产厂商们立场的，极有可能使厂商不知悔改，继续生产不符合安全标准的商品。这不仅会损害中国商品在国际市场上的声誉，而且从长期看，在激烈的竞争中，不符合安全标准的商品，最终会被其他的合格商品所取代，从而使中国商品丧失广大的海外市场。着眼于长远，政府应对企业商品加强监管，逐步确立中国商品的精良品质。或许对中国人来说，承认自己的问题有些丢面子，但是，如果我们的商品真的有问题，我们勇于承认并及时弥补，相信这样的做法在国际社会上不会丢分，而且有利于提升中国国家形象。

长期以来由于水源的污染以及出于牟利的目的，不法生产者对危害人们身体健康的食品添加剂的使用，造成了国内很多食品的安全问题，这些问题一直在困扰着我们。食品安全隐患危害人的身体健康，如果处理不好，更会对中国国际形象造成一定的负面影响，从而导致公共外交的危机。过去没有国际舆论的关注和监督，食品安全问题虽然时常发生，却不能引起有关部门的重视。这次对"问题商品"现象的争论与反思，让我们更加关注食品安全问题。所以对"问题商品"现象，我们要正确面对，要采取积极有效的措施，对食品生产质量标准严格把关，对质量不合格的产品进行处罚，必要时可以停止其生产等措施，这样就能减少对消费者利益的损害，也可以有效地避免公共外交的危机。从这个意义上讲，"问题商品"现象的出现或许对我们有一定的警示意义。

八　感受瑞典

头一次出国开国际会议，不知道开会的形式，语言准备也不足，心中不免有些惴惴不安。不管怎样，已经踏上了出国的行程，即使不安也无法反悔了。

我们在北京时间13：30出发，当地时间4：30（北京时间22：30）到达斯德哥尔摩，乌普萨拉大学培训部的殷老师到机场接我们。乌普萨拉是个小城市，大学教育是这个城市最重要的功能。在这里，无法辨认大学区与非大学区的差别。与西方其他的大学相似，乌普萨拉大学是没有围墙的。

傍晚的小城十分静谧，对初来乍到的人而言，心里还真有些胆怯。好在同行有5个同事，彼此之间互相关照，异地他乡的感觉还不是十分强烈。在小城里找到一个自助的中餐馆，大家感觉十分亲切。吃了饭后，大家都感觉十分疲劳，毕竟此时已是国内的夜里3点左右了，但是，这只是当地时间的晚上9点左右，大家回到旅馆休息。大约在当地夜里2点多，我就感觉睡醒了，打开灯才发现是半夜，接着睡吧。到了4点钟，无论如何也睡不着了，起来把论文找出来看看。6点多，我带上摄像机，走出旅馆，看到景强老兄已经在拍照了。我们一起散步走到了乌普萨拉城的制高点——古堡。古堡在无言地阐述着城市的历史，但是它却不因沧桑而破落。据说，瑞典的城市每 25 年修缮一次，所以，在朝霞中的古堡鲜艳而生动。从古堡可以俯视整个小城，古老的教堂、缥缈的咖啡香味、来往匆匆的车辆与行人，勾画出一幅独特的北欧风情画卷。

4 月 1 日上午我们去了瓦萨沉船博物馆。整个博物馆以沉船为主体，展示沉船的电影、打捞过程中发现的各种物品以及设计的各种场景。这个博物馆很有名，听说各国的游客都要来参观。每张门票差不多 100 法郎，相信此博物馆每年有不少的收入。在国内，我们的文化产业发展，常常弄得很矫揉造作，其实，瓦萨号也是很重要的文化产业，它最开始打捞上来恐怕不是为了卖票挣钱，但是，最后它却成为很好的挣钱工具。

下午去了老城的步行街，瑞典的东西很贵，一个不起眼的小钥匙链都要卖 60 多瑞郎，大的百货店与中国商店的东西很接近，如果不是看到金发碧眼的售货员，还以为进了中国的商店呢。逛了半天收获并不太多。晚上与政府管理系的主任探讨了合作的可能性，他们对青年教师培训及 MPA 项目比较感兴趣。

九　教堂与西方文化

在斯德哥尔摩走了一些街区，看到的醒目高大的建筑，总是教堂。从小没有受到过宗教浸染的中国人，对于教堂感到很好奇。大家都以为西方国家里的人都是虔诚的教徒，其实也不尽然。瑞典人信仰新教，但是，听说虔诚的教徒并不多，大家信教只是基于传统的习惯，并把教堂当作聚会聊天的场所。听说还有些人来教堂听布道，主要是为了喝教堂的免费咖啡。

乌普萨拉也有著名的大教堂，高大宽敞的穹顶上，有各种宗教故事的油画和雕塑。坐在听布道的长椅上，纵然不是教徒，心中也会有一种神圣和安宁感。尘事的所有纷扰，顷刻之间消失得无影无踪。看着远处正在与信徒谈话的牧师，突然想起了做心理咨询的杨眉。人生有许多烦恼和苦难，总是要通过倾诉来卸载，心理咨询是一种卸载的方式，谁又能说信仰不是另一种方式呢？无论是罪恶还是愧疚，当忏悔的人把心中的负担卸下来，他就可以重新开始了。如果罪恶只能辩白和隐藏，大概人只能在犯罪的路上越走越远了。例如海淀区区长周良洛，在年富力强之时，却因受贿无法收手而被判死缓，大概他在监狱里度过的余生，都要用来追悔过去的错误了。

十　如此的国际研讨会

　　头一次出国参加国际会议，凭空想象着瑞典开会的排场，心里真有些忐忑不安。早上10:30，我们一行16人来到开会地点。会议在一幢不起眼的小楼里举行，据说是政府管理系的小图书馆。与国内大张旗鼓的会议宣传不同，估计除了参加会议的人，几乎没有人知道这里在开国际研讨会。瑞典研讨会的形式很随意，既没有布置什么会标，也没有什么鲜花等装饰；既没有请学校的校长来致辞，也没有大牌教授的桌签。一切都是简单又简单。尤勒根教授先致欢迎辞，之后是北京行政学院的副院长表达了感谢之意。接着，就是学者进行自我介绍并交换名片。20多人在一个50平方米左右的小图书馆里开会，显得有些拥挤。而主持会议的尤勒根教授说，之所以愿意在这里开会，是因为大家可以坐得比较紧凑，交流起来更方便。中午吃了饭后，紧接着开始正式的研讨，直奔讨论的主题。会议中间，我们也照了几张照片，我心里有些嘀咕，让国内习惯了豪华会议场面的同事们看到，是否会质疑该会议的真实性呢？不管怎样，我们终究是在产生了8个诺贝尔奖获得者的大学里开会。

　　一切是那么简单而自然，回想起在国内办会的经历，从会议筹备到会议正式开始，各项事情都要准备，没有一个团队配合工作，几乎是不可能的。而在这里，只有一个教授和一个助手，就可以组织国际研讨会了，我想这形式上的简单大概是重要的原因吧。

十一　学习英语的必要性与方法

我们学习英语的时间并不少，如果从小学三年级开始，到大学毕业，大致要花十几年。而这还不够。有些学生在上研究生期间，还是把很多时间都用在学外语上了。为什么我们花了很多时间，总是学不好？我想肯定与我们的学习方式有关系，在学校里，我们的学习目的是为了应付考试，但是考试所考的东西未必是生活中所需要的。所以，我们英语的应试能力比实际的应用能力要强很多。但是，最终，学习英语并不是为了考试，而是为了交流。所以，在国际场合，尽管我们满腹经纶，却难以表达清楚。瑞典人的母语也不是英语，他们也是从小学开始学习英文。但是，因为他们的电视有很多英文节目，而且他们的学习主要是为了应用，更多注重实战的需要。因此，到初中，他们的学生已经基本可以用英语交流和阅读了。

另一个问题就是我们不敢开口。此行中遇到一个瑞典小姑娘，因为她的母亲是中国人，所以她能说一点简单的汉语，但是，不会太复杂的。恰好赶上周六，她母亲鼓励她来与我们交流。她大胆地说，我们给她指出错误，她就改过来接着说。或许中国人怕出错误被人笑话的心理也影响学习英语的质量。

在研讨会上，大部分学者的发音都有问题，可见中国英语教育的失败。而且，大部分人的听力都不太好，在懵懵懂懂中理解对方的话语。即使有再多的研究，因语言障碍，也无法与国外学者交流，最终错失了很多机会。看来，为了今后走向国际，再花些时间好好练练口语和听力还是很有必要的。

十二　生命的脆弱与顽强

前不久，听到卢武铉涉嫌受贿被调查的新闻，大家已经是见怪不怪了，似乎政治家下台后受调查也成为世界政坛的常态。2009年5月23日上午，偶然听到同事说：卢武铉坠崖身亡，犹如听到一个愚人节的玩笑，就像在地铁里听到"刘德华自杀"的消息一样不以为意。而最终证实了这一消息的时候，心中不觉有些怅然。毕竟他延续了"阳光政策"，为维系东北亚几年的稳定做出了重大贡献。

这两日关于卢的死有了更多的消息，卢武铉留下了遗书，证明了他早已在筹划结束自己的生命，他为自己不能管住家人与下属受贿的行为而感到愧疚，最终决心用生命证明自己是一个有羞耻心的政治家。卢武铉的死，让台湾人反思，同样的平民政治家，台湾的前领导人不仅选择死不认错，而且还要拖人下水，甚至绑架党派为其背书。做人到了如此不知道廉耻的地步，也让人感叹陈某人生命力的顽强，可谓"百折不回"。世界真的很奇怪，有的人很脆弱，脆弱得经不起一点点的羞辱；有的人很顽强，顽强到要让所有的人为自己的罪辩护；有的人道德感很强，违背良心就羞愧难当；而有的人很无耻，说尽谎话为自己辩护，却丝毫不觉羞耻。同样是人，为什么会有如此巨大的差别？

看到韩国国民，绵延数里的民众队伍，蜂拥至前总统的居所哀悼，也让人为卢武铉感到宽慰，不管他有什么过错，人民并没有抛弃他。或者说人民是宽厚的，虽然人们不喜欢腐败的政治家，但是，当他用生命做代价去承担责任时，人民不仅原谅了他，而且还放弃了在这一问题上应该有的原则，反过来责备现任总统的苛刻。

跳崖的人去了，犹如一道强光闪过，让人们重新关注到他的存在；坐牢的人犹在，而越来越多的人已经没有兴趣听他说什么了。

一个崭新的世纪，世界上的很多规则都在变化，让生活在这个时代的人感到困惑和迷茫。有时甚至怀疑当代人的字典里，是否已经删除了"道德"这个字眼。跳崖的人，惊醒了迷茫的人，是啊，道德还在，因为还有政治家知道羞耻。

十三　布什如何消耗了美国的软实力

近日,一份"全球性领导人"信任度的调查结果成为民众广泛关注的焦点。作为世界头号大国的美国总统布什,居然成为人们最不信任的政治家之一,不由得让人感叹"公理自在人心"。作为一个中国人,应该承认布什政府对中国还算友好,但是,作为知识分子,我们却必须思考,政治家布什如何消耗掉美国的软实力。

(一) 鲁莽:四面出击

布什刚一上台,就迫不及待地发表对外政见,不仅对美国传统敌视的国家发表攻击性言论,而且,对中东穆斯林国家、中国及其他地区的与美国关系不断改善的国家也是出言不逊,造成了多个国家及地区的强烈不满。2001年中美撞机事件、"9·11"事件、朝鲜核试验、伊朗总统内贾德的强硬态度等,在一定意义上都可以看作对布什口无遮拦的反弹。作为世界头号大国,如果其态度能够和缓一些,能够释放出更多的善意给世界,我们相信,弱势国家没有理由不给予积极的、善意的回应。而他却借大国之势,不断发出让人感到有威胁的政见,即使是对美国素有好感的中国普通民众,也对布什上台后中美关系的走向感到忧心和焦虑,而撞机事件恰好为中国民众发泄对布什政府的不满提供了一个契机。而后,布什对中国的调子温和了许多,但是,却在诸多人心里留下了美国人欺软怕硬的印象。

(二) 霸道:先发制人

"9·11"恐怖事件发生后,世界各国都对美国遭遇的不幸深表同情,各国政府纷纷表态,支持美国反对恐怖主义的斗争。但是接下来,布什提出的"先发制人"的外交政策却遭到了广泛的质疑。在国际社会中,在没有确凿证据的条件下,对一个主权国家实施先发制人的军事打击，势必会造成国际社会的失序，导致对国家主权的无理侵犯。当然，目前除了美国之外，其他国家尚不具有"先发制人"的实力，但是，美国的行动却在国际社会上树立了一个坏榜样，是否其他国家也可以在具有实力的时候，对自己不满或对自己有敌意的国家进行军事打击呢？该政策与"强盗政策"有何本质区别呢？

同时，联合国作为一个国际性政治组织是在美国的倡议下成立的，也是在美国的支持下运行的。在冷战后，联合国在维护世界和平方面发挥了越来越重要的作用。然而，布什为了转移反恐不力的舆论，竟然置联合国决议于不顾，擅自发动伊拉克战争。这在世界各国人民面前，活生生地毁灭了联合国的政治权威。虽然，这样的行为让世人领略了美国作为军事大国的实力，但却激起了世界各地爱好和平与富有国际正义感的人们对美国的憎恨。

（三）骄傲：犯错不道歉

伊拉克战争已经过去五年了。据报道，在2003年，美国在伊拉克战争中的军费每月44亿美元，今天，美国纳税人每个月要为这场战争买单125亿，已经比2003年涨了近3倍。5年来，美国在伊拉克战争中所花军费相当于1991年海湾战争费用的10倍、越战的3倍。据统计，在这场战争中，美国士兵死亡人数超过4000人，而伊拉克士兵死亡人数为60万人。如此重大的人员伤亡也无法让以人权捍卫者自居的布什表达任何的怜悯之意，甚至，在即将离职的欧洲之行中，依然表达了要把战争进行到底的决心。

而发动战争的理由，从伊拉克拥有大规模杀伤性武器、萨达姆支持基地恐怖主义等借口，到最后都没有找到任何令人信服的证据，但却宣称：打击伊拉克，是要把伊拉克人民从萨达姆的专制统治下解放出来，是为了给中东国家树立民主政治的典范等。由对形势的误判而给中东地区，特别是伊拉克人民及美国军人造成的巨大伤害，他没有任何的愧疚与不安。他的执政团队甚至提出了一个雄心勃勃的大中东改造计划，为他打圆场。今日伊拉克的混乱与动荡，用一种令人心酸的嘲讽方式为美国的民主战略做了注脚，也给一些曾经热切追求美国式民主的发展中国家的知识分子上了生动的一课，美国的文化价值不过是今天石油大亨或利益集团攫取超额利润的遮羞布。布什毁灭的不仅是美国的道德形象，还毁灭了美国的自由、民主和正义。

布什时代即将过去，他留给世界的政治遗产似乎是，只要有实力，就可以做任何事，哪怕是杀人越货。当你有权力的时候，鲁莽可以被视为可爱，霸道可以被称为直率，骄傲可以被称为自信。而今，当世界舆论把他列为信任度最低的领导人之一时，我们终于可以松一口气，原来国际社会还是有公义的。但是，"一叶知秋"，布什使美国的软实力遭到的重创，将会在很长一段时间里，使各国人民怀疑美国以价值为基础的外交目标。人们会说：美国又想要什么？石油、市场还是货币？而美国要想在世界上重建信任，势必需要付出多年的努力。

十四　选择性错误的代价

伴随着奥巴马的高调登场，美国历史上支持率最低的总统小布什黯然退场。回望布什执政的八年，他给世界留下的最大遗产莫过于战争的伤痛。历史没有假如，但是，人们总是禁不住对失望的事情做一些假设：假设当初戈尔当了总统，会发生"9·11"那样的惨剧吗？会发生伊拉克战争吗？

当数以千计的美国士兵命丧伊拉克之后，当美国因为战争的拖累及金融丑闻而陷入危机的时候，当人们满怀期待地迎接新总统上任的时候，美国——这一世界上的唯一超级大国，用八年的惨痛经历诠释了民主政治的选择性错误给国家带来的教训。

到底是谁错了？是美国人民的选择性错误，还是布什的选择性错误？那么谁又该承担这一代价，是美国政府、美国人民，还是伊拉克人民？

人类总是期待得到不曾拥有的东西。例如，在萨达姆统治下的伊拉克，其残暴的专制统治肯定是招人憎恨的，推翻萨达姆的统治，估计也应该是伊拉克人民的心愿。但是，由于长期受到政治强人的统治，不同政治力量并没有机会学会妥协及调整彼此的立场，因此，在失去强力控制后，伊拉克则陷入深重的内乱之中。当人民处于随时都可以遭受战火袭击而命丧黄泉的时候，才发现他们曾经欢天喜地地期待的是一个比专制更加糟糕的混乱结果。人类总是抱着美好的愿望去追求，但是，究竟能得到什么，却不是人的主观意志能决定的。

人类总要为自己的选择付出实在的代价。数以千计的年轻美国士兵为了一个莫名其妙的理由而命丧荒漠，而得以保全性命的伤残者，将在余下的人生岁月中，不断咀嚼战争留给他们的伤痛。人类总是健忘的，特别是政治家出于集团的私利而枉顾民意时，强大的媒体工具都成为政府鼓噪战争的工具。而不了解事实真相的民众，由于受到媒体鼓噪的影响而群情激昂。因此，战争的伤痛对于抑制战争意愿的作用总是有限的，因此，美国人民用手中的一票决定了布什的8年任期，也决定了今天美国要承受的苦难。好在美国人是很乐观的，他们更多的是用对明天的憧憬替代当下苦难的感受，因此，他们欢天喜地地迎接新总统，并通过大肆炒作，让这一"登基"典礼成为可以给美国带来重大收益的国际性事件。

十五 如此"爱国"并不可取

自圆明园两件兽首在巴黎被所谓的"神秘买家"以天价拍下后，由两件流失文物引发的中法矛盾就成为国内民众十分关注的问题。而今，一个戏剧性的结果是，这两件文物居然是被中国人买下的，而且声称不会付款。为法国执意拍卖中国流失文物而气愤的中国人，瞬间感到释然。笔者既佩服蔡先生的胆识，也很欣赏他满腔的爱国热情。然而，转念一想，如此做法是否妥当，在国际社会上将造成什么样的影响呢？我觉得国人也应该三思。

过去听同胞们抱怨，欧洲人很歧视中国人，我们到他们国家旅游，本是他们应该敬奉的财神，但是，在海关却要受到非常严格的盘查。而对中国人的抱怨，欧洲人却叫屈，的确有很多中国的偷渡客在钻欧洲的空子，哪个国家的海关不严格，就会被他们利用。由此说来，守法的中国人是在为违法者补过？没有办法，谁让我们都是中国人呢？我们只能期待同胞们在为人处事时，尽量做谦谦君子，维系我们中国人的信誉，慢慢地改变外国人对我们的偏见。蔡先生参与竞拍又拒绝付款，真是开了个大大的国际玩笑。

有人说，他们过去抢走我们的文物，本来就是强盗行为，而今，我们通过这种方式报复，也不算失礼，对强盗有什么必要讲理呢？笔者认为，通过竞拍拒绝付款的方式来表达爱国之情是不可取的，因为这种行为破坏了市场的规则。今天我们通过欺骗的方式来阻止中国文物的流失，那么，是否其他国家也可以通过欺骗我们的方式，来表达他们的爱国热情呢？况且，拍卖的文物已经几易其主，今天文物的拥有者也是花钱买东西，而没有抢东西。如果我们要讨回文物，除了赎回，大概也没有什么太好的办法。而赎回文物不仅要有爱国热情，还要有经济实力。但是，买东西关键要物有所值。如果西方炒家为了挣中国人的钱，不断抬高中国流失文物的价格，我们为"爱国"的朴素愿望所推动，岂不是要为此倾家荡产？

也有人说，通过人为方式流拍，可以阻止文物的流失。作为外行，我并不懂拍卖行的规矩。但是，如果你不买的东西，别人想要怎么办？这次卖不成的东西，下次再拍又该如何？难道我们要一次次通过透支自己的国际信用来表达我们的爱国主义热情吗？而且，八国联军掠走的东西太多了，在大英博物馆、卢浮宫以及日本的博物馆都保存着近代侵略者抢掠的中国文物，我们是否该一一讨还呢？过去曾经有人开玩笑说，幸好是放在外国了，否则，在"文革"的时候早被当作"四旧"打碎了。尽管作为中国人这样说有不爱国之嫌，但是，这种可能性并非不存在。因此，与其愤怒地去征讨，还不如抱着一种平和的心态，古人云：

"塞翁失马,焉知非福?"其实,中国的历史文物放在早年的那些侵略者家里,就是活的见证,让侵略者的后代们时时警醒,他们并没有资格对别人进行"人权""自由"的说教,他们的祖先是世界上最残酷地侵犯其他国家人权的人,他们今天需要做的是反省和忏悔,而不是对其他国家指手画脚。如果流失的历史文物可以起到这种作用的话,不是对世界和平的一大贡献吗?

十六 中国人要学会在挨骂中成长

国际社会总有那么一些人,一会儿挑剔中国产品,一会儿攻击中国人权;刚挑剔完中国的空气,又攻击中国的少数民族政策。他们不停地发出这样或那样的杂音,让我们感觉很不舒服,甚至中国人的感情也经常受到伤害。

然而,世界就是这样一个世界,我们既不能让自己脱离这个环境,也不能开除其他人的球籍,无论是否喜欢,我们都要面对世界上形形色色的人。那么,怎样才能让自己在各种噪音中愉快地生活呢?笔者认为,我们必须培养一种大国的国民心态。

(一)做世界公民,首要的不是愉悦他人,而是自我愉悦

善待自己就是善待他人。长期以来,国人习惯了"内外有别"的思维方式,在对外交往中,我们一直把自己认为最好的东西拿出来款待外国人,但是,有些人却不领情。去年有人说中国的牙膏、大米有毒,今年又说中国的饺子、包子有毒。他们不了解我们中国人的待客之道,再用"人都是自私"的话来衡量,就更难相信我们的出口商品质量了。在他们看来,一个国家连自己的东西都时常有问题,出口的东西怎么能好呢?这让我们很苦恼,好心怎么就没好报呢?

解决这个问题的办法其实也很简单,就是不给他们"内外有别"的待遇。在全球化时代,我们已经很难严格区分内与外。例如,为了让

外国客人满意，我们五星级酒店厕所的卫生是高标准的。但是，外国人总不能背着厕所出门，街道上一些臭气熏天的厕所就会让他们对北京美好的印象大打折扣。因此，笔者认为，我们不必刻意地为外国人准备绿色蔬菜或为了奥运会的蓝天关掉一些工厂，而是从长远考虑，扎扎实实地为社会中的每个人提供优质的产品、服务与环境。我们也没有必要粉刷楼房的外墙，来愉悦外国人的眼球。因为，如果他们真是朋友，他们并不会在意这样的变化。如果他们是心存敌意，这样做只能为他们攻击我们表里不一提供更多口实。

因此，做世界公民，首要的不是愉悦他人，而是自我愉悦。具体而言，不仅要让外国人而且要让所有的中国人都呼吸到新鲜的空气、吃上放心的肉和菜、在轻松整洁的环境如厕等。我相信，当我们能够做到这些时，一定会赢得国际社会更多的尊重。

（二）不必因国际社会有些人不公正的反应而感到沮丧

我们还需要理性地对待他人的评价。首先，要经得起别人的表扬。近代以来，中国在国际社会上一直受欺压，这种羞辱性的记忆，一直是很多中国人心中的痛。而今，中国的成就受到了世界的瞩目，也得到各国的广泛赞扬。有成绩被人夸奖总是一件令人高兴的事情。但是，如果把别人的表扬当作骄傲的资本就不太好了，如果别人说你强，你就以为自己是天下第一了，这不仅会遭到别人的嫉妒，而且还会因骄傲的心态妨碍进一步发展。其实，要用宽容的心态回应其他国家的批评。在西藏暴力事件发生后和奥运火炬传递过程中，我们看到，一些西方媒体做了大量歪曲事实的报道。这说明，无论我们如何努力，西方国家中总有一些人对中国说三道四。

对一个事物存在不同的认识，是世间的常态。一个人或者一个国家无论事情做得多好，要得到众口一词的赞扬也是不可能的，更何况西方某些人至今仍对中国心存敌意。因此，在一些事情上遭到误解、曲解甚至恶意的攻击，对中国这个正在崛起的大国来说是很正常的。

我们必须学会在挨骂中生存，不必因国际社会有些人不公正的反应而感到沮丧。

对于那些善意的批评，我们虚心接受，而对于那些恶意的攻击，我们应当据理反击，说明事实真相。我们需要记住，要想真正改变国际舆论，还要靠我们中国的发展。只要我们下大力气把自己的事情做好，国家强大了，中国模式成功了，我们就能得到世界的认同，那些骂我们的人也就原形毕露了。

（三）发怒是解决不了问题的

我们还需要学会以平和的态度来化解矛盾。我们应该认识到，随着经济全球化的发展，世界各国之间的联系日益加强，各种矛盾与冲突也会随之增加，这常常会导致不同国家之间的误解和敌意。无论是人民币的升值还是美元的贬值，无论是人权问题还是奥运问题，都是中西交往中必然出现的碰撞。如果我们把所有的问题都归结为帝国主义灭亡中国的野心，是无助于解决我们所面对的现实问题的。

在国际社会中，无论是个体还是国家之间的交往，都在证明一个道理：种下仇恨，只能收获仇恨。如果以心平气和的态度去面对矛盾和纠纷，或许无法化解仇恨，但至少不再增加仇恨。如果你误解了别人，你勇敢地承认，你会因为勇敢地承认错误而赢得别人的尊重；如果别人误解了你，发怒是根本解决不了问题的。我们不仅可以通过自己的舆论工具，不断地向世界说明真相，也可以借用国际舆论来证明对方认识上的偏差。

这里，最重要的是我们要对自己坚持原则的正义性有信心，也应该对国际舆论的正义性有信心。我们应该相信，时间会证明一切。我们会因为掌握着真理还能宽容别人的误解而赢得更多的尊重。

总而言之，做大国国民，一定要调整心态，冷静地对待别人的评价，清醒地了解自己的长处与短处，不断地扬长避短，只有这样才能在全球化的世界中，拥有更好的生存感受。

参考文献

冯友兰：《中国哲学史》（上卷），华东师范大学出版社，2000。

胡锦涛：《提高构建社会主义和谐社会的能力》，在省部级主要领导干部专题研讨班上的讲话，2005。

李铁映：《论民主》，人民出版社，2001。

徐贲：《公民参与和社会正义》，星辰在线 2004 年 2 月 3 日。

《马克思恩格斯选集》，人民出版社，1972。

杜维明：《全球化与多样性》，江苏教育出版社，2004。

辜鸿铭：《中国人的精神》，广西师范大学出版社，2001。

李向平：《信仰、革命与权力秩序——中国宗教社会学研究》，上海人民出版社，2006。

《输出民主是布什危险的幻想》，《参考消息》2005 年 1 月 22 日。

《夏兰斯基的"民主观"》，《参考消息》2005 年 2 月 23 日。

〔英〕戴维·赫尔德：《民主与全球秩序——从现代国家到世界主义治理》，上海人民出版社，2003。

〔美〕罗尔斯：《正义论》，中国社会科学出版社，1988。

〔美〕塞缪尔·亨廷顿：《文明冲突与世界秩序的重建》，新华出版社，2002；《全球化的文化动力》，新华出版社，2004。

〔美〕罗伯特·达尔《论民主》，商务印书馆，1999。

〔法〕托克维尔：《论美国的民主》，商务印书馆，1988。

〔美〕罗伯特·达尔：《论民主》，商务印书馆，1999。

〔法〕古斯塔夫·勒庞：《乌合之众——大众心理研究》，中央编译出版社，2005。

后　记

　　作为一个默默无闻的知识分子，内心却总有一种挥斥方遒的愿望，梦想着写出一部传世之作。所以，近十年一直在不断地思索，也在不断地积淀。因为个人对学术的虔敬信仰，一直没有信心把自己的成果拿出来正式出版。但是，由于众所周知的现实压力，作为一个教授，没有自己的专著，总有一份对组织的愧疚。故将过去曾经发表过的论文以及一些自己写过还没来得及发表的东西集中在一起，梳理出了个人近十年的研究轨迹。有的东西或许略显肤浅，有的观点存在这样或那样的偏颇，但是，犹如自己的孩子，无论怎样，本书都是我个人心血的凝结。借此机会将拙作呈现给读者，欢迎大家的批评指正。

　　在我来到首都经济贸易大学的十六年中，老校长文魁教授在学术上的引导，对我的科研能力的提升无疑具有重要的带动作用。在与他探讨学术问题的过程中，他在学术上敏锐的洞察力以及对现实问题的深刻理解力，都会在思想上给我极大的启发，也成为自己不断思考的重要驱动力。无论岁月如何变迁，文魁教授都是我学术道路上的引路人。借此机会，谨向我最敬重的文魁教授表示最真挚的谢意！人文学院的老院长李启英教授非常支持教师们进行学术研究，每当我有一篇文章在报纸上发表，她都是最热心的读者并加以点评，这种鼓励增强了我从事研究的信心，在此对尊敬的李启英教授所给予我的支持和帮助表示衷心的感谢！

　　在过去讲授国际传播学概论的过程中，一些富有激情的传播学专业学生，对中国对外传播问题的执著追寻，成为我持续关注和思考中国对外文化传播问题的动力。他们对一些问题的看法，对我不断完善自己的观点形成了必要的督促。在此，对那些给予我有形和无形帮助的学生表示诚挚的谢意！在学院里，还有一些志同道合的同事，大家在学术上的相互启发和砥砺，对我在学术上的日渐成熟起到了重要作用，在此向那些曾经支持和帮助过我的朋友和同事表示感谢！我的先生梁骏和成人后的儿子梁立峰，都是我论文的第一读者，他们对我的无情批评虽然有时令人恼火，但是，为我在学术上追求不断完善提供了动力，感谢先生和儿子为我提供最强有力的后院支持！

　　此书的出版，得到了社会科学文献出版社周丽老师及各位编辑的大力支持和帮助，在此表示衷心的感谢！

图书在版编目（CIP）数据

全球化背景下的文化焦虑与探寻/李丽娜著.—北京：社会科学文献出版社，2013.4
ISBN 978-7-5097-4196-2

Ⅰ.①全… Ⅱ.①李… Ⅲ.①文化研究-中国-现代 Ⅳ.①G12

中国版本图书馆 CIP 数据核字（2012）第 316015 号

全球化背景下的文化焦虑与探寻

著　　者／李丽娜

出 版 人／谢寿光
出 版 者／社会科学文献出版社
地　　址／北京市西城区北三环中路甲 29 号院 3 号楼华龙大厦
邮政编码／100029

责任部门／经济与管理出版中心（010）59367226　　责任编辑／林　尧　蔡莎莎
电子信箱／caijingbu@ssap.cn　　　　　　　　　　　责任校对／曹艳浏
项目统筹／恽　薇　　　　　　　　　　　　　　　　责任印制／岳　阳
经　　销／社会科学文献出版社市场营销中心（010）59367081　59367089
读者服务／读者服务中心（010）59367028

印　　装／三河市尚艺印装有限公司
开　　本／787mm×1092mm　1/16　　　　　　　　印　张／16.75
版　　次／2013 年 4 月第 1 版　　　　　　　　　　字　数／234 千字
印　　次／2013 年 4 月第 1 次印刷
书　　号／ISBN 978-7-5097-4196-2
定　　价／49.00 元

本书如有破损、缺页、装订错误，请与本社读者服务中心联系更换

版权所有　翻印必究